中国书籍学术之光文库

《欧洲文化》汉译本

田娟　赵硕 | 译

中国书籍出版社
China Book Press

图书在版编目（CIP）数据

《欧洲文化》汉译本/田娟，赵硕译．—北京：中国书籍出版社，2020.9

ISBN 978-7-5068-8002-2

Ⅰ.①欧…　Ⅱ.①田…②赵…　Ⅲ.①文化史—欧洲　Ⅳ.①K500.3

中国版本图书馆 CIP 数据核字（2020）第 183097 号

《欧洲文化》汉译本

田　娟　赵　硕　译

责任编辑	李　新
责任印制	孙马飞　马　芝
封面设计	中联华文
出版发行	中国书籍出版社
地　　址	北京市丰台区三路居路 97 号（邮编：100073）
电　　话	（010）52257143（总编室）　（010）52257140（发行部）
电子邮箱	eo@chinabp.com.cn
经　　销	全国新华书店
印　　刷	三河市华东印刷有限公司
开　　本	710 毫米×1000 毫米　1/16
字　　数	360 千字
印　　张	17
版　　次	2020 年 9 月第 1 版　2020 年 9 月第 1 次印刷
书　　号	ISBN 978-7-5068-8002-2
定　　价	95.00 元

版权所有　翻印必究

前　言

《欧洲文化》英文版是2010年由赵硕教授主编出版的面向中外大学欧洲文化学习的通识书籍，当时为了英语文化教学和科研的需要而编写，以英语语言为主。时光荏苒，一晃十年过去了，该书让诸多从事欧洲文化学习和科研的高校英语专业和非英语专业师生受益良多，同时也收到了教师和学生的反馈意见。不少学生往往感到由于缺乏欧洲文化背景知识，因而在使用英文版教材时遇到了不少困难。我们在调研中也了解到，欧洲各国和各个时期的哲学、文学、历史、文化、政治、社会方面的重要事件和人物用英语阅读的确有一定的困难。再者，很多读者属于理工科背景的本科或研究生，在赴欧盟国家留学或工作之前需要学习和了解欧洲文化，通过阅读《欧洲文化》英文版虽然可以提升语言文化知识，却也花费了大量的时间和精力。

十年过去了，欧洲各国主要信息和数据亦发生了较大变化。十年前的信息点和知识点也不切合现在的情况，如英国脱欧、法德轴心的形成和欧洲高等教育一体化的博洛尼亚进程等。基于以上考虑，我们决定将《欧洲文化》英文版翻译成中文译著，全面更新原书中的主要信息和数据，做到与时俱进。

《欧洲文化》汉译本依然按照原书的十六章节，选取法国、英国、荷兰、比利时、德国、奥地利、瑞士、瑞典、丹麦、芬兰、西班牙、意大利、希腊、俄罗斯、波兰等十五个欧洲主要国家，分别介绍各国的历史地理、主要城市、宗教文化、风土人情、民族节日和饮食旅游等内容，包括第一章的欧洲文化总体介绍和十五章欧洲各主要国家的文化风情，按时间顺序介绍欧洲文化的历史、现在和未来。翻译方法以功能目的论作为主要理论依据，翻译过程中将归化和异化有机结合起来处理翻译信息。汉译本的特点是在参考了维基百科和百度百科数据库的基础上对英文版的地理、政治、历史、文化和教育中所涉及的主要数字和信息进行了适时更新，使读者能够了解到欧洲各国的最新数据和信息，以便于将汉英两个版本的《欧洲文化》结合起来进行学习，达到双语学习的目的，从而较快了解和掌握欧洲各主要国家的文化、文学、教育、历史、政治、社会方面的信息，为广大同学和老师去欧洲国家留学、访学和工作提供借鉴，同时也为高校外语专业开设欧洲文化课程提供参考。当然由于译者能力所限，书中难免会有一些错误，诚挚欢迎各位读者批评指正。

译　者

2020.8

目 录
CONTENTS

第1章 简 介 ⋯⋯⋯⋯⋯⋯⋯⋯⋯⋯⋯⋯⋯⋯⋯⋯⋯⋯⋯⋯⋯⋯⋯⋯⋯⋯⋯ 1

第2章 法 国 ⋯⋯⋯⋯⋯⋯⋯⋯⋯⋯⋯⋯⋯⋯⋯⋯⋯⋯⋯⋯⋯⋯⋯⋯⋯⋯⋯ 3
  2.1 地理 3
  2.2 简史 5
  2.3 宗教、文化和教育 8
  2.4 重要节日 12
  2.5 风景名胜与历史古迹 14
  2.6 名人 16
  2.7 传统美食 18

第3章 英 国 ⋯⋯⋯⋯⋯⋯⋯⋯⋯⋯⋯⋯⋯⋯⋯⋯⋯⋯⋯⋯⋯⋯⋯⋯⋯⋯⋯ 20
  3.1 地理 20
  3.2 简史 22
  3.3 宗教、文化和教育 26
  3.4 重要节日 30
  3.5 风景名胜与历史古迹 32
  3.6 名人 35
  3.7 传统美食 36

第4章 荷 兰 ⋯⋯⋯⋯⋯⋯⋯⋯⋯⋯⋯⋯⋯⋯⋯⋯⋯⋯⋯⋯⋯⋯⋯⋯⋯⋯⋯ 38
  4.1 地理 38
  4.2 简史 40

4.3　宗教、文化和教育　43

　　4.4　重要节日　47

　　4.5　风景名胜与历史古迹　49

　　4.6　名人　52

　　4.7　传统美食　53

第5章　比利时　55

　　5.1　地理　56

　　5.2　简史　58

　　5.3　宗教、文化和教育　60

　　5.4　重要节日　63

　　5.5　风景名胜与历史古迹　64

　　5.6　名人　66

　　5.7　传统美食　67

第6章　德　国　70

　　6.1　地理　70

　　6.2　简史　72

　　6.3　宗教、文化和教育　74

　　6.4　重要节日　76

　　6.5　风景名胜与历史古迹　79

　　6.6　名人　83

　　6.7　传统美食　86

第7章　奥地利　89

　　7.1　地理　89

　　7.2　简史　91

　　7.3　宗教、文化和教育　94

　　7.4　重要节日　99

　　7.5　风景名胜与历史古迹　100

　　7.6　名人　102

　　7.7　传统美食　104

第8章 瑞　士 ······ 107
- 8.1　地理　108
- 8.2　简史　109
- 8.3　宗教、文化和教育　114
- 8.4　重要节日　117
- 8.5　风景名胜与历史古迹　119
- 8.6　名人　121
- 8.7　传统美食　122

第9章 瑞　典 ······ 125
- 9.1　地理　125
- 9.2　简史　127
- 9.3　宗教、文化和教育　130
- 9.4　重要节日　134
- 9.5　风景名胜与历史古迹　136
- 9.6　名人　138
- 9.7　传统美食　140

第10章 丹　麦 ······ 142
- 10.1　地理　142
- 10.2　简史　144
- 10.3　宗教、文化和教育　147
- 10.4　重要节日　151
- 10.5　风景名胜与历史古迹　153
- 10.6　名人　155
- 10.7　传统美食　157

第11章 芬　兰 ······ 159
- 11.1　地理　159
- 11.2　简史　162
- 11.3　宗教、文化和教育　163
- 11.4　重要节日　166

11.5　风景名胜与历史古迹　167
11.6　名人　168
11.7　传统美食　170

第 12 章　西班牙　173
12.1　地理　173
12.2　简史　175
12.3　宗教、文化和教育　177
12.4　重要节日　181
12.5　风景名胜与历史古迹　183
12.6　名人　185
12.7　传统美食　188

第 13 章　意大利　190
13.1　地理　190
13.2　简史　192
13.3　宗教、文化和教育　196
13.4　重要节日　200
13.5　风景名胜与历史古迹　201
13.6　名人　202

第 14 章　希　腊　207
14.1　地理　207
14.2　简史　209
14.3　宗教、文化和教育　211
14.4　重要节日　216
14.5　风景名胜与历史古迹　217
14.6　名人　220
14.7　传统美食　223

第 15 章　俄罗斯　225
15.1　地理　225

15.2 简史 227

15.3 宗教、文化和教育 228

15.4 重要节日 233

15.5 风景名胜与历史古迹 234

15.6 名人 236

15.7 传统美食 238

第16章 波 兰 ·· **241**

16.1 地理 241

16.2 简史 243

16.3 宗教、文化和教育 246

16.4 重要节日 248

16.5 风景名胜与历史古迹 251

16.6 名人 254

16.7 传统美食 255

第 1 章 简　　介

在文化与传统上，欧洲诸多国家各不相同。尽管在某些方面，欧洲国家有许多共同的禁忌，如对数量的表达和对颜色、花卉和动物的理解。欧洲人通常都禁忌"13"和"星期五"，因为两者都与基督教的起源相关，还有用黄色花朵献给客人已成为许多欧洲国家不尽相同的社会习俗。此外，在中国大象、孔雀、鹤被视为吉祥、幸福和长寿的象征，而在许多欧洲国家它们则分别代表笨拙（如英国），或是妓女（英国和法国）和愚蠢（法国）的意思。

由于文化差异，许多欧洲国家已形成了自己的特点，如在分手告别时，希腊人习惯将手挥向一边。因此，记住欧洲国家各自的民族文化和风俗习惯对跨文化的经济和贸易往来将非常有用。

比利时人喜欢合伙做生意或娱乐，他们十分看重热情好客的待人之道，注重外表穿着以及各自的生意头衔。而匈牙利人则迷信新年的餐桌上不应该有家禽类的菜肴，因为会飞的禽类也会将幸运带走。丹麦人喜欢桑拿，他们会在桑拿浴室一边喝着昂贵的葡萄酒一边友好地谈生意，有时会在几杯苏格兰威士忌下肚后的不经意间就提高了合作项目的投资金额。挪威人注重守时，会在谈话时与他人保持一定的距离；如果是私人探访的场合，就会为女主人准备一些鲜花或是糖果。

德国人特别注重效率。在谈判的时候，德国处理个人关系时态度非常严谨。他们在所有场合都穿着西装（更不会将手插进口袋里，这被认为是不合理的表现）。他们注重互送礼物，有时甚至以公司的名义赠送对方。

由于地处亚热带气候，希腊人喜欢午睡，而且喜欢用更为传统的方式处理商业活动，所以随处可见人们在买卖时讨价还价。

奥地利人不喜欢在新年期间吃虾，因为虾是坏运气的象征；如果吃虾，他们认为新的一年将会面临很多困难。

西班牙人强调个人声誉，所以需要赢得他们的永久友谊和信任。

法国人给大家的印象是最爱国的，即使英语说得再好也会用法语来进行谈判，而且他们谈判时常常固执己见。在爱尔兰，红、白、蓝三色组合在一起（英国国旗颜色）是由于政治和历史的原因，此外爱尔兰的法律禁止离婚。意大利人没有法国人那么固执，他们会表现出更大的热情。然而在处理业务时，他们通常不会仓促做出决策，也不会在没有与员工讨论的情况下直接下结论。

卢森堡人属于德国人的后裔。由于国家较小，大多数人会开车回家吃午餐，这样下午的时间他们就不用在办公室度过了。荷兰人是欧洲最为传统的民族，他们喜欢整洁有序，通常喜欢回到荷兰本土进行生意谈判和达成协议，因为荷兰人觉得在自己的国家谈生意更加坦诚和开放。葡萄牙人的性格接近希腊人，他们与人相处很随和。尽管天气炎热，他们仍会西装革履，甚至会听到他们在谈论如何清洗T恤衫；无论在工作还是社交场合，他们都习惯打着领带。

英国人有自己的行为模式。与欧洲其他国家和地区不同，他们汽车的行驶方向是靠左的，所以在他们看来思考问题时相反的思维可能会是正确的。就像会说英语的小熊一样，除了英语，英国人在正式场合不说其他任何语言。

这样的文化差异在欧洲国家非常普遍，对于中国学生来说，学习欧洲文化和传统是非常必要的，因为欧洲与中国在未来会有更多的交流和联系。而对从事英语语言学习的学生来说，他们很少有机会了解欧洲文化和传统，因为他们的跨文化研究仅仅涉及美国和英国文化，这已成为影响学生进一步了解文化和跨文化研究的障碍。了解欧洲文化将弥补人们在欧洲文化和传统知识上的缺失，以便为学生赴欧洲国家进修和获取更多的知识做好准备。

第 2 章 法　　国

虽然法国本土位于西欧，但法国在北美、加勒比海、南美洲、南印度洋、太平洋和南极也有许多海外领地，这些海外领地和地区有着各种不同的管理形式。

2.1 地　　理

2.1.1 法国的面积

法国本土面积共 547 030 平方千米，是欧盟成员国中面积最大的地区，略大于西班牙。从北部和西部的沿海平原到东南部的阿尔卑斯山脉，再到中南部的中央山脉和西南部的比利牛斯山脉，法国拥有各种各样的地貌。欧洲最高的勃朗峰位于法国和意大利边境的阿尔卑斯山，海拔 4 807 米（15 771 英尺）。法国本土拥有广阔的河流水系，如卢瓦尔河、加龙河、塞纳河和罗纳河。这些湖泊将中央山脉与阿尔卑斯山分开，流经法国本土的最低位置卡马格区（低于海平面 2 米即 6.56 英尺）后汇入地中海。而著名的科西嘉岛则位于地中海沿岸。

2.1.2 位置和气候

法国本土位于北纬 41 度至 51 度之间，处于欧洲西部边缘，正好处在北温带之中。其北部和西北部气候温和，海洋气候、所处的纬度和海拔高度等因素交汇在一起，使得法国本土呈现多样化的气候。在东南部，地中海气候盛行；西部主要是海洋性气候，因而降雨量高，冬季温和，夏季凉爽而温暖；在内陆，气候更加倾向大陆性气候——气候炎热，夏天暴雨频繁，冬天寒冷干燥。阿尔卑斯山和其他山区则主要以高山性气候为主，气温低于零摄氏度以下的天数每年超过 150 天，积雪更是持续长达六个月。

2.1.3　地形

法国的面积约为美国得克萨斯州面积的 80%。在阿尔卑斯山附近与意大利和瑞士接壤的边境有西欧的最高峰——勃朗峰。森林覆盖的孚日山脉位于其东北部，比利牛斯山脉则位于西班牙边境交界处。除了法国最北部，该国的地形可以简单描述为四个河流盆地和一个高原。其中三条河的流向朝西——塞纳河流入英吉利海峡，卢瓦尔河流入大西洋，加龙河流进比斯开湾，罗纳河向南汇入地中海。长约 161 千米的莱茵河位于法国东部边境地区，在地中海地区尼斯东南约 185 千米的地方，正是科西嘉岛。

2-1　法国国旗　　　　　　2-2　法国国徽

2.1.4　主要信息和数据

总统：埃马纽埃尔·马克龙（2017）。

总理：爱德华·菲利普（2017）。

土地面积，553 965 平方千米（213 886 平方英里）；总面积，672 834 平方千米（259 781 平方英里）。

人口，65 233 271（2019）；增长率，0.39%；出生率，12.5/1 000；婴儿死亡率，3.3/1 000；预期寿命，80.9 岁；人口密度，每平方千米 118.24 人。

首都和最大城市：巴黎，11 000 000 人（大区，2019），2 138 551 人（市区，2019）。

其他大城市：马赛，820 700 人；里昂，443 900 人；图卢兹，411 800 人；尼斯，332 000 人；南特，282 300 人；斯特拉斯堡，272 600 人；波尔多，

217 000人。

货币单位：欧元（之前为法国法郎）。

国歌：《马赛曲》(*La Marseillaise*)。

官方语言：法语。

至2019年有642万穆斯林居住在法国，主要是北非移民的后代。法国是穆斯林和犹太人在欧洲最大的家园。尽管法语包括凯尔特语和日耳曼语，但是其主要来源是高卢地区罗马人所说的拉丁方言。从历史上看，法语一直是被用作外交和商业的国际语言，而今天它仍然是联合国六种官方语言之一，更是连接非洲、亚洲、太平洋地区和加勒比地区的重要语言。

2.2 简　　史

2.2.1 早期的居民

通过考古发现，自旧石器时代以来法国一直有人在此定居。凯尔特人，也就是后来被罗马人称为高卢人，从莱茵河谷迁移到现在的法国。在公元前600年左右，希腊人和腓尼基人在地中海沿岸建立了定居点，其中最著名的地区是在马赛。朱利叶斯·恺撒在公元前57—前52年征服了高卢的一部分，直到公元五世纪弗兰克斯·克洛维一世成立王国之前，这个地区仍然是罗马的一部分。

2.2.2 封建王朝

843年《凡尔登条约》将法国领土大致分为三个区域，即法国、德国和意大利，分属于查理曼大帝的三个孙子，而法国日渐变为一个封建的王国。到了987年，皇位传给了休·卡佩特，一位控制着巴黎周边地区法兰西岛的皇子。在随后350年的统治时期，一个近乎完整的卡佩王朝逐渐形成，进一步巩固了皇家权威，这一统治持续到1328年菲利普六世上台执政，而那时的法国已经成为拥有1 500万人口的欧洲最强盛国家。

2.2.3 百年战争

在菲利普·瓦卢瓦执政时期，法国领土的一部分则由英格兰的金雀花王朝的国王控制，这位国王还宣称自己才是法国真正的国王。从1338年开始，百年战争最终结束了这一局面。法国在最后的卡斯蒂永战役（1453年）中取得胜利后，瓦卢瓦家族成为当时的法国统治者，而英国人则完全退出了法国的领土。如果算上勃艮第和布列塔尼这两个地区，瓦卢瓦王朝拥有的领土就已经达到了现在法国的规模。到了十六世纪，新教开始在全法国盛行，并再次导致内战的爆发。随后波旁王朝的亨利四世于1598年颁布了《南特法令》，在宗教上赋予胡格诺派（法国新教徒）更多的宽容。在路易十四（1643—1715）统治时期，君主专制达到了顶峰，他称自己为太阳王，意指其辉煌的宫廷才是西方世界的中心。

2.2.4　法兰西共和国的诞生

在经历了一系列代价高昂的对外战争之后，法国君主政府的统治不断削弱，随着第一共和国的建立，法国大革命在1789年陷入了一场大屠杀，并以波拿巴·拿破仑建立独裁政权而结束。拿破仑成功地捍卫了新生的共和国，抵抗了来自国外势力的侵袭，然后在1799年成为第一位执政官，并在1804年登基成为法国皇帝。1815年召开的维也纳会议旨在恢复拿破仑当政前的路易十八统治期的社会秩序，但拿破仑时代的工业化进程和中产阶级的施压加剧了社会变革，1848年的一场革命风暴让波旁王朝的最后一位统治者——路易·菲利普流亡海外。拿破仑一世的侄子路易斯·拿破仑王子于1852年宣布建立法兰西第二帝国，并以拿破仑三世的身份登上王位。他与普鲁士政权的对抗点燃了普法战争（1870—1871），但最终以他的失败而告终，法兰西第二帝国宣告结束，第三共和国应运而生。

2.2.5　第二次世界大战时期

作为欧洲大陆的主导力量，第一次世界大战之后出现了一个新的法国。但是，德国人五年的占领使得法国东北部变成了废墟。从1919年开始，法国的外交政策旨在通过联盟制度使德国处于弱势，但这一政策并未能阻止阿道夫·希特勒和纳粹战争机器的崛起。1940年5月10日，纳粹军队发动袭击，当他们开始进攻巴黎时，意大利加入了德国的阵线。6月22日德国人进入了一个不设防的巴黎，亨利·菲利普·贝当元帅与德国人签署了停战协定。法国分裂为一个被占领的北方和南方傀儡政府——维希法国，法国成为以贝当为首领的极权主义德国的傀儡国家。1944年8月盟军解放了法国，随后以戴高乐将军为首的临时政府成立，法兰西第四共和国于1946年12月成立。这时的法国已然形成了法国联盟，国民议会得到了加强，总统职位减弱，法国正式加入了北约。1958年6月1日，阿尔及利亚独立战争的爆发助使已辞职的戴高乐将军重新上台，法国国民议会邀请戴高乐将军作为总理重返政府，并赋予其极大的权力。他为第五共和国起草了新的宪法，9月28日宪法正式通过并开始实施。该宪法加强了总统的权利并削弱了立法权，1958年12月21日戴高乐当选为法国总统。

随后，法国不得不将注意力转向非洲的废除殖民地运动，法国的被保护国摩洛哥和突尼斯于1956年获得独立，法国的西非殖民地被划分，许多新兴国家于1960年后获得独立。经过长期内战，阿尔及利亚于1962年终于取得独立。尽管如此，法国与其前殖民地仍然保持着友好的关系。1967年戴高乐总统做出了法国撤离北约的决定，并将所有外国的驻法军队驱逐出法国。然而，戴高乐的权势在1968年5月法国民众的大规模抗议活动中被削弱，当时学生的集会变成了暴力示威，数百万工厂工人在全法国自发组织罢工活动。虽然1969年后法国恢复了正常的经济状态，但戴高乐的继任者乔治·蓬皮杜改变了戴高乐的政策，将自由放任的经济发展纳入国内经济事务的管理中。保守的、商业化的气氛随后帮助吉斯卡尔·德斯坦于1974年当选法国总统。

2.2.6 社会不平等和高失业率的后果

2005年10月27日，巴黎的贫困郊区爆发了骚乱。骚乱持续了两周，蔓延到法国各地的300个城镇。这是法国40年来面临的最严重的暴力事件，事件是由两名青少年的意外死亡引发的，一名是法裔阿拉伯人，另一名是法裔非洲人的后裔。事件很快变为法裔阿拉伯人和法裔非洲人对贫困生活的暴力抗议，这些人大多生活在经济萧条、犯罪频发的地区，不仅失业率高，也无法融入法国社会中去。

2006年3月和4月，法国民众针对拟议的劳动法也发生了一系列的抗议活动。该劳动法允许雇主在两年内解雇26岁以下的工人而无须给出理由，该法案旨在控制法国年轻工人的高失业率。尽管希拉克总统签署了一项修改法案，抗议活动仍在继续。4月10日，希拉克不得不妥协并取消了该法案，这对政府来说也是一个令人尴尬的局面。

2008年7月萨科齐总统启动了地中海联盟，即一个由43个成员国组成的国际组织。该联盟旨在通过解决地区动乱和移民问题来结束中东的冲突。

2.3 宗教、文化和教育

2.3.1 宗教

作为一个世俗化的国家，基督教是法国最大的宗教，宗教自由是宪法赋予的权利。根据《天主教世界新闻》2007年1月的民意调查显示：50%的法国国民属于天主教徒，31%为不可知论者或无神论者（另一项民意调查将无神论者的比例设定为27%），10%为其他宗教或没有宗教归属，4%为穆斯林，3%为新教徒，1%为佛教徒，1%为犹太人。

法国穆斯林的统计人数差异很大。根据法国人口普查，法国有370万"可能的穆斯林"（占总人口的6.3%）。2008年，法国内政部估计穆斯林总人数在500万到600万之间（8%—10%）。根据世界犹太人大会统计，法国目前的社区犹太人数量约为60万，居欧洲国家之首。

2.3.2 文化

（1）文学

最早的法国文学可以追溯到中世纪时期，与现今法国不同，当时并没有一种统一的语言。那时流行好几种语言和方言，每个作家都使用自己的拼写和语法规则。许多法国中世纪作品的作者都是未知的，例如《特里斯坦》《伊索尔德》《兰斯洛特》以及《圣杯故事》等。许多中世纪的法国诗歌和文学都受到了《法兰西史诗》的启发，例如《罗兰之歌》。佩鲁·德圣克洛德于1175年发表了《列那狐狸传奇》，讲述了中世纪一只"列那"狐狸的故事，这也是法国早期文学的一个典范。这一时期还有一些作者的名字是为人熟知的，例如克雷蒂安·特鲁瓦和使用奥西坦语写作的威廉九世公爵。

十六世纪另外一位重要的作家是弗朗索瓦·拉伯雷，他影响了现代法语词汇和隐喻用法的变化。在十七世纪，皮埃尔·高乃一、让·拉辛和莫里哀的戏剧，布莱士·帕斯卡和勒内·笛卡尔的科学与哲学书籍都深深地影响了贵族阶级的统治，并为以后几十年法国其他作家留下了重要的文化遗产，拉封丹成为这一时期的重要诗人。

在十八世纪和十九世纪，法国文学和诗歌蓬勃发展起来。十八世纪涌现了许多著名作家、散文家和道德学家，如伏尔泰，丹尼斯·狄德罗和让-雅克·卢梭。夏尔·佩罗是一位多产的儿童故事作家，如《穿靴子的猫》《灰姑娘》《林中睡美人》和《蓝胡子》等都出自他的笔下。

十九世纪初象征主义诗歌在法国文学界兴起，代表人物有夏尔·波德莱尔、保罗·魏尔伦和斯蒂凡·马拉美等诗人。十九世纪最有名的小说家和代表作有维克多·雨果的《悲惨世界》，亚历山大·杜马斯（大仲马）的《三个火枪手》《基督山伯爵》和儒勒·凡尔纳的《海底二万里》，他们一起为世界文学奉献了许多经典的法国小说。其他十九世纪著名的小说作家包括左拉、莫泊桑、戈蒂耶和司汤达等。

2-3　夏尔·波德莱尔

龚古尔文学奖是1903年首次颁发的法国文学奖，二十世纪的法国文坛出现了许多重要作家包括马塞尔·普鲁斯特、路易斯-费迪南德·塞利纳、阿尔贝·加缪和让·保罗·萨特。安托万·德·圣艾克絮佩里所写的《小王子》一书，迄今一直受到全世界儿童和成人读者的欢迎。

（2）体育

法国最流行的体育运动有足球和英式橄榄球，某些地区还盛行篮球和手球。法国举办过1938年和1998年的国际足联世界杯以及2007年的橄榄球联盟世界杯。巴黎体育场是法国最大的体育场，也是1998年FIFA世界杯决赛的场地，这里还在2007年10月举办了橄榄球世界杯决赛。法国还有一年一度的著名环法自行车赛，这也是世界上最著名的公路自行

2-4　环法自行车赛

车赛。同时，法国也因在萨尔特省举行的"24小时勒芒赛车耐力赛"而闻名。还有几场世界主要的网球锦标赛在法国举行，包括"巴黎网球大师赛"和"法国网球公开赛"，法网也是网球界四大满贯赛事之一。

法国可以说与现代奥林匹克运动会的兴起密切相关。法国的一位贵族——皮埃尔·德·顾拜旦男爵在十九世纪末提出了复兴奥运会的倡议。古代奥运会

9

起源于古希腊，雅典举办了第一届古代奥运会；在近代，巴黎于1900年举办了第二届现代奥运会。国际奥委会总部在迁移到洛桑之前，巴黎是国际奥委会的第一个家。自1900年奥运会以来，法国又举办了四届奥运会：1924年巴黎夏季奥运会和三届冬季奥运会（1924年的夏蒙尼、1968年的格勒诺布尔和1992年的阿尔贝维尔冬奥会）。

法国国家足球队和国家橄榄球队被称为"蓝色军团"，这是指球队球衣的颜色以及法国三色国旗的颜色。法国足球队是世界上最成功的球队之一，特别是在二十世纪末的1998年获得世界杯冠军，2006年再一次获得世界杯亚军；同时还在1984年和2000年两次获得欧洲锦标赛冠军。此外，橄榄球也非常受欢迎，特别是在巴黎和法国西南部地区橄榄球运动十分普及，法国国家橄榄球队参加了每届的橄榄球世界杯，以及一年一度的六国橄榄球锦标赛。除了在国内的橄榄球巡回赛获得好成绩之外，法国橄榄球队还赢得了16次六国锦标赛的冠军，其中包括8次大满贯赛事，并进入了橄榄球世界杯的半决赛和决赛。

（3）建筑

从理论上说，没有任何一种建筑被命名为"法式建筑"，但事实并非如此。"哥特式建筑"的旧名称正是"法式建筑"，后来"哥特式"这个术语是作为一种贬义的风格出现的，但却被广泛使用。法国北部是一些最重要的哥特式大教堂和其他教堂的所在地，其中第一个是圣丹尼斯大教堂（用作皇家墓地）；其他重要的法国哥特式大教堂是沙特尔大教堂和亚眠主教座堂。历史上众多法国国王在另一个重要的哥特式教堂中举行过加冕仪式，这就是巴黎圣母院。除了教堂外，哥特式建筑风格还被用于许多宗教宫殿，其中最重要的是阿维尼翁宫。

在中世纪时期，封建贵族建造了坚固的城堡用于向对手彰显自己的权力。例如，当国王菲利普二世从约翰王手中夺取鲁昂时，他拆毁了公爵城堡以建造一座更大的城堡。虽然法国城堡得以加固也很常见，但不幸的是大多数城堡没有幸存下来，盖拉尔城堡以及鲁西尼昂城堡等一些重要的法国城堡也因此被拆除。不过还是有一些重要的城堡得以保存下来，如希农城堡、昂热城堡、文森城堡等。

在这些建筑出现之前，法国一直盛行诸如西欧大部分地区一样的罗马式建筑（除伊比利亚半岛盛行摩尔建筑风格以外）。法国罗马式教堂的一些最好的例子是图卢兹的圣赛尔南教堂和克吕尼修道院的遗迹（修道院在大革命和拿破仑战争期间大部分被毁）。

10

2-5 圣路易斯礼拜堂

在十九世纪后期古斯塔夫·埃菲尔设计了许多桥梁（如嘎拉比特高架桥），他也成为那个时代最有影响力的桥梁设计师之一，他设计的最有影响力和最为人知的代表作是埃菲尔铁塔。在二十世纪，瑞士建筑师勒·柯布西耶也在法国设计了几座有影响的建筑。到了现代，法国建筑师将现代和古典建筑风格相结合，卢浮宫金字塔就是融入旧建筑风格后的现代建筑典范。当然，在法国城市中最难融入的建筑物是摩天大楼，尽管它们从远处一眼可见。在法国最大的金融区拉德芳斯就有大量的摩天大楼，而其他诸如桥梁等建筑物却很难融入周围的环境，米约高架桥就是一个很好的例子。其他一些著名的现代法国建筑师还包括让·努维尔和保罗·安德鲁等。

2.3.3 教育

法国的教育体系与大多数欧洲国家的教育体系相似。在法国，教育始于2岁，义务教育从6至16岁全部都是免费教育。法国的公共教育体系高度集中，而私立教育主要是指以罗马天主教为主的教会学校。法国的高等教育始于1150年巴黎大学的成立，现在的法国共有91所公立大学和175所专业学校，其中包括研究生教育的精英大学（Grandes Ecoles）。近年来，注重商科和管理学专业的私立大学机构发展得非常快，这些学科设立的课程开始是以美国学分制和学期制为基础的。

2.4 重要节日

表 2-1 法国公共假期

时 间	英文名	本地名称	备 注
一月	元旦	Premier de l'an / Le jour de l'an	
四月	复活节	Lundi de Pâques	复活节后的星期一
五月	劳动节	Fête du Travail	
五月	欧洲胜利日	Victoire 1945	庆祝二战的结束
六月	耶稣升天节	Ascension	星期四
六月	圣灵降临节	Lundi de Pentecôte	圣灵降临后的星期一
七月	巴士底日	14 Juillet - Fête Nationale	国庆日
八月	圣母升天节	Assomption	
十一月	万圣节	Toussaint	
十一月	退伍军人节	Armistice 1918	庆祝一战结束
十二月	圣诞节	Noël	

注：根据法规，只有劳动节（5月1日）是公众假期。其余假期由劳资协议（雇主和雇员工会之间的协议）或雇主协议授予。除公众假期外，法国学校假期每年共计五次。

2.4.1 复活节星期一

复活节星期一是复活节（星期天）后的第一天，是在一些重要的基督教文化盛行的地区尤其是罗马天主教和东正教庆祝的假期。在罗马天主教的日历中，复活节星期一是复活节周的第二日。早期的复活节庆祝活动包括长达一周的传统庆祝活动，但这种情况到十九世纪就减少至一天了。这些庆祝活动包括滚彩蛋比赛——这主要是在罗马天主教国家进行，在复活节的弥撒中为他人撒上传统上的圣水，人们还会将其带回家为房舍和食物祈福。在东正教教堂和那些遵循拜占庭仪式的东方天主教堂，复活节星期一被称为光明周一或周一重生，指的是光明周的第二天。这些节日与帕沙（拉丁语复活节星期日）完全相同，只是八回音的赞美诗是在第二音部，这一天通常也是探亲访友的一天。同时，复活节星期一也是庆祝圣乔治节（4月23日）的日子，圣乔治节一般是在圣周期间或复活节星期日降临前后。

2.4.2 万圣日

万圣日（天主教会正式的称谓应该是庄重的万圣日，也称为天下圣徒日或万圣节，往往简称为"万圣日"），是西方基督教在 11 月 1 日庆祝的一个庄重的节日，或是东方基督教派圣灵节后的第一个星期日庆祝节日，是为了纪念所有已知和未知的圣徒们。在西方基督教神学中，这一天是为了纪念所有在天堂获得祝福的人们，而在罗马天主教会，节日的第二天是专门纪念那些尚未被净化却已到达天堂的已故信徒。这一天也是许多一直信奉天主教国家的法定节假日。

2-6 弗拉·安吉利科宗教绘画

2.4.3 法国国庆节

"巴士底日"是法国的国家法定节假日，于每年的 7 月 14 日举行庆祝活动。在法国，它被正式称为全国庆典日，或是人们常说的"7 月 14 日"。它是在 1789 年 7 月 14 日法国大革命攻占巴士底狱一周年之后设立的，因为攻占巴士底狱被视为现代国家起义的象征，也被视作第一共和国与法国大革命之前所有身处君主立宪制的法国人获得解放的象征。庆祝活动通常于 7 月 14 日上午在巴黎的香榭丽舍大街举行，法兰西共和国总统会亲自主持庆典。

2.5 风景名胜与历史古迹

根据每年的访客排名，法国热门旅游景点包括埃菲尔铁塔（620万）、卢浮宫博物馆（570万）、凡尔赛宫（280万）、奥赛博物馆（210万）、凯旋门（120万）、蓬皮杜艺术中心（120万）、圣米歇尔山（100万）、尚博尔古堡（71.1万）、圣礼拜堂（68.3万）、阿尔萨斯（54.9万）、穹顶广场（50万）、毕加索博物馆（44.1万）、卡尔卡松城堡（36.2万）。

2.5.1 埃菲尔铁塔

位于巴黎战神广场的埃菲尔铁塔是一座十九世纪建成的铁塔，已成为法国的象征，也是世界上最知名的建筑之一。埃菲尔铁塔不仅是巴黎最高的建筑，还是世界上访问量最大的收费建筑，每年有数百万人来参观它。这座塔以其设计师和工程师古斯塔夫·埃菲尔命名，是1889年世界博览会入口处的一座拱门。

铁塔塔楼高320米，与81层高的建筑大致相同。从建成直到1930年，它一直都是世界上最高的人造建筑，直到纽约市克莱斯勒大厦的出现，才让它退居第二。如果不包括塔尖的广播天线，它算是法国第二高的建筑结构，仅次于2004年完工的密佑高架桥。铁塔有三层可以供游客观光游览，现在铁塔已成为巴黎和法国最突出的象征，更成为电影拍摄的取景地。

2-7 埃菲尔铁塔

2.5.2 卢浮宫

卢浮宫博物馆，或官方正式的称谓——大卢浮宫或卢浮宫博物馆，简称"卢浮宫"，它是世界上最大的博物馆之一，也是世界上参观人数最多的博物馆和世界历史古迹之一。它位于法国巴黎的中心地标位置，处于第一区的塞纳河北岸，包括从史前到十九世纪的近35 000件物品，展出面积为60 600平方米（652 300平方英尺）。

博物馆位于卢浮宫内，这是一座始建于十二世纪晚期的城堡，由当时的法国国王菲利普二世建造。现今堡垒的遗迹仍然可见，而宫殿在此基础上多次扩建后，形成了现在的卢浮宫。1672年，路易十四移居凡尔赛宫，继而将卢浮宫作为展示皇家收藏品的地方，这其中还包括一系列的古代雕塑。1692年，该建筑为法兰西文学院和皇家艺术学院所使用。从1699年起，该学院在此举办了一系列的艺术活动，直至100年后的法国大革命时期，法国国民议会下令将卢浮宫改为博物馆，作为展示国家级艺术杰作的地方。

博物馆于1793年8月10日开放，共展出了537幅画作，其中大部分作品属于被没收充公的教堂或皇室财产。自法兰西第三共和国以来，除了两次世界大战，博物馆馆藏文物通过捐赠方式获取的数量越来越多。目前所有文物被分为八个主题展出，分别是埃及文物、近东文物、希腊文物、伊特鲁里亚和罗马文物、伊斯兰艺术、雕塑、装饰艺术、油画、绘画和素描。

2-8 卢浮宫

2.5.3 凡尔赛宫

凡尔赛宫，或简称"凡尔赛"，是位于法国法兰西岛地区凡尔赛的一座皇家城堡，在法语中，它被称为凡尔赛宫。

2-9 凡尔赛宫

城堡建成后，凡尔赛还只是一个村庄。现在它位于巴黎的一个郊区，距法国首都西南约 20 千米处。从 1882 年路易十四搬离巴黎，到 1789 年 10 月法国大革命开始后皇室成员被迫返回首都，凡尔赛一直是法国政权的中心。因此，凡尔赛宫不仅是一座建筑，而且是法国旧制度中君主制的象征。

2.6　名　　人

法国历史上有许多名人，但我们今天主要介绍的是那些众所周知且具有划时代意义的人物，这其中既有饱受争议的人物，也有被称为英雄的人物，还有一些被视为天才人物。

2.6.1　拿破仑一世

波拿巴·拿破仑出生于科西嘉岛，父母具有高贵的意大利血统，他自己则在法国大陆接受过炮兵的训练。波拿巴在法兰西第一共和国时期就开始崭露头角，成功地领导了针对法兰西共和国的第一次和第二次联合政府。1799 年，他发动了政变并成为法兰西第一共和国执政官。五年后，法国参议院宣布他为皇帝。在 1800 到 1810 年期间，拿破仑统治下的法兰西帝国发生了一系列战争冲突，拿破仑领导的系列战争涉及欧洲各主要列强。在取得一连串的胜利后，法国渐渐在欧洲大陆取得了主导地位，随后拿破仑建立了广泛的联盟，他通过任命朋友和家人作为法国附庸国的统治者来维持法国的势力范围。

2-10　波拿巴·拿破仑

1812 年法国入侵俄国是拿破仑命运的转折点，自此之后拿破仑再没有了之前的好运气。拿破仑的故事在世界各地的军事院校被广泛研究，虽然他被反对者视为暴君，但也因为他所制定的《拿破仑法典》而被人们记住，该法典奠定了西欧大部分地区的行政和司法基础。

2.6.2 克劳德·莫奈

克劳德·莫奈（1840—1926）是法国印象派绘画的创始人，他强调在大自然面前表达自己的感知力，印象派运动的理论和实践的发展都源于他的推广作用。他尤其擅长室外风景画，而印象派一词就源于他的画作《日出·印象》。

2.6.3 尼古拉·萨科齐

尼古拉·萨科齐是法兰西第五共和国的第九任总统，同时被任命为安道尔公国大公。他在选举中击败社会党候选人塞格林·罗雅尔后于2007年5月16日上任。

2004年至2007年，萨科齐担任上塞纳省议会主席，他是1983年至2002年度法国最富有的地区之一塞纳河畔讷伊市的市长。

2-11 莫奈

他曾担任过弗朗索瓦·密特朗政府时期爱德华·巴拉迪尔内阁的财政预算部长。萨科齐因振兴法国经济而闻名，他承诺重振职业道德，推动新举措和零容忍政策。在外交事务方面，他承诺加强与英国的联系，并与美国加强合作。入主巴黎爱丽舍宫后的萨科齐于2008年2月2日与卡拉·布吕尼结婚。

2.6.4 雅克·希拉克

雅克·勒内·希拉克于1995年5月17日至2007年5月16日期间担任法国总统。作为总统，他也同样担任安道尔公国大公和法国高等法院的大法官。希拉克是法国任期第二长的总统（共两个任期，第一任七年、第二任五年），仅次于弗朗索瓦·密特朗，也是唯一一位曾在第五共和国担任过两次总理的人。

他的内部政策包括降低税率、取消价格管制、严厉惩罚犯罪和恐怖主义，以及商业私有化。他还提出了更具社会责任感的经济政策，在当选前的1995年他还在一个名为"弥合社会裂痕"的社交平台上参加竞选活动。他的经济政策以统治性、国家导向性经济为基础，正好与英国的自由放任政策相对立，希拉克称之为"盎格鲁-撒克逊的超自由主义"。

在完成了巴黎政治学院和国家行政学院的硕士学位后，希拉克开始了他作为高级公务员的职业生涯，很快就进入了政界。随后，他担任各种高级职务，包括农业部长、总理、巴黎市长，最后担任法国总统。

2.7 传统美食

2.7.1 法国菜

法国菜是指源自法国的一种烹饪风格，随着几个世纪以来社会和政治的变化而发展起来的。中世纪时代的法国宫廷名厨有威廉·泰尔，他创建了现在的老牌名店"大伊风"。十七世纪工业时代的开始，却让人们开始朝着相反的观念发展，人们开始使用更少的香料、更多的植物性调料以及更为精致的工艺，这些变化始于著名的米其林餐厅，为拿破仑和达官贵人烹饪的厨师们（如玛丽-安东尼·卡雷姆）进一步发展了法国烹饪。

法国菜肴的多样化，只有中国菜的种类可以与之媲美。这个特点来自法国人对各种形式的美食的热情，法国各种不同的地理气候给他们带来了各种食材以及悠久而多变的烹饪史。可以说，在许多方面了解法国食物和食谱的文化就是对法国本身的理解。

法国菜多种多样，不仅有最基本的食物如传统的法式长棍面包加奶酪再配上便宜的葡萄酒，还有非常精致的菜肴，比如十几道菜可以与不同种类的葡萄酒配在一起吃上几个小时。显然，后一类法国菜对大多数人来说是比较少见的。然而，正是这种更为精致的餐饮常常出现在其他国家的"法国餐馆"中，这就给许多外国人造成了错误的印象，认为法国菜吃起来既烦琐又复杂。事实上，大部分法国菜肴相当简单，味道主要依靠高品质的新鲜食材和精心的烹调，而不是复杂的食谱。

2.7.2 法国地方菜的影响

几乎所有著名的法国菜肴都带有地方特色，其中一些在法国各地很受欢迎，而某些菜却只在其所在的地区普及。虽然在法国各地都能吃到各地方的特色菜，但只有其发源地才有高品质的原材料和最地道的烹饪手艺。

其实在法国的任何地方，人们都可以在餐馆和家中找到各种各样的菜肴，远远超出了地域特点。然而，在法国大部分地区，食材与烹饪技巧才是地方菜最大的不同，只有使用当地出产的材料和地方食谱，才会有最地道的地方菜肴味道。最常用的食物和最好的烹饪往往是用当地食材和食谱制作的美食，所以去法国各地旅游或者定居就意味着人们将会享受完全不同类型的当地佳肴。

2.7.3 烹饪方式

法国的每个地区在食材的选择和处理方面都有自己独特的传统，除此之外，还有三种最常见的方式互相媲美。在法国烹饪中，这三种传统方式都有很强的代表性，每种都有其美食爱好者和专业餐厅。现今，法国新潮派烹调已经大不如前，而地方特色菜则越来越受欢迎。

法国文化讨论专题：

1. 移民一直是近年来法国社会的主要问题，你能从社会和文化的角度来谈谈这一问题吗？
2. 精英教育是法国大学的传统模式，你怎么看待该教育模式？
3. 作为世界性的语言，法语的影响力在今天有什么变化？
4. 1789年的法国大革命对欧洲国家有何影响？

第3章 英　　国

大不列颠及北爱尔兰联合王国是一个君主立宪国家，由英格兰、苏格兰、威尔士和北爱尔兰组成，曾经是欧盟（EU）的27个成员国之一。它是联合国安理会的常任理事国，也是八国集团（G8）、二十国集团（G20）、北约（NATO）、经合组织（OECD）和世贸组织（WTO）的成员国。2019年英国人口为66 573 504，是世界上经济、文化、军事、科学和政治等方面具有国际影响力的国家。

3.1　地　　理

3.1.1　英国的面积

英国的总面积约为94 060平方英里（243 610平方千米），包括大不列颠岛、爱尔兰岛东北占六分之一面积的北爱尔兰和一些较小的岛屿。大不列颠岛从南海岸到苏格兰大陆的最北端不到600英里（约1 000千米），而其最宽处也不到300英里（约500千米），位于北大西洋和北海之间，距法国西北海岸仅22英里（35千米）。

3.1.2　位置和气候

英国位于欧洲大陆西北海岸的不列颠群岛上，最大的岛屿是大不列颠岛，分为英格兰、苏格兰和威尔士。群岛的第二大岛是爱尔兰岛，其中的北爱尔兰属于英国的一部分，位于该岛的东北部。这也是英国唯一具有陆地边界的地区，与爱尔兰共和国接壤。苏格兰西部被内赫布里底群岛和外赫布里底群岛所包围，而在其北部则是奥克尼群岛和设得兰群岛。除了陆地边境，英国其余的边境紧邻大西洋、北海、英吉利海峡和爱尔兰海。

英国的气候为温带气候，温度通常在32℃至零下10℃之间。该国西部和高地地区的降雨量最大，年平均降雨量超过1100毫米。夏季的日照时间从苏格兰北部的五个小时到怀特岛的八个小时不等。冬季的阳光最少，在苏格兰北部平均每天只有一小时，在英格兰南海岸平均日照时间每天也就两小时。

3.1.3 地形

英国具有各种各样的地貌景观。英格兰中部的大部分地区位于古代火山岛的遗迹上，在很多地方都可以看到许多小型天然火山顶凸显出来。英国的最低点在英格兰的东英吉利斯的芬斯地区，其中部分地区位于海平面以下4米处。从地理上来说，英格兰和威尔士的地貌算是山区，英国最长的河流塞弗恩河（220英里，354千米）流经此地区。在英格兰地区还有泰晤士河（215英里，346千米）从中穿越过去。除此之外，英格兰的地形是从高到低向东南倾斜，西南方向是达特穆尔和埃克斯穆尔，西北方向是坎伯里亚国家公园。威尔士和湖区都覆盖着大量的火山熔岩和火山灰，被称为博罗代尔火山，时至今日仍然可以看到火山的遗址。另外，在苏格兰和赫布里底群岛发现了英国十座最高的山脉和最古老的岩石。

3-1 英国国旗   3-2 英国国徽

3.1.4 主要信息和数据

君主：伊丽莎白女王二世（1952）。

首相：鲍里斯·约翰逊（2019）。

土地面积，241 590平方千米（93 278平方英里）；总面积：244 820平方千米（94 526平方英里）。

人口，66 573 504 人（2019）；增长率，0.65%；人口密度，每平方千米 652 人。

首都和最大城市：伦敦，7 556 900 人（2019）。

其他大城市：格拉斯哥，1 099 400 人；伯明翰，971 800 人；利物浦，461 900 人；爱丁堡，460 000 人；利兹，417 000 人；布里斯托尔，406 500；曼彻斯特，390 700 人。

货币单位：英镑（£）。

国歌：《天佑女王》。

官方语言：英国没有宪法规定的官方语言，英语是其主要语言（超过 70% 的英国人使用英语）。

3.2　简　　史

英国是一个多元化发展的国家，有着较强的社会融合性和宽容的文化。它曾经是十九世纪的主要工业和海上大国，并在发展议会民主以及推动文学和科学发展方面发挥了引领作用。大英帝国在鼎盛时期扩张到全球面积的四分之一领域，但在二十世纪上半叶的两次世界大战中，英国的实力被严重削弱。二十世纪下半叶，英帝国解体并重新构建起一个现代化和繁荣的欧洲国家。作为联合国安理会五个常任理事国以及北约和英联邦的创始成员之一，英国一直奉行着全球化的对外方针和外交政策。

3.2.1　早期的定居者

公元前 6500 年前后英吉利海峡形成时，早期的英伦岛才与欧洲大陆分开。最早的定居者是一群狩猎者，他们一生的大部分时间是以狩猎为生。直到公元 43 年，罗马皇帝克劳迪一世下令入侵英国，在元老院贵族奥卢斯·普劳提乌斯的指挥下，罗马军队越过海峡，迅速击败了卡图威劳尼（不列颠东南部的部落）国王卡拉塔丘斯与他的哥哥托戈杜姆纳斯率领的一支不列颠军队。随后，罗马人在泰晤士河两岸建立了居住地并命名为"伦底纽姆"（伦敦），开始了对英格兰和威尔士的统治。罗马的生活方式在英国一直持续到五世纪，直到 410 年罗马人陆续从英国撤出自己的军队来援助其他地方的战事。英国在盎格鲁人、撒克逊人、皮克特人和苏格兰人四面八方的包围下，向罗马皇帝奥诺里乌斯寻求帮助，而奥诺里乌斯却写信给英国人建议应该"寻求自我防御"。这一事件可说是标志着罗马在大不列颠统治的终结。罗马人离开后，没有了强大的军队来保卫，英国接连遭到盎格鲁人、撒克逊人和朱特人的入侵，这些部落分别来自丹麦、德国北部和荷兰北部，也被称为盎格鲁-撒克逊人。

1066年，诺曼底公爵威廉入侵英格兰，开始了对盎格鲁-撒克逊人的征服。盎格鲁-撒克逊国王哈罗德在黑斯廷斯战役中丧生，诺曼底公爵威廉开始统治英格兰和苏格兰，不仅从根本上改变了英国的阶级制度，并将官方语言改为法语。直到1216年，亨利三世加冕为英王。

从征服者威廉1066年入侵到1485年第一位都铎国王统治的开始，这段时间被称为中世纪，这其中就包括1337年至1453年法国和英国之间爆发的英法百年战争。

3.2.2 君主制

在1485年的"玫瑰战争"中，亨利·都铎入侵英格兰并击败了理查三世夺取了政权，这标志着都铎王朝的统治开始。接着，他与约克家族的伊丽莎白（爱德华四世的女儿）结婚。

1603年伊丽莎白一世（童贞女王）逝世。在伊丽莎白没有继任者的情况下，苏格兰国王詹姆斯六世（苏格兰女王玛丽的儿子）继任英格兰国王，被称为詹姆斯一世。詹姆斯的执政意味着英格兰、苏格兰和爱尔兰这三个独立的王国已联合起来，第一次统一地由一个君主进行统治。詹姆斯是英格兰第一位斯图亚特王室的统治者，也就是在他的统治期间，清教徒的先辈移民们在1620年乘坐着五月花号船来到美洲大陆的新英格兰。1642年，支持议会的军队与忠于国王的军队爆发内战，议会获胜，查理国王被处决。

1707年5月1日，《联盟条约》的签订意味着大不列颠联合王国的成立，成为统一的主权国家。英国开始了君主立宪制，并在威斯敏斯特建立了议会。实际上，这是英格兰王国的政治联盟的形成，其中还包括威尔士和苏格兰。

1714年斯图亚特王朝的最后一位统治者安妮女王去世，因为她没有孩子，所以王位由德国汉诺威选帝侯乔治接任。乔治被称为乔治一世，他是汉诺威王朝的第一个国王，被称为汉诺威国王。1783年乔治三世国王被迫宣布美利坚合众国独立。在汉诺威国王统治期间，君主制进一步走向没落，议会更加强大，首相的权力被大大提升。

3.2.3 维多利亚女王时代

维多利亚四世的侄女维多利亚在 1837 年以 18 岁的年龄成为英国女王,她在 1901 年去世时统治了英国 63 年,是迄今统治英国时间最长的君主(不包括现在的英国女王伊丽莎白二世)。

在她统治期间,大英帝国的人口增加到了世界人口的四分之一,成为世界上人们熟知的最伟大的贸易帝国。当时的大英帝国包括印度、加拿大、澳大利亚、新西兰和非洲大部分地区以及中东和远东地区。

英国还引领了第一次工业革命,在维多利亚时期成为多数领域的世界领跑者。在这一时期,英国宪法进行了较大的修改,导致了《人民宪章》的产生。尽管维多利亚女王仍然保留了一些治国权力,但在她统治期间,真正负责国家事务的是议会。在这一时期,英国社会、经济和技术发生了重大的变革,也见证了英国工业革命的辉煌和大英帝国势力的扩张。

维多利亚女王的王位被爱德华七世接任,现任女王伊丽莎白二世就是爱德华七世国王的曾孙女。

3.2.4 第一次世界大战

1914 年德国人入侵比利时,由于英国受到 1839 年签署的保护比利时中立条约的约束,因此对德国及其盟国宣战,英国就这样加入了第一次世界大战。1917 年美国参战一战,这支战斗力量的加入终于打破了自 1915 年以来一直形成的战争僵局。与此同时,俄国却由于经济动荡和俄国革命而退出一战。1918 年 11 月 11 日,德国最终投降并签署了停战协定,欧洲西线的战事停止。到第一次世界大战结束时,约有 880 万人死亡,其中 996 230 名士兵来自英国本土和大英帝国其他地区。

1919 年 1 月 18 日 27 个战胜国的代表 1 000 人参加了巴黎和会,其中包括全权代表 70 人,代表们商议签署了一战结束后的和平条约。实际上,这些条约主要是英国、法国、意大利和美国的国家元首们制定的。《凡尔赛条约》对德国施加了苛刻的赔偿条款,这也成为最终导致第二次世界大战爆发的一个原因。

第一次世界大战后,英国工薪阶层开始在后维多利亚女王时代为自己争取权利。英国第一个工党政府于 1924 年上台,自那时以来,保守党和工党一直是英国的两个主要政党。

经过数个世纪的冲突之后,南爱尔兰于 1922 年与英国分离,并最终于 1949

年独立为爱尔兰共和国。

3.2.5 第二次世界大战

1929 年纽约股市崩盘，经济大萧条时代开始。在二十世纪整个三十年代，大萧条导致了数百万英国人失业。1939 年 9 月，当英国开始与德国纳粹及其同盟国作战时，英国经济才从大萧条中恢复过来，第二次世界大战也正式拉开序幕。

英国于 1939 年 9 月 3 日对纳粹德国宣战。盟军在 1940 年春的不利局势导致首相张伯伦的辞职，保守党领袖温斯顿·丘吉尔接任其职并成立新的战时内阁，丘吉尔首相带领英国人民度过了第二次世界大战的艰难岁月。随着 1945 年盟军战胜轴心国，二战宣告结束。

3.2.6 从大英帝国到英联邦国家

第二次世界大战后，克莱门特·艾德礼和工党赢得了他们第一次大选的胜利。他们的当选是因为一份能够体现左翼政策和代表社会公平的宣言，例如创建英国国家医疗服务体系，提供更多的公共住房以及主要产业国有化。英国国家医疗服务体系被认为是工党的最大成就，因为它向所有人提供了免费医疗服务，甚至包括最贫穷的人，并由国家税收来提供经费来源。要知道，当时的英国财政危机很严重，严重依赖美国的贷款（该贷款最终于 2007 年 2 月偿还）来重建其战争中受损的基础设施。

进入二十世纪五十年代，英国已然失去了其作为超级大国的地位，更无法维持其庞大的帝国统治。从 1947 年印度独立开始一直到 1970 年，大英帝国的殖民国相继取得了独立，导致了世界范围的去殖民化。苏伊士危机等事件表明，英国的地位已经下降，但以前的大多数殖民地仍选择与英国保持联系，成立一个名为英联邦的组织。尽管如此，五十年代和六十年代依然是第二次世界大战之后英国相对繁荣的时期，重建工作仍在继续，来自英联邦许多国家的人们被邀请来帮助重建，这使英国再度成为一个充满活力的多元文化社会。在六十年代，一场伟大的文化运动开始了，并在世界范围内扩展开来。

3.2.7 现代英国

在二十世纪五十年代和六十年代的繁荣之后，随着全球经济下滑，英国在二十世纪七十年代经历了极端的工业冲突和滞胀。备受争议的领导人玛格丽特·撒切尔夫人在二十世纪八十年代开始采取经济现代化和较为严格的治理政策。随着去工业化进程的推进，失业率也创历史新高。但这段时间经济依然呈现一番繁荣的景象，股票市场变得更为自由，国有工业开始私有化。同时，北海天然气的发现为英国带来了可观的石油收入，极大地帮助了新经济的繁荣。但由于北爱问题，爱尔兰共和军的暴力活动使得英国局势更加复杂化，成为英国政府面临的最棘手事情。

英国加入欧洲共同市场的愿望最初是 1961 年 7 月由麦克米伦政府提出的，由枢密院勋爵爱德华·希思进行谈判，但在 1963 年被法国总统戴高乐否决了。最初英国对此事的态度犹豫不决，但哈罗德·威尔逊的工党政府第二次（1967 年 5 月）提出了加入欧洲共同体（欧盟的前身）的申请。与第一次比较，该申请于当年又一次被戴高乐否决。1973 年，作为保守党领袖和首相的希思就接纳条件重新进行了谈判，英国终于在 1973 年与丹麦和爱尔兰一起加入了欧共体。

3.3　宗教、文化和教育

3.3.1　宗教

英国是一个多种信仰的社会，享有宗教自由，宗教在许多人的生活中起着重要作用。英国奉行多宗教的政策，大多数种族是多宗教的，信奉的不止一种宗教，像英格兰，所有公立学校中有五分之一都是由宗教机构开办的。

根据英国的人口普查，基督教仍然是最主要的宗教，紧随其后的信徒人数排名是伊斯兰教、印度教、锡克教、犹太教和佛教。尽管英国的每个地区都有悠久的甚至早于英国历史的基督教传统，但实际上所有宗教信仰都没有那么强烈，这就是今天英国世俗社会的由来。

现在，许多宗教开展相互合作以增进了解，不断解决种族主义之间的差异问题，比如基督教会和犹太人理事会、多种信仰网络教会、犹太人种族平等理事会、迈蒙尼德基金会（穆斯林犹太人）和公共生活宗教与信仰委员会，它们将基督教、犹太教、印度教、穆斯林和锡克教徒融合在一起。

宗教也植根于政党内部，如工党的形成受到基督教社会主义和清教主义的影响，而保守党则受到英格兰教会的影响。

3.3.2 文化

(1) 文学

1500多年来，英国文学一直在教诲、培养、激励不同的读者，甚至让人们变得义愤填膺，如乔叟、莎士比亚、狄更斯、奥斯丁、斯威夫特、康拉德、王尔德等英国作家的文学作品对后世产生了深远影响。更重要的是，英国的作家长期以来一直以理解世界不断变化的新方式给读者提出新的思考。

英国有史以来最早的文学作品是盎格鲁-撒克逊人的手抄本《凯尔斯之书》。《贝奥武夫》是写于1 200年前的一首长诗，是早期"古英语"文学作品中最古老的作品之一。在中世纪（1066—1485），英国皇室曾使用的语言是法语，所以文学作品用法语或拉丁语书写。不久后，议会首次以英语开会，而法庭诉状则使英语成为法律程序的正式语言。在此期间，杰弗里·乔叟用英语完成了《坎特伯雷故事集》（1340—1400）的撰写，该作品也被认为是中古英语文学中最重要的作品。乔叟书写了一系列的故事，内容取自前往英格兰东南部坎特伯雷基督教会的31个朝圣者在途中互相取悦所讲的故事，乔叟也被认作是第一位用英语写作的宫廷诗人。

作为文化和思想百花齐放的时期，英国文艺复兴的历史可追溯至十六世纪初至十七世纪初。十四行诗和其他意大利文学传入了英国，影响颇深，十四行诗体由托马斯·怀亚特爵士在十六世纪初引入英国。

英国文艺复兴时期的戏剧是该时期最重要的文学成就之一。威廉·莎士比亚（1564—1616）被广泛认为是伊丽莎白时代最伟大的英语作家，他以悲剧、喜剧和历史剧等多种流派创作了35部戏剧。除他以外，当时的主要剧作家还有本·琼森、克里斯托弗·马洛和托马斯·基德。

英国浪漫主义始于十八世纪末，是重大的政治和社会变革（尤其是法国大革命）推动的结果。威廉·华兹华斯和塞缪尔·泰勒·柯勒律治等浪漫主义作家将自己视为自由的灵魂，他们强调自然、独创、情感和个性，而不是工作中的"理性"。他们将情感主义和内省带入了英语文学，将新的注意力集中在个人和普通人身上，而对城市主义和工业化的反应是这些诗人探索自然的根本原因。大约在同一时期，当时主要精英文学还有简·奥斯丁的小说《情感与理智》《傲慢与偏见》《艾玛》，勃朗特姐妹的作品，如夏洛特·勃朗特的《简·爱》、艾米丽·勃朗特的《呼啸山庄》和妹妹安妮·勃朗特的小说，以及伊丽莎白·盖斯凯尔的《北与南》；查尔斯·狄更斯留给后世更为著名的作品，如《荒凉山庄》《雾都孤儿》《双城记》《大卫·科波菲尔》等。在十九世纪,伊丽莎白·盖斯凯尔和查尔斯·狄更斯除了被视为小说家外,还被看作社会评论家。其他著名作家包括沃尔特·斯科特爵士、罗伯·罗伊、罗伯特·路易斯·史蒂文森。另外,还有一些著名的文学作品,如刘易斯·卡罗尔的《爱丽丝梦游仙境》、威尔基·柯林斯的《月亮宝石》、霍克斯的《世界大战》,以及亚瑟·柯南·道尔爵士的《福尔摩斯故事集》。

英国二十世纪文学经历了两个风格时期:现代主义和后现代主义。文学的现代主义开始和结束于两次世界大战期间(1919—1945),现代主义作家表达了他们在理解和传达世界的运作过程中所遇到的困难。因此,他们选择在思维方面上发起挑战,作品超越了传统可接受的内容,看起来似乎杂乱无章,难以理解。现代派主流作家及其代表作品有约瑟夫·康拉德的小说《黑暗的心》、弗吉尼亚·伍尔夫的小说《达洛卫夫人》、D. H. 劳伦斯的代表作《儿子与情人》和E. M. 福斯特的小说《霍华德庄园》。

后现代主义通常是指第二次世界大战之后出现的文学,它具有高度的实验性和烦琐结尾的特征,而不是在生活中寻求意义的流派。

(2) 体育

体育是英国文化中重要的组成部分,许多英国人对他们最喜欢的体育运动会进行情感投资。英式足球是最受欢迎的团体运动,板球在英格兰和威尔士很受欢迎,但英国其他地方的人们却不大喜欢这项运动。英式橄榄球联合会和橄榄球联盟是其他主要的运动团体,联合会比赛通常在英格兰南部更受欢迎,而联盟比赛在传统上是北方的体育运动。英国主要的个人运动项目有田径、高尔夫、赛车和赛马。英国孕育了一系列重要的国际体育赛事,包括现代足球、橄榄球(联赛和联盟)、板球、高尔夫、网球、羽毛球、壁球、圆场棒球、曲棍球、拳击、斯诺克、台球和冰壶。除此之外,英国在帆船运动和一级方程式等体育运动的发展中也发挥了关键作用。

英国一般都会参加夏季奥运会和冬季奥运会的竞技。在2000年和2004年夏季奥运会上,它在奖牌榜上均排名第十,这也是二战后最好的成绩。在最近的夏季奥运会上,英国队获得较多奖牌的体育项目包括划船、帆船、自行车比赛和田径运动。伦敦也分别于1908、1948年和2012年举办了夏季奥林匹克运动会。冬季运动在英国的体育生活中只扮演着次要的角色,因为英国冬季的寒冷程度无法为冬季运动提供足够的户外训练条件。

3-3 牛津和剑桥大学划船比赛

牛津和剑桥间的赛艇是一项独特的学生运动，最早是牛津大学和剑桥大学之间举行的划船比赛，由两个大学的学生——剑桥大学的查尔斯·梅里维尔和他在牛津大学的好友查尔斯·华兹华斯（诗人华兹华斯的侄子）发起的。1829年3月12日，剑桥大学首先向牛津大学发起了挑战，自此这项传统一直延续到今天，每年由上届比赛的输家向对手发起挑战要求再次比赛。比赛仍然沿用传统的路线，但现在已成为一个重要的国际体育盛会，吸引了来自世界各地的数百万观众。在比赛当天，从普特尼到莫特莱克有多达25万名观众挤满了泰晤士河畔观看比赛。2019年剑桥大学队获得第165届赛艇对抗赛的胜利，这也是他们第83次获此殊荣，牛津大学队则拿下另外80次胜利，另外两次双方打成平手。

（3）建筑

从罗马建筑到二十一世纪的当代建筑，英国的建筑风格各不相同。英格兰的建筑风格最有影响力，而爱尔兰、苏格兰和威尔士也有各自独特的风格，并在国际建筑史上发挥着引领者的作用。英国的建筑史始于最早出现的盎格鲁-撒克逊基督教教堂，其后是城堡和教堂形式的诺曼式建筑（从公元十一世纪开始），例如伦敦塔中心的白塔和安特里姆城的卡里克弗格斯城堡，以及哥特式教堂和大教堂，都显示出诺曼底人当时强大的统治力。最初，英国的哥特式建筑是1180年至1520年间从法国模仿的，但很快就发展了自己的建筑特性。

英国的文艺复兴也促进了国内建筑新艺术风格的发展，如都铎风格、英国巴洛克风格、安妮女王风格和帕拉第奥式建筑型风格。位于登比郡（英国威尔士原郡名）的南特克路德大宅是威尔士最著名的连栋别墅，是都铎风格建筑的一个典型代表。在1500至1660年间，英国变得更加统一和稳定，同时与欧洲大陆的联系也更加疏远。天主教修道院被关闭，土地被重新分配，英国社会产生了新的"富有且雄心勃勃"的土地所有者。这一时期的英国建筑也反映出这些变化：教堂建筑数量急剧下降，大厦和庄园住宅取而代之。另一方面，在当时的英国建筑中还可以找到意大利建筑的装饰立面。

在英国建筑史上，十八世纪被称为是"英国建筑的伟大时期"。苏格兰政治家大部分时间都在伦敦参加联合王国的议会，而且这些人非常富有，这些财富让他们将苏格兰启蒙运动带来的思想变化同家乡建造的豪宅结合起来。苏格兰启蒙运动之后，格鲁吉亚式、苏格兰男爵式和新古典主义建筑得到了发展。格鲁吉亚建筑是欧洲大陆文艺复兴时期建筑的改良，也是帕拉第奥风格的一种变体，以平衡的外观、柔和的装饰和简单的细节而著称，简洁、对称和坚固是英国格鲁吉亚建筑所追求的关键。自1930年代以来，尽管传统主义风格仍在继续，英国依然涌现出各种不同的现代主义形式的建筑风格。

3.3.3 教育

英国的教育非常复杂，因为英国的每个行政区在独立的地区政府管理下都有单独的教育体系：英国政府负责英格兰地区，而苏格兰政府、威尔士议会和北爱尔兰行政长官则分别负责苏格兰、威尔士和北爱尔兰地区的教育。

英国教育部和商业、创新与技能部负责英格兰的教育。所有5至16岁的儿童都必须接受全日制教育，之后学生可以再继续两年中学学习（第六年级），大部分是为了能获得英国高中教育（A-Level）的资格。《2008年教育和技能法》将义务教育上限年龄提高到18岁，这一改变首先影响了17岁这一阶段的年轻人，并在2015年对18岁的年轻人开始在法律上生效。英国的公立学校对学生实行免费政策，高等教育包括3年制的学士学位，接着是研究生学位的研读，包括硕士学位和博士学位。英格兰、威尔士和北爱尔兰的教育制度较为相似，但苏格兰的教育制度则完全不同，那里大多数学校是非教会学校，但《1918年教育法》的建立也带动了独立的罗马天主教公立学校的建立。

3.4 重要节日

英国人将国家法定节假日称为"银行假日"（Bank Holidays）。当银行假日恰好是周末时，银行假日的日期将推迟为周末后的下一个工作日，这个新日期称为实际周年纪念日的"补修银行假日"。英国各个地区有不同的公共假期，英格兰、北爱尔兰和威尔士的公共假日相同，而苏格兰则采用不同的公共假日体系。而在国家法定节日里，英国的工人并不一定会放假。

表 3-1 英国的公共假期

时间	名称	注释
1月1日	元旦	
3月17日	圣帕特里克节*	仅北爱尔兰
时间不同	耶稣受难日	
时间不同	复活节星期一	
5月的第一个星期一	五月初银行假日	
	劳动节	
5月的最后一个星期一	春季银行假日	
	春季假日	
7月12日	奥兰治假日*	仅北爱尔兰
8月的第一个星期一	暑假	
8月的最后一个星期一	夏末银行假日*	仅苏格兰
11月30日	圣安德鲁节*	仅苏格兰
12月25日	圣诞节	
12月26日	圣诞节后第一天	

注：带有*号为苏格兰和北爱尔兰的公共假日。

3.4.1 英国议会开幕式

议会开幕式在英国是一个盛大的节日，标志着联合王国议会会议的开启。英国议会在夏季关闭，届时议会大厦会向公众开放；英国政府在每年11月恢复工作，议会再次正式开启。500多年来，开幕式都是一种象征，代表着议会三个机构的统一：女王、下议院和上议院。

首先，女王到达议会大厦，进入上议院并发表讲话；而下议院由于其独立于王权之外的地位，因而女王无法进入下议院。接下来，女王的"黑杖传令官"开始召集下议院议员：他从上议院穿过中央大厅来到下议院门口，就在这时，下议院的大门将他关在门外，传令官必须用他的黑杖敲门并说出自己的名字后，门才再次打开。这个仪式象征着下议院独立于女王王权的统治。议员们随后加入黑杖官，随之一起穿过中央大厅到达上议院，女王在那儿发表一篇内阁撰写的致辞，阐明来年的议会事务。演讲结束后，女王离开议会大厦，政府官员回去开始工作。仪式结束后，上、下议院分别开会，讨论和辩论女王演讲的内容。

3.4.2 圣帕特里克节

圣帕特里克节是每年3月17日在爱尔兰共和国和北爱尔兰庆祝的节日，是以爱尔兰最被认可的守护圣人圣帕特里克（约387—461）的名字命名。该节日最初是一个纯天主教节日，到十七世纪初正式被定为官方节日，现在已经逐渐成为爱尔兰文化中世俗的庆祝活动日。为了庆祝圣帕特里克节，人们的风俗是佩戴绿丝带和三叶草。而作为一个宗教节日，早在公元九、十世纪，圣帕特里克节就作为国庆日被欧洲的爱尔兰人庆祝，直到后来才成为爱尔兰人广为庆祝的重要节日。

3.4.3 圣安德鲁节（圣安德鲁日）

圣安德鲁节是11月30日的苏格兰官方国庆日和国旗日。在这一天，苏格兰国旗将飘扬在所有建筑物的旗杆上。但是，这一天银行不会停业，雇主也并不一定会给雇员们放假。圣安德鲁是苏格兰的守护神，他还是希腊、罗马尼亚和俄罗斯等国文化中的守护神。在德国，圣安德鲁节是指圣安德鲁之夜；在奥地利则是指圣安德鲁祷告节。

3.5 风景名胜与历史古迹

3.5.1 英国风景名胜

英国实际上是四个平等的小国——英格兰、苏格兰、威尔士和北爱尔兰组成。在过去的数百年里，每个国家都有自己的文化和身份认同。在英格兰，每年有数以百万计的游客去参观伦敦，以及莎士比亚的故乡埃文河畔的斯特拉特福。英格兰还有许多古老的历史名城和绿色的乡村也值得一看。威尔士是一块儿历史悠久而美丽的土地，许多人直至现在还在讲着古老的威尔士语，人们常常被这里的城堡、山脉、瀑布和湖泊以及古老的工业（板岩开采和煤矿开采）所吸引。北部斯诺登尼亚的斯诺登山只是高耸的山脉之一，南部还有布雷肯比肯斯山脉与之媲美，美丽的彭布罗克郡海岸线逶迤延伸。卡纳芬城堡也许是英国最著名的一座城堡，由英格兰国王爱德华一世在当时的威尔士建造。苏格兰有英国高耸起伏的山脉、令人印象深刻的荒原和湖泊，两大城市格拉斯哥和爱丁堡通常被称为欧洲的文化之都。

3.5.2 圣保罗大教堂

圣保罗大教堂是由宫廷建筑师克里斯托弗·雷恩爵士设计的，于1710年完工。其著名的圆顶是世界上最大的圆顶之一，高111.3米，是伦敦天际线上的标志性建筑。

圣保罗是举办许多全国性重大事件和典礼的地方之一。纳尔逊勋爵、惠灵顿公爵和温斯顿·丘吉尔爵士的葬礼曾在这里举行，大教堂还是查尔斯王子与戴安娜·斯宾塞王妃结婚的地方，英国女王曾在此举行了感恩祈祷仪式和她的80岁生日庆祝活动。

多年来，教堂里增减了许多装饰，因此今天在整个建筑的马赛克和石雕中都可以看到这个国家的历史。圆顶内部的"耳语回廊"距地面仅259步之遥，令许多孩子和成年人大为着迷，因为在一侧对着墙壁说话，另一侧的人们都可以听到，也因此得名。

3.5.3 议会大厦和大本钟

议会大厦，也称为威斯敏斯特宫，是英国两个议会——上议院和下议院开会的地方。威斯敏斯特宫不仅是一座引人注目的建筑，还是一座皇宫。矗立在泰晤士河河畔的议会大厦有许多重要的历史人物和故事，最著名的是盖伊·福克斯。

大本钟高96米，俯瞰着威斯敏斯特教堂，遗憾的是大本钟内部只对英国本地居民预约开放，他们可以从塔底登上393个台阶到达塔顶，但非英国籍游客则没有这个机会登上塔顶。大本钟是以当时的工务总监本杰明·霍尔爵士来命名的。尽管"大本钟"这个名称通常用来指代伦敦议会大厦圣史蒂芬塔楼顶部那座著名的大钟，但这个名称更多指的是塔楼里的钟声。

3.5.4 巨石阵

位于英格兰威尔特郡的索尔兹伯里平原上的巨石阵是英国最著名的史前遗迹，它分三个阶段建成，据估计约花费了超过 3 000 万小时的人工劳动。最早建成的是一个圆形的沟渠和堤岸，入口两侧是一对小石头，据说大约建于 5 000 年前。该遗址随后被废弃，并在公元前 2100 年至公元前 1800 年之间被重建。

3.5.5 白金汉宫

自 1837 年以来，白金汉宫一直是英国君主在伦敦的正式住所，由十八世纪初白金汉公爵所有的连栋别墅改建而来，现今仍是英国女王的官邸。宫殿共有 775 间客房，女王在这里举办了许多官方活动和招待会。白金汉宫定期向游客开放，每年 8 月和 9 月的夏季开放期间，宫殿的国事厅同时也会向游客开放。这些房间里摆放了一些皇家豪华收藏中最珍贵的物品——伦勃朗、鲁本斯、威猛、普桑、卡纳莱托和克洛德的画作，卡诺瓦和钱特里的雕塑，塞夫尔瓷器的精美代表作，以及世界上最好的英法家具。

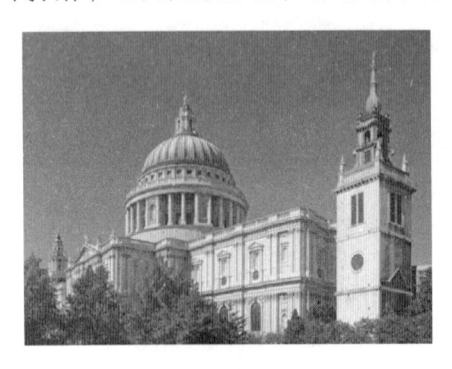

3-4 圣保罗大教堂

3-5 议会大厦和大本钟

3-6 巨石阵

3-7 白金汉宫

警卫定期在白金汉宫前院进行换岗,夏季每天 11 时 30 分开始,冬季每隔一天举行一次,持续约 30 分钟。接替的警卫队与被接替的警卫队一起从惠灵顿军营行进至宫殿,被接替的警卫队完成交接仪式,哨兵换岗后返回军营。接替的警卫队随后前往圣詹姆斯宫,只留下执勤的小分队在白金汉宫。

3.6 名　　人

3.6.1　查尔斯·狄更斯

查尔斯·约翰·赫芬姆·狄更斯(1812—1870)是维多利亚时代最伟大的英国小说家之一,并且是有史以来最受欢迎的小说家之一,在他的笔下留下英国批判现实主义文学中代表社会恶习的人物形象。

他的许多小说最初是以系列连载的形式发表在杂志上,这引起了公众极高的兴趣和关注。狄更斯经常在系列化作品的写作时构建不同的人物形象,这种创作方式也吊足了观众胃口,使大家更为期待下一部作品的出现。他的作品如《雾都孤儿》《匹克威克外传》《圣诞颂歌》《大卫·科波菲尔》和《远大前程》等都因其对文字技巧的娴熟运用和小说人物的独特个性而受到赞扬。

3.6.2　威廉·莎士比亚

威廉·莎士比亚(1564—1616)是英国的诗人、戏剧家和剧作家,经常被称为英格兰的民族诗人和"艾芬河的吟游诗人"。他的作品被认为是英国文学中最伟大的作品,现今尚存的作品包括 154 首十四行诗、两首长篇叙事诗和几首其他的诗歌;他创作的戏剧共 38 部,包括《仲夏夜之梦》《威尼斯商人》《亨利五世》《理查三世》《罗密欧与朱丽叶》《麦克白》《哈姆雷特》和《李尔王》等。莎士比亚在他的时代就已经很受欢迎了,但是直到十九世纪他的声誉才上升到现在的高度。如今,他的戏剧不断地被研究和表演,并翻译成多数主流语言,在全世界不同的文化和政治背景下得到了重新诠释。

3.6.3　温斯顿·丘吉尔

温斯顿·伦纳德·斯宾塞·丘吉尔爵士(1874—1965)是英国的一位政治家,因其在 1940 至 1945 年的第二次世界大战期间担任英国首相而闻名,他被认为是二战时最伟大的领导人之一。如果说二战时英国前线的军队和后方民众如同狮子般勇猛，那么丘吉尔就是怒吼的狮子。在 1940 年当英国独立对抗希特勒时，他带领英国人民度过了反抗纳粹侵略的黎明前时光。在不列颠之战中，英国皇家空军击败了德国纳粹的飞机，并制止了希特勒的入侵计划，最终带领英国战胜了轴心国。从 1951 年到 1955 年，他再次担任首相，也是唯一获得诺贝尔文学奖的英国首相。

3.7 传统美食

英国美食的特点是用优质的当地食材烹制古朴的菜肴，再配以简单的调味酱，以突显风味而不是掩饰风味。但是，英国美食也吸收了不少那些定居在英国的少数族裔带来的文化影响，因此菜肴风格变得多样化。英国典型的食物是炸鱼和薯条，就是将鳕鱼或黑线鳕裹上面糊用油炸，并配以炸薯条。

3.7.1 英国美食

从历史上看，英国菜在世界上的声誉令人咋舌——看看那些湿软的蔬菜、粗糙的调味酱和烹调过度而发黑的熏肉就知道了。然而，英国美食正在焕然一新，令人兴奋的是英国美食吸收了那些定居在英国的外来文化影响。现在，正是这种开放的接受性和适应性使之形成一种国家菜肴。

3.7.2 英国美食的历史

早期罗马式的农业耕种和动物饲养方式为土著凯尔特人和不列颠人提供了多种食品，英格兰的盎格鲁－撒克逊人则发明了香草炖菜的技术。诺曼底征服者重新引入了异国情调的香料，并在中世纪将欧陆式风格重新带回了英国。在十六世纪和十七世纪的新教改革之后，简单而健康的食物仍然是英国饮食的精髓；大英帝国的扩张引发了英国人对印度人精心制作的浓郁和渗透性强的香料和香草食品的了解。然而在二十世纪的二次世界大战期间，英国的食物供应配给制被看作是二十世纪英国美食衰落的原因。现在，英国历史上不佳的菜肴声誉早已不复存在，因为英国正在进行食品革命。

英国文化讨论专题：

1. 哪些因素导致英国在十九世纪的创新革命？

2. 曾经统治全球四分之一面积的大英帝国为什么会在巅峰时期走下坡路？为什么说英国在国际关系中发挥了积极作用？

3. 英语是如何成为世界通用语的？

4. 英国教育有什么特征？

5. 战后英国在哪些方面表现出其国际影响？

第4章 荷　　兰

荷兰的全称是荷兰王国，是位于欧洲西北部的君主立宪制国家，采取的是议会民主制。荷兰是欧盟、北约、经合组织和世贸组织的创始成员国，荷兰王国还包括两个海外自治领地，即荷属安的列斯群岛和加勒比海的阿鲁巴。阿姆斯特丹是宪法认定的首都，但行政中心和政府所在地则是海牙。

4.1　地　　理

4.4.1　荷兰的面积

荷兰的总面积为 41 864 平方千米（16 163 平方英里），陆地面积为 33 883 平方千米（13 082 平方英里），内陆水域面积超过 7 643 平方千米（2 951 平方英里），其总面积相当于中国的四川省。荷兰国土面积从北到南最长距离为 312 千米（194 英里），从东到西最长为 264 千米（164 英里）。近两年由于不断进行填海及排水，荷兰的土地面积逐年略有增加。

4.1.2　位置和气候

荷兰位于北海沿岸的欧洲西北部，是北欧和西欧大平原的一部分。它东邻德国，南临比利时，北接北海，总边界线长 1 478 千米（918 英里），其中海岸线长 451 千米（280 英里）。首都阿姆斯特丹位于该国的西部。

荷兰的气候属于海洋性气候，主要风向来自西南方，这为荷兰送来了温暖的空气，因而这里夏季凉爽，冬季温和。全国 1 月的平均气温为 2℃（36℉），7 月为 19℃（66℉），年平均气温约为 10℃（50℉），年平均降雨量约为 76.5 厘米（30英寸）。

4.1.3 地形

荷兰是一个有名的低地国家，全国大约20%的面积和21%的人口位于海平面以下，50%的土地位于海平面以上不到1米的地方。通过填海造地、围垦和堤坝系统，荷兰已经获得了相当大的陆地面积。莱茵河和它的两个主要支流瓦尔河和默兹河将荷兰一分为二。尽管这些河流很重要，但它们的源头却都不在荷兰本土，荷兰的西南部还有一个河流三角洲。这个国家的大部分地区很平坦，但地势很低，只有东南部林堡的丘陵地带和中部的几个低山山脉海拔稍高一些，最高海拔是322米（1 056英尺）。荷兰自然风光优美，拥有20个国家公园和数百个其他种类的自然保护区。

4-1 荷兰国旗　　　　　4-2 荷兰国徽

4.1.4 主要信息和数据

国王：威廉·亚历山大（2013）。

首相：马克·吕特（2010）。

土地面积：41 864平方千米（16 163平方英里）。

人口，1 723万（2018）；增长率，0.58%；出生率，10.613/1 000；平均寿命，78.74；人口密度，每平方千米515.1人。

首都和最大城市：阿姆斯特丹（官方认定），85.4万人；海牙（行政中心和政府所在地），47.2万人。

其他大城市：鹿特丹，62.37万人；乌特勒支，32.5万人；埃因霍温，25万人。

货币单位：欧元（之前为荷兰盾）。

国歌：《威廉颂》。

官方语言：荷兰语。

荷兰语也是比利时佛兰德斯的官方语言，在那里它被称为佛兰德语。但是在苏里南和荷兰安的列斯群岛，因为去殖民化的原因，克利奥尔语越来越多地取代了荷兰语的地位；而在南非广泛使用的南非荷兰语却与荷兰语相似度较高。弗里西语是荷兰的第二官方语言，有50万弗里斯兰人在使用这种语言。

4.2 简　　史

4.2.1　早期定居者

荷兰最早居住着许多日耳曼部落，他们是纳尔维人、弗里斯兰人和巴塔维人。从四到八世纪，法兰克人控制了这个区域。到了八世纪到九世纪，这里成为查理曼大帝统治下西罗马帝国的一部分。后来，该地区落入了勃艮第和奥地利哈布斯堡国王的手中，在十六世纪荷兰由神圣罗马帝国皇帝、西班牙国王查尔斯五世统治。该地区就是现在荷兰17个省的其中一部分，包括今天比利时、卢森堡以及法国和德国的部分土地。

1568年，奥伦治的威廉王子和西班牙的菲利普二世之间爆发了历经80年的战争，17个省中的一半省组成了乌得勒支联盟，承诺相互支持来抵御西班牙军队。乌得勒支联盟被视为现代荷兰的前身。1581年，在联合行省和西班牙之间再次爆发了独立战争，战争一直持续到十七世纪。1648年西班牙国王菲利普四世在《威斯特伐利亚条约》（1648）中最终承认了西北七省的独立；与此同时，南部诸省仍然效忠于西班牙和罗马天主教会，此后这个地区也被称为"西班牙荷兰"。

4.2.2　荷兰共和国

直到欧洲三十年战争（1618—1648）后，荷兰的独立才得以完全确立，这时荷兰开始崛起，渐渐成为一个商业和海上强国。1688年，英国议会邀请奥兰治的威廉王子，也就是英国国王查理一世的孙子和他的妻子玛丽·斯图亚特作为威廉三世和玛丽二世来统治英国。独立后，荷兰、泽兰、格罗宁根、弗里斯兰、乌得勒支、上艾瑟尔以及海尔德兰等省组成了一个联盟，称为"尼德兰联省共和国"。

作为十七世纪世界上主要的航海和经济强国之一，荷兰共和国日渐步入其黄金时代，在东印度群岛、印度、南非、西印度群岛、南美和其他地方建立了殖民地，为荷兰本土的繁荣提供了条件。那时的荷兰政府属于寡头政权，但却建立在共和联邦制的基础上。荷兰被认为是世界上第一个彻底资本主义化的国家，阿姆斯特丹则被看作近代欧洲最富有的贸易城市。

奥兰治的威廉国王统治下的荷兰共和国在他去世后又维持了近一个世纪。然而，在以后的发展中荷兰的地位不断受到内外威胁，从十七世纪中叶到十八世纪末，各省之间和各省内部的激烈竞争从未间断过，同时期荷兰还与英国之间爆发了四次海战。

4.2.3 法国的统治

1795年，日渐削弱的荷兰共和国被法国推翻，奥兰治的威廉五世逃亡英国，一个集权制国家——巴达维亚共和国在荷兰宣布成立。从1795年到1806年，巴达维亚共和国仿效革命后的法兰西共和国进行统治。从1806年到1810年，拿破仑·波拿巴建立了法国的傀儡——荷兰王国，由他的兄弟路易·波拿巴统治。荷兰王国包括今天的荷兰、普鲁士的东弗里斯兰和耶弗，但林堡和泽兰的部分地区除外，那时这两个地区是法国的领土。

1810年7月1日，路易·波拿巴国王被迫退位，他五岁的儿子拿破仑·路易·波拿巴继位，成为路易二世。但他的统治只维持了十天，然后拿破仑入侵了这个国家，解散了荷兰王国，使其成为法兰西帝国的一部分。随后荷兰一直处在法兰西帝国的统治下，直到1813年秋拿破仑在莱比锡战役中战败，被迫从荷兰撤军。

4.2.4 荷兰王国

荷兰最后一位统治者奥兰治威廉五世的儿子威廉一世，在1813年得以回到荷兰，成为荷兰的君主继承人，继而成为荷兰的国王。

1815年，欧洲各大强国在维也纳会议上建立了一个新的荷兰王国，由之前被统一的各省和前西班牙荷兰组成。会议认可威廉国王成为卢森堡大公，并实行世袭制。维也纳会议将卢森堡赠予威廉成为其私人财产，以此来交换他在德国的领土：拿骚-迪伦堡、锡根、哈达马尔和迪茨。

1830年，比利时王国脱离荷兰独立，自此卢森堡和荷兰的非官方联盟在1890年被切断。荷兰国王威廉三世去世后，由于没有男性继承人，荷兰对卢森堡公国的主权至此宣告结束。

4.2.5 两次世界大战

虽然荷兰在第一次世界大战期间保持中立，但它在很大程度上也被卷入了这场战争。荷兰的中立对德国至关重要，直到1916年美国和英国对德国的封锁，至此通过荷兰到德国的进口货物要道被切断了。

荷兰在第二次世界大战伊始依然打算保持中立。然而在1940年5月10日，由于荷兰与盟军的接触，纳粹德国全面入侵荷兰，荷兰政府宣布投降，威廉敏娜女王拒绝向德国人投降，因此不得不逃往英国建立流亡政府。在荷兰政府1940年5月14日宣布投降后，这个国家在五天之内就被德国全面占领。但荷兰的海外殖民地从未停止对轴心国的抗争。1941年12月8日，荷兰对日本宣战，但很快流亡政府在1942年3月就将其主要的殖民据点——荷兰统治了300多年的东印度群岛输给了日本军队。1944年，盟军解放了泽兰、北布拉班特和林堡省，荷兰人经受住了法西斯的侵略，在1945年5月得到解放。威廉敏娜于1948年退位，由她的女儿朱莉安娜继任。

4.2.6 近代历史

荷兰的填海造陆工程从1920年就开始了，一直持续到1975年，工程创造了一个全新的省，这就是在1986年建立的弗莱福兰省。二战后，荷兰成了"比荷卢经济联盟"（比利时、荷兰、卢森堡三国的经济联盟）的创始成员国之一，也是"北大西洋公约组织"的十二个创始成员国以及"欧洲煤钢共同体"的六个创始国之一，通过后来的欧洲经济共同体成为欧盟的成员国，之后荷兰还加入了《欧洲经济与货币联盟条约》。此外，荷兰还主持了1991年《欧洲联盟条约》（马斯特里赫特条约）和1997年《阿姆斯特丹条约》的最后定稿。

二十世纪六七十年代荷兰社会和文化发生了巨大变化，到了九十年代，社会保障制度改革成为社会的主要政治问题，而行政上的进步使领取救济金者的数量得以减少，提高了劳动者的参与率。但由于2001年开始的全球经济衰退，荷兰经济在2002年底和2003年初出现了萎缩。荷兰政府通过了一系列激进的社会措施来推行改革，这些措施近年来得到了议会的批准，包括安乐死的实施条件、卖淫的合法化、同性婚姻合法化以及禁止歧视等法律条文。

2002年5月，巴尔克嫩德成为中右翼联合政府的首相，但他组建的政府在2006年6月倒台，原因是一名索马里出生的荷兰政客的公民身份遭到政府的苛刻处理，从而引发了一个政党的退出。2007年2月，巴尔克嫩德重新组建了包括工党在内的中间派联合政府。2010年10月新一届荷兰内阁由自由民主人民党领导人马克·吕特出任首相,此后在2012年和2017年马克·吕特连续两次连任荷兰首相。作为君主立宪制国家,1980年荷兰女王朱莉安娜退位,让位给她的女儿贝娅特丽克丝。贝娅特丽克丝继位女王时,她的长子威廉-亚历山大王子被认定为王位的继承人,当2013年荷兰女王贝娅特丽克丝宣布退位后,威廉-亚历山大王子继承荷兰王位,荷兰迎来了首位男性君主。

4.3 宗教、文化和教育

4.3.1 宗教

荷兰人以宗教自由著称,宪法也规定了完全的宗教自由,并传承了宽容和开放的传统。1947年,在欧洲世俗化和大量非欧洲人定居荷兰之前,大多数荷兰公民认为自己是基督徒。那时的新教徒占总人口的44.3%,罗马天主教占38.7%,无教派占17.1%。截至2019年,据估计有29%的人信奉罗马天主教;15%是荷兰归正教派;7%是加尔文主义教徒;8%是非基督教徒(包括穆斯林、印度教、犹太教或佛教);40%左右的人称自己是无神论者或不可知论者。

荷兰正成为西欧最世俗化的国家之一。根据政府社会文化规划局的数据,基督教会的会员从1958年的76%稳步下降到1995年的41%,并有继续下降的趋势,只有大约26%的基督教徒还活跃在他们的宗教社区。荷兰归正教是该国最大的新教教派,在德伦特省势力最强,但自二十世纪以来该教会的成员减少了50%以上;其他归正教会则在弗里斯兰和泽兰较为强大。罗马天主教在北布拉班特和林堡被广泛传播。其他基督教教派包括浸信会、路德会和净言教派。荷兰的犹太教群体大约有两万名成员,穆斯林大约有75万人。然而,他们中的许多人是来自摩洛哥和土耳其的移民或来自其他国家的移民。荷兰还有大约9万印度教徒,主要来自苏里南,以及大约1.7万的佛教徒。

4.3.2 文化

大多数荷兰人注重其国家的文化多样性、对文化差异的容忍度以及对异域文化的接受性。然而,由于政治、经济和文化集中在人口稠密的地区,"兰斯塔德"文化在荷兰一直处于霸权地位。

(1) 艺术、哲学、科学和文学

艺术、科学、文学和哲学与贸易和银行业一起在荷兰最为鼎盛的时期开始蓬勃发展。当代荷兰绘画艺术一直受到十七至十九世纪丰富的文化遗产影响,其重点是绘画、素描和蚀刻。荷兰有许多著名的画家,十七世纪是荷兰历史上繁荣昌盛的"荷兰大师"的时代,这些大师包括伦勃朗·范·莱因、约翰内斯·维米尔、扬·斯丁、雅各布·凡·雷斯达尔和其他许多著名的画家。十九世纪和二十世纪著名的荷兰画家是文森特·梵高和皮特·蒙德里安。

荷兰是哲学家伊拉斯莫斯和斯宾诺莎的故乡,法国哲学家笛卡尔的主要工作也都是在荷兰完成的。荷兰科学家克里斯蒂安·惠更斯(1629—1695)发现了土星的泰坦卫星,并发明了摆钟。安东尼·范·列文虎克则是第一个用显微镜观察和描述单细胞生物的科学家。

荷兰的口头文学至少可以追溯到公元前500年,荷兰最早的书面体文学则可以追溯到十三世纪中期,游吟诗人海因里克·范·维尔德肯留下了大量的作品。雅各布·范·梅兰特(1235—1300)用诗体书完成了关于世界历史和圣徒生活的著作,标志着一个荷兰真正民族文学的开始。荷兰文学在文艺复兴时期随着剧作家如彼得·柯纳里松·霍夫特、雅各布·凯茨、康斯坦丁·惠更斯、哥布兰德·布雷德罗和约斯特·范·登·冯德尔的出现而蓬勃发展。十七世纪后,荷兰文学进入了一个相对衰落的时期,一直到十九世纪中期,随着穆尔塔图里的《马格思·哈弗拉尔》的出版,荷兰文学才重新确立了自己在世界文坛的地位。十九世纪八十年代由诗人克洛斯和弗尔韦领导的运动标志着荷兰文学进入了一个新时代,路易斯·库佩勒斯的小说则成为荷兰民族文学的典范。

二十世纪荷兰文学变得更为博大精深,扬·雅各·施劳尔霍夫、阿德里安·罗兰·霍尔斯特、波多维克和费斯特代克都是两次世界大战期间最重要的作家。第二次世界大战后主要的诗人和作家有露彻贝尔特、杰里特·库维纳尔、利奥·弗罗曼、赫拉·哈瑟、哈里·穆里施、威廉·弗雷德里克·赫尔曼斯、赫拉德·雷弗、扬·沃尔克斯、塞斯·诺特博姆和范·德尔·海登。

(2) 体育

荷兰约有3.5万个体育俱乐部、注册会员多达450万人,占全国人口的28%以上。这些俱乐部既有国家体育主管部门设立的,也有国内的民间俱乐部。荷兰是个崇尚体育的国家,15岁以上的人口中约有三分之二的人每周会参加体育活动,他们还在夏季奥运会上共获得了230枚奖牌,在冬季奥运会上共获得过 78 枚奖牌。

无论是球员还是观众，大家最重视的运动项目都是俱乐部的足球比赛。约翰·克鲁伊夫、范·巴斯滕和古利特曾被认为是世界上顶级的足球运动员。近几年最有名的三大足球俱乐部是阿姆斯特丹的阿贾克斯、鹿特丹的费耶诺德和埃因霍温。荷兰国家足球队赢得了 1988 年的欧洲杯冠军，还获得了 1974、1978 和 2010 年世界杯亚军，以及 2019 年首届欧洲国家联赛的亚军。

滑冰也是荷兰体育遗产的重要组成部分。它曾经非常受欢迎，但由于过去几年气候变暖，最近荷兰滑冰爱好者已经从室外的冰道转移到室内的溜冰场。虽然荷兰队很少获得国际比赛冠军，但速度滑冰一直是荷兰人的强项。弗里斯兰省是滑冰运动的中心，如果天气条件允许和冰层厚度足够的话，他们会举办世界上最长的天然冰上马拉松赛，即"十一城市滑冰赛"。

（3）建筑

荷兰建筑公认有三个突出的时代：第一次是十七世纪荷兰帝国的黄金时代，第二次是二十世纪上半叶现代主义的发展，第三次还没有得出具体的时间结论，但都涌现出了许多获得全球声誉的荷兰建筑师。

早期的荷兰建筑受到加尔文主义教派的统一性和理性精神所影响，这种独特的风格出现在 1581 年荷兰从西班牙脱离出来之后。与同时代的法国人和英国人不同，富有的荷兰商人在阿姆斯特丹的运河旁建造了相当朴素而庄严的房屋，而不是巴黎和伦敦那种宏伟和华丽的建筑，政府开会的地方都在这些不显眼的建筑里。这一时期的著名建筑师有雅各布·范·坎彭（1595—1657）、列文·德凯（1560—1627）和汉德里克·德·凯泽（1565—1621）。但遗憾的是，从十七世纪到十九世纪，各国之间多次的战争导致了荷兰建筑发展的衰落。到了当代，荷兰的建筑发展更加国际化，建筑师在现代建筑的发展中起了主导作用。二十世纪二十年代的表现主义阿姆斯特丹学派、功能主义和立体主义建筑师受到国际艺术运动的启发，对现代建筑的发展方向形成了自己的观点。著名的建筑师有表现主义阿姆斯特丹学派的米歇尔·德·克勒克、皮特·克莱默、马特·斯坦、范·德·弗拉格特以及来自功能主义的建筑师约翰尼斯·杜伊柯、奥德和赫里特·里特费尔德。现代主义成为二战之后荷兰住宅的主要风格，鹿特丹市中心就是一个典型的例子。这座港口的市中心在第二次世界大战中遭到严重破坏，后来用钢筋和玻璃建成了具有美国风格的摩天大楼。在二十世纪五六十年代，像阿尔多·范·艾克、巴克马和赫尔曼·赫茨伯格这样被称为"构造主义"的新生代建筑师与国际集团建立了紧密的联系。到了二十世纪末，后现代主义建筑风格逐渐来临。雷姆·库哈斯和他的大都会建筑事务所（OMA）成为世界领先的建筑设计机构之一，兰斯塔德城市群也开始发展为后现代风格的郊区商业公园和室内购物中心。

荷兰的房子相对来说比较小，有突出的前门和大窗户，家中堆满了数量惊人的家具、室内植物和鲜花。而室内建筑则是外部世界的反映，拥挤但整洁有序。

4.3.3 教育

当前的荷兰教育制度起源于法国大革命后建立的巴塔维亚共和国。教育的重要性在1789年的民事和宪法条例中得到体现，接着在1801年荷兰通过了第一部关于教育的法律。1848年以后，学校由国家资助的市政当局负责管理，但私立学校最初并不在管理的名单内。1917年后，私立学校获得了和公立学校同等的国家资助。

荷兰几乎没有文盲，4至18岁的学生实行义务教育制度，16岁的学生必须完成基础阶段学习，使其能具备足够的专业技能，从而成为就业市场上的一名专业技术人员。在荷兰除了幼儿游戏班和托儿所，满4周岁儿童可以从托儿所或家中转入小学，从4岁到12岁为小学教育阶段。此后，孩子们会接着进入中学继续接受教育直到18岁。荷兰的中学教育制度包括三种类型：第一种是普通中学，有两种选择，四年制初级中学（MAVO）和五年制高级中学（HAVO）；第二种是大学预科，包括拉丁语和希腊语作为必修课或拉丁语和希腊语作为选修课的学习形式，两种均为6年，为孩子们以后上大学做准备；第三种是职业中等学校，包括初级（LBO）、中级（MBO）和高级（HBO）职业学校。

完成中等职业教育后，学生就可获得相应的专业技能，还可以进入应用科学型的大学继续学习。完成中学课程，学生则可以进入应用型大学学习，并获得专业学士学位。获得学位的教育就意味着进入了大学学位体系，包括一个三年的学士学位，然后是两年的硕士学位，即"3+2"高等教育模式。四年的博士学位则需要拥有硕士学位才能申请，荷兰的博士生实际上就是大学的临时教职工。

4.4 重要节日

表4-1 荷兰的公共假日

时间	本地名称	中文名字	时间	本地名称	中文名字
1月1日*	Nieuwjaar	新年	5月20日	Hemelvaartsdag	耶稣升天节
2月中下旬	Vastenavond	狂欢节	5月27日	Pinksteren	五旬节 收割节
4月9日	Pasen	复活节 星期一	5月28日	Pinksteren	圣灵降临节
4月27日*	Koninginnedag	国王节	9月第三周二	Prinsjesdag	亲王节
4月30日*	Koninginnedag	女王节	11月11日*	Sintmaarten	圣马丁节
5月1日*	Dag van de arbeid	劳动节	12年6月*	Sinterklaas	圣尼古拉节
5月4日*	Dag van de vrede	阵亡将士纪念日	12月25日*	Kerstmis	圣诞节
5月5日*	Nationale Bevrijdingsdag	国家解放日	12月26日*	Kerstmis	节礼日
5月15日 周三	Festival van tulpen	郁金香节			

注：*表示每年时间相同。

4.4.1 荷兰狂欢节

每年春天的圣灰星期三之前，荷兰的大部分地区会举行狂欢节。狂欢节的主要举办地集中在林堡和布拉班特这两个省，它们都靠近比利时边境，马斯特里赫特通常被认为是最有特色的狂欢节城镇。

尽管早在史前荷兰就有狂欢性质的庆祝活动，以庆祝春天的来临，但现代

47

荷兰狂欢节的风俗却开始于第二次世界大战后。

狂欢节的唯一目的是让所有人在节日期间得到放松和欢笑，这时许多荷兰小镇会举行游行活动，游行队伍中会有奇形怪状的纸制彩车以及身着奇装异服的人。伴随着铜管乐队奏出悠扬的音乐，平日里稳重的市民突然一起涌到街上跳起了康加舞。人们一瓶接着一瓶地狂饮啤酒，电视和广播上也开始数小时地播放流行的狂欢节歌曲。

4.4.2 女王节

女王节在每年4月30日举行，是荷兰的法定假日。二战后不久，朱莉安娜女王于1948年继位，女王节也改在她的生日4月30日庆祝。1980年，女王贝娅特丽克丝登上王位时，尽管她的生日是1月31日，但考虑到这个日子对爱国庆典来说太冷了，因此女王节时间并没有改变。在荷兰女王节，人们可以参加世界上最大的户外集市和派对。

女王通常会在白天去不同城镇进行慰问，出席儿童唱诗班的演出，或陪同当地显贵们沿运河巡游，她甚至可能会顺便到一户人家去和普通人聊聊天。城市里人山人海，到处都是自由市场，所有人都可以在没有执照的前提下随意在街上摆摊。荷兰的三色旗悬挂在旗杆上，人们在这天穿着鲜艳的橙色衣服狂欢，聚会一直持续到午夜。

4.4.3 阵亡将士纪念日和解放日

荷兰有两个源于二战的法定假日：阵亡将士纪念日和解放日。荷兰人相信没有纪念就没有庆典，所以阵亡将士纪念日设立在解放日的前一天。

在5月4日的阵亡将士纪念日，人们会举行庄严的仪式，纪念在世界各地战争和冲突中牺牲的所有荷兰人。纪念活动会于当晚在阿姆斯特丹市中心的一座教堂举行，并在全国范围内进行电视直播。仪式结束后，退伍军人和遇难者家属陆续将花圈放在位于水坝广场上的国家战争纪念碑前。教堂的钟声持续敲响一刻钟，全国默哀两分钟，接着举行国家战争纪念碑前的仪仗活动，这也标志着活动的结束。

5月5日的解放日是纪念国家获得自由和解放的庆祝日。按照传统，首相每年都会从不同的省份开始这一天的活动，接下来是反映当年主题的文化阅读和展览。在荷兰的许多小镇，这一天最重要的活动内容就是举办以顶级艺人为特色的露天流行音乐节，旨在让年轻人也能参与进来。晚上，在阿姆斯特丹的阿姆斯特尔桥上有一场官方的电视音乐会,会有女王和政府部长参加。现今,这个节日的庆祝目的也发生了一些变化,是为了提醒人们更加珍惜世界自由和民主。

4.4.4 荷兰圣尼古拉节

圣尼古拉节指的是每年的12月6日的庆祝活动,也就是耶稣的生日前夕,荷兰人举办各种节日庆典。真正的圣尼古拉是生活在四世纪的一名主教,他来自小亚细亚,喜欢帮助穷人,在荷兰他也是儿童和未婚少女的天主教守护神。尽管起源相同,但"尼古拉"比"圣诞老人"的历史要长得多,有人说圣诞老人最初就是由美国的荷兰移民创造的。

现在这个节日已经成为一个与家人团聚的重要节日了。孩子们和大人都沉浸在节日的氛围中,他们互相交换礼物,送给对方自己书写的贺卡和小诗。近年来,圣尼古拉节已成为年龄较小的儿童收到礼物的主要节日,而大一点的孩子和十几岁的孩子们则会在圣诞节领取礼物。

荷兰人认为圣尼古拉节不会出现在荷兰以外的任何地方,因为他们每年12月份要举行两次圣诞庆祝活动。

4.5 风景名胜与历史古迹

荷兰以阿姆斯特丹、莱顿、代尔夫特、豪达、哈勒姆和米德尔堡等城镇的魅力吸引着世界各地的游人,同时它的艺术、建筑、国家公园和露天博物馆的宝藏也颇具吸引力。

4.5.1 国家博物馆

荷兰国家博物馆建立于十九世纪初,建在海牙的国家艺术馆首次向公众开放。后来,荷兰的国王威廉一世给这个博物馆起了个新名字——国家博物馆。从1885年之后,博物馆就搬到位于博物馆广场上的建筑群中,这是建筑师皮埃尔·库贝设计的杰作。该博物馆是所有博物馆中馆藏最丰富的一个,也是博物馆建筑中最大的一个,最终成为人们所熟悉的阿姆斯特丹地标。

荷兰国家博物馆拥有一大批荷兰艺术品,从早期的宗教作品到黄金时代的杰作都可以在这里找到。博物馆还扩展了学术的边界,鼓励新见解的发现,并在教育、装饰和展览布局上投入了大量资源。

4.5.2 梵高博物馆

博物馆的主体结构由赫里特·里特费尔德设计，于1973年开放。日本建筑师黑川纪章设计了博物馆的翼楼部分，建筑于1999年完成。

该博物馆拥有世界上最大的梵高画作系列，收藏了约200幅画作和550幅展现梵高内心世界的素描，还有梵高写给提奥的数百封信，以及他的朋友和同时代人的精选作品。梵高的作品按时间顺序分为五个时期——荷兰、巴黎、阿尔勒、圣雷米和瓦兹河畔的奥维尔，每个时期都代表他生活和工作的不同阶段。

4.5.3 三角洲工程

三角洲工程是荷兰最伟大、全球至今最大的防洪工程，位于荷兰南部的泽兰省，项目启动于1958年，在1997年主干部分马仕朗大坝完工。三角洲工程的官方目标是将荷兰南部和泽兰的洪水风险降低到每一万年一次，方式是建造高3 000千米（1 864英里）的外海堤和10 000千米（6 214英里）的内部堤坝、运河堤坝和河流堤坝，这些内堤坝的高度就是三角洲高度，通过关闭泽兰省的入海口可以实现其防洪的功能。三角洲工程是人类历史上最大的建筑工程之一，被美国土木工程师协会评为现代世界七大奇迹之一。

4.5.4 库肯霍夫郁金香公园

库肯霍夫建于十五世纪荷兰的一个狩猎区，是专为雅克布·范·贝尔恩伯爵夫人城堡的厨房提供药草的地方，因此这里也被叫作厨房花园。

在伯爵夫人去世后，花园落入了一些富商的手中。之前伯爵夫妇曾邀请景观设计师揩赫尔父子为城堡花园进行设计，该设计基于英国景观的风格，到现在都还保留着，成为库肯霍夫的基本设计风格。1949年受利瑟市长的邀请，许多著名的郁金香花商和专家来这里参加了第一届露天花卉展览，之后每年都会举行一次，渐渐就形成了现在我们知道的库肯霍夫公园。

4.5.5 斯洛滕风车

斯洛滕风车是建在塔楼里的一个磨坊，1847年建成时为八角形，位于阿姆斯特丹郊区的环形运河上，是为了确保地势较低地区的水位还能保持一定的高度，原理是通过风车将阿姆斯特丹西部湿地的水抽入运河。斯洛滕风车上有一个电梯,这样老年人和残疾人也可以在阳台上参观位于上面的画廊。塔楼的第三层是关于伦勃朗生平和绘画灵感的一系列展览。伦勃朗是风车磨坊老板的儿子,这里还展示有一尊他母亲的蜡像。

4-3 国家博物馆

4-4 韦斯特克尔克

4-5 库肯霍夫

4-6 梵高博物馆

4-7 三角洲工程

4-8 斯洛滕风车

4.6 名　　人

4.6.1　梵高

威廉·梵·高（1853—1890）是荷兰后印象派代表画家，其作品对二十世纪的艺术发展产生了深远的影响，他也被公认为历史上最伟大的画家之一，是现代艺术奠基人之一。

梵高在快 30 岁时才开始作画，但他所有的作品都是在短短十年的时间里完成的，最著名的画作大多创作于他生命的最后两年里。1885 年，梵高的第一部重要作品《吃土豆的人》完成；1886 年 3 月，他移居巴黎，认识了法国印象派画家，之后他搬到了法国南部。梵高的作品以其鲜明的色彩、粗犷的笔触、精神上的痛苦表现和高辨识的风格而独具特色，这些特点在 1888 年他在阿尔勒逗留期间得到了充分的体现。他共创作了 2000 多件艺术品，代表作有许多自画像和著名的《星空》（1889）。

4-9　梵高

梵高一生饱受焦虑和精神疾病的折磨，1890 年 6 月初梵高的状态就已经非常不好了，处在对生活的极度焦虑中，7 月 27 日梵高饮弹自杀并于两天后去世，享年 37 岁。

4.6.2　安妮·弗兰克

安妮·弗兰克（1929—1945）是纳粹大屠杀中最受关注的犹太受害者之一，她书写的日记已经成为世界上阅读人数最多的书籍之一。这个日记本是安妮 13 岁生日时收到的一份礼物，日记记录了她从 1942 年 6 月 12 日到 1944 年 8 月 1 日为了躲避德国法西斯的迫害而藏在阁楼里的生活，安妮在日记中描绘了当时遭受迫害的犹太人生活状态。

安妮出生在德国魏玛共和国时期的法兰克福，1933 年弗兰克一家从德国搬到了阿姆斯特丹，她的大部分时间是在这里度过的。1940 年初，由于纳粹占领荷兰，他们被困在阿姆斯特丹；1942年7月，随着对犹太人迫害的增加，安妮一家人和其他四名犹太人一起躲进了她父亲办公楼的秘密阁楼里。两年后，这几家犹太人被出卖并被送到奥斯维辛集中营。安妮和她的姐姐玛戈特最终被转移到卑尔根贝尔森集中营，在1945年3月，15岁的她在集中营死于斑疹伤寒。

奥托·弗兰克是这几家人中唯一幸存下来的人，其他人全都死于集中营。战后他回到阿姆斯特丹，发现安妮的日记并保存了下来，他的努力促成了这本日记在1947年的出版。日记展现了安妮在二战德国占领荷兰期间的躲藏经历，这本书最初由荷兰语翻译而来，1952年首次以英文出版，名为《一个小女孩的日记》。

4-10 安妮·弗兰克

4.6.3 范·巴斯滕

马尔科·范·巴斯滕（1964—）出生于荷兰乌得勒支市，7岁时开始了自己的足球生涯。他的职业生涯始于1981年，在二十世纪八十年代和九十年代初为阿贾克斯和AC米兰队效力，被认为是有史以来最伟大的前锋之一，足球生涯中共攻入277球。范·巴斯滕在1986年初露锋芒，代表阿贾克斯在荷甲联赛中出场26次，打进37球，成为荷甲最佳射手，获得了当年欧洲金靴奖。在随后的1988年、1989年和1992年，他三次当选欧洲足球先生，并于1992年当选国际足联世界足球先生。退役后他成为一名足球教练，曾担任荷兰阿贾克斯足球俱乐部和荷兰国家队的主教练。

4.7 传统美食

荷兰没有独特的饮食文化，只是新教的影响让荷兰的饮食更强调加尔文主义的简朴，成为其生活中必不可少的饮食风格。

4.7.1 烹饪风格

荷兰烹饪起源于荷兰的农业历史，食材主要以当地农产品为特色，如面包、土豆、根菜、绿色蔬菜、猪肉和牛肉制品,以及著名的荷兰奶酪在内的多种乳制品。

传统的荷兰主食是土豆泥,有时还会拌上绿色蔬菜、熏香肠或熏肉块形式的猪肉和浓汁。其他传统食物包括豌豆汤、甘蓝炖菜、大杂烩(一种浓炖菜)、白芦笋、伴有蛋黄酱的炸薯条、肉串和生鲱鱼。

4.7.2 殖民的影响

荷兰有很长的殖民历史,所以荷兰人很喜欢异国风味,尤其是印尼菜。印尼食材可以在荷兰的超市买到,有些已经进入主流烹饪菜系里。来自前加勒比殖民地苏里南的食物也是如此,只是影响程度较轻而已。

4.7.3 传统美食

荷兰濒临北海,所以鱼类的资源很丰富,较多的烹饪手法有烟熏或是新鲜制作。乳制品在荷兰人的饮食中占很大比重,各个年龄段的人都喜欢牛奶和奶酪,超市里出售的酸奶是按升销售。奶酪的消耗较大,最受欢迎的类型是黄波乳酪,而不是欧洲其他地方常见的红波奶酪。

关于荷兰文化的讨论专题:

1. 荷兰共和国如何在十七世纪创造了荷兰的黄金时代?
2. 荷兰的研究生教育有什么特点?
3. 十七世纪之前和十九世纪之后的荷兰建筑风格有什么不同?
4. 什么因素导致了荷兰在二十世纪的宗教变革?
5. 荷兰的多元文化有什么特点?

第5章 比 利 时

比利时的官方称谓是比利时王国,是一个位于欧洲西北部的国家。它是欧盟的创始成员国,欧盟总部以及包括北约在内的其他主要国际组织都设立在这里。比利时国土面积30 528平方千米,总人口约1 142万,强大的全球化经济及其交通基础设施将其与欧洲其他国家融为一体。比利时还是世界和欧洲的工业化中心,这使它在2007年成为世界第15大贸易国,其经济的特点是高效的生产力,较高的国民生产总值和人均出口量。比利时的主要进口产品是食品、机械、未加工的钻石、石油和石油产品、化学品、服装以及纺织品等;主要出口产品为汽车、食品、钢铁、成品钻石、纺织品、塑料、石油产品和有色金属。

5-1 比利时国徽　　　　5-2 比利时国旗

5.1 地　理

5.1.1 面积和地貌

比利时与法国接壤的边界为620千米，与德国的边界为167千米，与卢森堡接壤148千米，与荷兰的边界为450千米。比利时包括水域面积在内的总面积共33 990平方千米，但仅陆地面积就有30 528平方千米。比利时有三个主要地理区域：西北沿海平原、中央高原和东南部造山带的阿登高地。巴黎盆地形成了第四个小区域，位于比利时的最南端——洛林。

沿海平原主要是一些沙丘地和开拓地。茂密的森林覆盖着阿登山脉的山丘和高原，崎岖多石，并伴有洞穴和小峡谷，一直向西延伸到法国。这一地区向东连接着德国的艾佛尔并形成高原，在这里有比利时的最高峰——波特朗日峰，海拔为694米。

5.1.2 气候

比利时是典型的温带海洋性气候，一年四季都会找到大自然留下的各种各样沉积物。1月平均温度最低为3℃（37.4℉），7月最高为18℃（64.4℉）。每月平均降水量不等，2月和4月之间的降水量相差54毫米，7月为78毫米，如2000年至2006年的平均最低气温为7℃（44.6℉），最高气温为14℃（57.2℉），月降雨量为74毫米。最低气温和月降雨量分别比上个世纪的正常值高约1℃和近10毫米。

5-3　阿登森林景观

5.1.3 人口统计

比利时人口为1 142万，外来移民人数较多，如2007年初比利时本国公民占总人口的92%，约8%的人口是欧盟其他成员国的公民，常见的有意大利人（171 918）、法国人（125 061）、荷兰人（116 970）、摩洛哥人（80 579）、西班牙人（42 765）、土耳其人（39 419）和德国人（37 621）。从2005年到2006年，该国总人口增长了0.13%，净移民率为1.22‰。

尽管布鲁塞尔讲法语的人数很难确定，但据估计大约有77%的人使用法语，有16%的人在家庭中使用荷兰语作为母语或第二语言。

1993年比利时全国2%的劳动力受雇于旅游业，远低于许多邻国。其旅游业大部分位于比利时发达的沿海地区或阿登地区，其中布鲁塞尔、佛兰德斯、布鲁日、根特以及安特卫普更为吸引各国游客。

比利时在世界经济论坛"2017—2018年旅游竞争力指数"排名中位于第20位，低于欧洲许多国家。虽然该国在自然和文化资源方面得分很高，但在"价格竞争力"和"合格劳动力的可用性"方面，仅排在世界第114位。近年来，赴比利时的国际旅游人数保持相对稳定，收入增长到100亿美元左右，旅游业收入同比增长平均值为6.2%。

5.1.4 主要信息和数据

国王：菲利普·利奥波德·路易斯·玛里（2013）。

首相：索菲·维尔梅斯（2019）。

国土面积：30 528平方千米（11 786平方英里）。

人口，1 142万；增长率，0.41%；出生率，11.391/1 000；平均寿命，81.1；人口密度，每平方千米375.6人。

首都和最大城市：布鲁塞尔，107万人。

其他大城市：安特卫普，45.7万人；根特，23万人；沙勒罗瓦，21.9万人；列日，19.6万人；布鲁日，12万人。

货币单位：欧元（之前为比利时法郎）。

国歌：《布拉班人之歌》。

官方语言：荷兰语、法语和德语。

5.1.5 语言

比利时有三种官方语言,荷兰语的使用者占人口的59%,法语占40%,位于德国边境的少数人也说德语,约占1%。比利时人口的绝大多数即99%被比利时政府定义为非文盲,公民年满15岁时就具备阅读和书写官方语言的能力。

荷兰语为最主要的官方语言,虽然在比利时使用的荷兰语与标准荷兰语几乎相同,但在边境地区会出现不同的方言,通常被称为"佛兰德语"。第二大语言是法语,使用者占总人口的40%,是法语社区(像佛兰德社区一样通常属于政治实体)的官方语言,在瓦隆尼亚(除去一个讲德语的小社区外)和布鲁塞尔首都地区也是其主要语言。首都地区的居民几乎人人都能够讲法语,将其作为主要语言的人群有50%,作为通用语则占45%。德语在比利时并不是流行的官方语言,只有1%的人口使用德语,主要集中在一战之后《凡尔赛条约》中德意志帝国划分给比利时的那个区域,大约有71 000人。1940年,纳粹德国在第二次世界大战期间入侵比利时后曾吞并了该地区。

比利时实行多语言政策,如在佛兰德斯40岁以下的比利时人中有59%的人声称他们能说三种语言,而在瓦隆尼亚和布鲁塞尔这一比例则分别为10%和28%。在每一个地区,比利时的第三官方语言德语的知名度都明显低于荷兰语和法语。

5.2 简　　史

公元前一世纪,罗马人打败了当地部落创建了比利时高卢,公元五世纪随着日耳曼法兰克部落的迁移,比利时高卢在梅罗文加王朝的统治下扩大了其面积,之后权力逐渐发生了转变,公元八世纪法兰克王国将其发展为卡洛林帝国。

843年签署的《凡尔登条约》将该地区进一步划分为中部和西部地区,到中世纪这里成为法国国王和附庸神圣罗马帝国的一些领主的封地,但许多封地在十四和十五世纪的勃艮第荷兰时期被统一。到了十六世纪四十年代,神圣罗马帝国皇帝查理五世扩大了其与17省份的联盟,通过1549年发布的国事诏书扩大了自己的权利,之后他的影响力又扩展到列日王子主教区。

十六世纪八十年的战争（1568—1648）把低地国家分为北部联合省（荷兰联邦）和南荷兰（荷兰王权），后者一直受到西班牙和奥地利哈布斯堡家族的统治，这些地域构成了现代比利时的大部分区域，也是十七和十八世纪法西战争和法奥战争的大部分战场。

1794年法国革命战争之后，低地国家夺回那些从未在哈布斯堡王朝统治下的领土，例如被法兰西第一共和国吞并的列维主教辖区，从而结束了奥地利在该地区的统治。低地国家的统一发生在1815年，也就是法兰西第一帝国的瓦解之时，之后荷兰联合王国成立。

1830年的比利时革命建立了一个独立的、天主教的和中立的比利时，由临时政府和国民大会管理。从1831年利奥波德一世就任国王之时，比利时就开始实行君主立宪制和民主议会制。

二战后比利时作为创始成员加入北约，形成了比荷卢经济联盟。之后在1951年成为欧洲煤钢共同体，并于1957年成为欧洲原子能共同体和欧洲经济共同体等六个创始成员国之一。欧洲经济共同体就是现在的欧盟，比利时是其主要行政机构所在地，包括欧洲委员会、欧洲联盟理事会以及欧洲议会特别会议和欧盟议会这些机构。

5-4 1830年比利时革命

5.3 宗教、文化和教育

5.3.1 宗教

自从比利时独立以来，罗马天主教在国家的政治中扮演了重要的角色。然而，比利时在很大程度上是一个世俗的国家，因为在非宗教性的宪法中规定了宗教自由，而政府在实施管理时也注重尊重公民的这一权利。但在阿尔伯特一世和博杜安一世统治时期，这个君主制国家却受到根深蒂固的天主教的影响。

无论从象征意义还是从实际情况上看，罗马天主教会现在仍然处于有利的地位。根据相关机构对比利时宗教的调查和研究，47%的比利时人认为自己属于天主教徒，而伊斯兰教则是第二大宗教，信徒占3.5%。2006年在佛兰德斯进行的一项调查显示，55%的人认为自己信教，36%的人相信上帝创造了世界。

2017年的统计显示比利时的穆斯林人口总数已近70万，占全国人口的6%，其中98%是逊尼派，大约41万人。大多数的比利时穆斯林生活在大城市，如安特卫普、布鲁塞尔和沙勒罗瓦。比利时最大的移民群体是摩洛哥人，有264 974人。土耳其人是第三大族群，也是第二大穆斯林族群，共有159 336人。印度教徒不多，另外有大约10 000名锡克教徒也生活在比利时。

5-5 布鲁塞尔圣麦克尔和古都拉教堂

5.3.2 文化

(1) 民俗

民俗在比利时的文化生活中起着重要作用：在数不清的游行、骑兵队和其他当地的节日庆典中，都有着宗教或神话的背景，如班什狂欢节就以其著名的吉勒斯作为扮演的角色。其他还有阿尔斯特狂欢节，充满宗教色彩的布鲁日赫利布拉德游行，列日圣母升天节，那慕尔的瓦隆节等。著名的根特音乐节起源于1832年，在二十世纪六十年代开始复兴，现已成为一个现代传统节日。还有一个非官方节日是圣尼古拉斯节，这是一个孩子们的节日，在列日也是学生们的节日。

（2）艺术

在比利时，艺术对绘画和建筑的贡献尤其可观。默兹画派、早期的荷兰画派、佛兰德文艺复兴和巴洛克风格的绘画，以及罗曼、哥特、文艺复兴、巴洛克风格的建筑都是艺术史上的里程碑。低地国家在十五世纪艺术的代表作是扬·凡·埃克和罗吉尔·凡·德尔·维登的宗教绘画，而十六世纪艺术的特点和风格更为广泛，如彼得·勃鲁盖尔的风景画和兰伯特·伦巴对于古董的展示方式。尽管彼得·保罗·鲁本斯和安东尼·范·戴克的巴洛克风格在十七世纪早期盛行于荷兰南部，但之后却日渐衰落。

十九世纪和二十世纪比利时出现了许多原创的浪漫主义、表现主义和超现实主义画家，包括詹姆斯·恩索尔、康坦斯·佩尔梅科、保罗·德尔沃和勒内·马格利特。先锋派的"眼镜蛇运动"出现在二十世纪五十年代，当时的艺术引领者是雕刻家帕纳马朗科，而跨学科艺术家让·法布尔和画家吕克·杜曼斯则当仁不让地名列当代场景艺术的国际知名人物。比利时对建筑的贡献一直持续到十九世纪和二十世纪，包括维克多·霍塔和凡·德·费尔德的作品，他们也是新艺术派的主要发起人。

（3）体育

足球和自行车是比利时最受欢迎的运动。他们曾在环法自行车赛取得过五次的胜利，同时还创下其他许多自行车比赛的记录。比利时传奇自行车选手艾迪·莫克斯被认为是近几十年来最伟大的自行车运动员，他在1972年创下的世界记录保持了12年之久。让-马里·普法夫则是比利时前足球门将，也被认为是历史上最伟大的足球运动员之一。比利时曾主办过1972年的欧洲杯足球赛并获得欧洲杯的第三名，在1980年欧洲杯足球赛获得亚军。比利时还夺得1920年奥运会足球比赛的金牌和1900年奥运会的足球铜牌。

每年在比利时举行的重要体育赛事有国际田联钻石联赛比利时站，比利时一级方程式赛车以及一系列的经典自行车比赛，如环法兰德斯和列日-巴斯托涅-列日赛事。1920年的第七届夏季奥运会曾在比利时安特卫普举行。

5-6 班什狂欢节

5.3.3 教育

比利时人从6岁到18岁接受义务教育，但许多人会一直学习到23岁左右。2002年，在经合组织成员国中，比利时18~21岁的学生接受高等教育的比例位居世界第三。据估计，约98%的比利时成年人接受过教育，但比利时对功能性文盲（泛指不具备阅读实用文章的成年人）的关注正在上升。由经合组织（OECD）协调的国际学生评估项目目前将比利时的教育水平排在世界第19位，远高于经合组织的平均水平。尽管如此，佛兰德语、法语和德语社区的教育体系依然存在差异，来自佛兰德斯地区的学生比来自德语和法语社区的学生成绩更高一些。

比利时的教育体系反映了十九世纪比利时政治格局的双重结构，即由自由党和天主教政党构成的不同格局。世俗学校则由社区、省或城市来管理，而宗教学校（主要是天主教学校）由宗教机构来组织和管理，由某些社团提供补贴并进行教育监督。

5.4 重要节日

比利时有十二个法定公共假日，其中两个是在星期天庆祝，同时庆祝的还有一些非官方的节日。并非所有的假日都会给员工放假，但是根据工会的协商，一些雇主实际上会奖励一天的假期给员工们。

比利时的非法定假日有主显节（1月6日）、情人节（2月14日）、弗莱芒社群日（7月11日）、比利时法语社区日（9月27日）、万圣节（11月1日）、比利时德语社区日（11月15日）、国王日（11月15日）和圣尼古拉斯节（12月6日）。

表5-1 比利时公共假日情况

假日	日期	荷兰称谓	法语称谓	德语称谓
新年	1月1日	Nieuwjaar	Nouvel An	Neujahr
复活节	每年不同	Pasen	Pâques	Ostern
复活节星期一	复活节后的第一个星期一	Paasmaandag	Lundi de Pâques	Ostermontag
劳动节	5月1日	Dag van de arbeid	Fête du Travail	Tag der Arbeit
耶稣升天节	复活节40天后第一个星期四	Onze Lieve Heer hemelvaart	Ascension	Christi Himmelfahrt
圣灵降临节	复活节后的第七个星期日	Pinksteren	Pentecôte	Pfingsten
五旬节	复活节后的第八个星期一	Pinkstermaandag	Lundi de Pentecôte	Pfingstmontag
国庆	7月21日	Nationale feestdag	Fête nationale	Nationalfeiertag
圣母升天节	8月15日	Onze Lieve Vrouw hemelvaart	Assomption	Mariä Himmelfahrt
万圣节	11月1日	Allerheiligen	Toussaint	Allerheiligen
停战纪念日	11月11日	Wapenstilstand (Belgische feestdag)	Jour de l'armistice	Waffenstillstand
圣诞节	12月25日	Kerstmis	Noël	Weihnacht

5.5 风景名胜与历史古迹

旅游业是比利时的重要产业之一，比利时是欧洲其他国家选择旅游时一个受欢迎的目的地。旅游业占比利时国内生产总值的2.8%，赋予3.3%的人口工作机会（约14.2万人）。2019年大约有189万人前往比利时旅游，其中三分之二来自附近的欧洲大国，如法国、荷兰、英国和德国。下面让我们看看一些引人注目的旅游胜地。

5.5.1 家庭水族馆

家庭水族馆是比利时安特卫普市中心的一个受欢迎的教育性景点，这里由一系列水族馆构成，包括重建的海洋栖息地，如沼泽、雨林、河流三角洲和珊瑚礁。家庭水族馆里还有一些特别主题的展览，如鲨鱼、鹦鹉螺和深海之谜等。这个多层建筑位于阿斯特丽德丽笙地区，毗邻安特卫普的中央火车站。

虽然安特卫普动物园的入口也位于阿斯特丽德丽笙，但动物园并没有隶属于家庭水族馆。

5.5.2 莱斯河畔的汉恩洞

汉恩洞是比利时最主要的一个旅游景点（每年大约有50万游客参观），洞穴位于莱斯河畔汉恩郊区的村庄里。

这些洞穴是莱斯河地下石灰岩山侵蚀的结果。洞穴的温度恒定在13℃（55℉）左右，湿度很高。进入洞穴只能通过乘坐一个老式的橘色街车，这是城市电车（地铁）系统从莱斯河畔汉恩中心向郊区线路的延伸。洞穴的入口离村庄大约2千米，在导游带领下大约需要一到一个半小时的路程。参观活动还包括在最大的一个洞穴中举行的声光表演，以及一段短途乘船游览。游览的最后是一些特殊的炮声演示，其目的是为了向游客展示洞穴中的声学特性。

5.5.3 拉肯皇室庄园

拉肯皇室庄园是布鲁塞尔皇家城堡公园中一个巨大的温室综合体，也是该

5-7 洞穴内景

市的主要旅游景点之一。该建筑群由比利时国王利奥波德二世下令建设，设计师为阿方斯·巴拉特。该建筑群建于1873年至1895年之间，建成后被称为皇家寓所。这是一个圆顶温室，最初用作皇家礼拜堂，综合体的总建筑面积为2.5公顷（27万平方英尺），每年需要80万升（超过20万加仑）的燃料油来为建筑物供暖。

该建筑群只能在4月和5月的两周内参观，因为这时大多数鲜花都在盛开的时节，观赏效果最好。

5-8 拉肯皇室庄园

5.6 名　　人

5.6.1 伊夫·莱特姆

伊夫·卡米耶·德西雷·莱特姆，生于1960年10月6日，比利时政治家、荷语基督教民主党（CD&V）的领导人，两次出任比利时首相。

莱特姆于2008年3月至12月和2009年11月至2011年12月期间担任比利时首相，之前他曾任比利时联邦政府外交部部长、副首相、预算部部长、体制改革部部长、交通部部长和北海地区部长。他也是前佛兰德斯大区部长和佛兰德斯的农业和渔业部长。尽管他的名字是法语名，莱特姆却是佛兰德人，他的荷兰语和法语都很流利。

2010年4月22日，他曾第二次向国王阿尔贝二世提交辞呈，原因是此前佛兰德斯的一个主要政党——荷语自由民主党表示不再支持联合政府，之后由埃利奥·迪吕波在2011年12月接任首相一职。

5-9 伊夫·莱特姆

5.6.2 伊利亚·普里戈金

普里戈金出生于1917年俄国革命前几个月的莫斯科，他的父亲罗曼·普里戈金是莫斯科理工学院的一名化学工程师，母亲尤利娅·维克曼是一位钢琴家。由于普里戈金家庭与苏联新体制的隔阂，在1921年全家一起离开了俄罗斯。他们先是去了德国，1929年来到比利时，1949年普里戈金取得了比利时国籍。

普里戈金是许多科学组织的成员，曾获得过许多奖项，以及53个荣誉学位。1955年他被授予精密科学奖，由于在不可逆热力学方面的研究，他在1976年获得了拉姆福德金奖，并在1977年获得了诺贝尔化学奖。1989年他被比利时国王授予子爵头衔，直到去世前他还一直是国际科学院的主席。在1997年，他还成为国际远程教育委员会（CODE）的创建人之一。

5.6.3 莫里斯·梅特林克

莫里斯·波利波雷·玛丽·伯纳德,头衔为梅特林克伯爵(1862—1949),是比利时剧作家、诗人和散文家。1911年他被授予诺贝尔文学奖,其作品的主题多是讲述死亡和生命的意义。他的戏剧是象征主义运动的重要组成部分。1874年9月,12岁的梅特林克进入耶稣会办的圣-巴尔勃中学就读,当时法国浪漫主义的作品不受重视,只有宗教题材的戏剧才被认为是有意义的。正因如此,这所学校的经历引起了他对天主教会和宗教组织的厌恶之情。

就在读书学习期间,梅特林克开始创作诗歌和短篇小说,但他的父亲却希望他成为一名律师。1885年,在根特大学完成法律学业后,他在法国巴黎又生活了数月,在这里遇到了一些新象征主义运动的代表人物,尤其是维利耶·德·利尔-阿达姆,这些人对梅特林克后来的作品产生了很大的影响。

5-10 莫里斯·梅特林克

在接下来的几年里,他创作了一系列以宿命论和神秘主义为特征的象征主义戏剧。在他的作品中,最有名的是《闯入者》(1890)、《盲人》(1890)和《佩利亚斯与梅丽桑德》(1892)。

5.7 传统美食

比利时被称为是一个聚集美食家的国家,而不能称其为美食国家。换句话说,这是一个崇尚"大菜肴"而不是"好菜肴"的国家。然而,就像在法国一样,"暴食"一词如今在很大程度上已经没有当初的贬义意味,而是更为积极的意思——对美食的渴望。有句话说得好,比利时菜肴同时拥有法菜的质量和德国的菜量。

5.7.1 薯条

炸土豆条（美国称为薯条、英国叫作炸薯条）是一种非常受欢迎的食品，比利时人经常声称这是他们发明的。在荷兰语中被称为"frieten"，在法语中被称为"frites"。然而，与通常在美国快餐店供应的6—10毫米厚的"法式炸薯条"不同，比利时薯条更厚（12—15毫米厚），通常是用动物油炸的。能吃到薯条的一个最好的地方是一些移动的或是临时搭建的饮食摊，在法国被称为油炸店，在荷兰被称为油炸摊点或者更通俗的叫法薯条油炸摊点。它们通常位于城市广场或繁忙的高速公路旁。

5.7.2 啤酒

啤酒是比利时的另一个特色。作为一个相对较小的国家，比利时却生产着大量不同风格的啤酒。事实上，这个国家人均啤酒种类比世界上其他任何地方都要多，几乎每一种啤酒都有自己独特的饮用器皿，如形状各异的玻璃杯等。而许多比利时家庭和餐馆的食谱中都会出现某一种比利时的啤酒，可见其受欢迎程度。

5.7.3 代表菜肴

- 贻贝配薯条：著称于弗拉芒海岸和海滨城市。
- 贵兹酸啤酒：由自然发酵而来，是布鲁塞尔附近地区的一种酸啤酒。
- 比利时土豆泥：土豆泥配其他蔬菜，常加入香肠一起食用。
- 列日沙拉：用青豆、培根、洋葱和醋做的沙拉，来自列日地区。
- 海参崴炖牛肉：一种佛兰德斯地区的炖牛肉，类似于法国布吉尼翁牛肉，但用啤酒代替红酒制作。
- 根特炖汤：一种由鸡肉或鱼炖制的浓汤，其中还加入蔬菜、奶油和鸡蛋等食材。
- 虾仁西红柿沙拉：一种小食或是餐前菜，将蛋黄酱拌入灰色虾仁，放入镂空的生西红柿中食用。
- 血肠：一种香肠，通常与土豆和苹果酱一起吃，生吃或烧烤吃。
- 华夫饼干：有时作为街头小吃出现，有两种主要的风格——布鲁塞尔口味和列日口味。
- 巧克力：比利时是世界公认的巧克力王国，布鲁塞尔也称为巧克力爱好者的麦加。

5-11　布鲁塞尔华夫饼　　　5-12　比利时海鲜状果仁糖

比利时文化专题讨论：
1. 如何理解比利时种族和文化多样性特点？
2. 比利时的多语言模式有何特点？
3. 如何看待比利时在欧洲的战略地位？
4. 比利时为何是一个聚集美食家的国家？
5. 比利时的教育体系有何特点？

第6章 德 国

位于中欧的德国是世界上最美丽、最富有和最受欢迎的国家之一，也是一个拥有丰富文化底蕴的国家。但是，直到1990年整个德国才重新实现统一。就在二十世纪上半叶两次世界大战之后，德国于1945年被二战胜利国美国、英国、法国和苏联占领。德国是欧洲人口第二大国、面积第七大国家，拥有丰富的地貌，从波罗的海的低洼沿海平地开始，到处都是蜿蜒的河谷和起伏的山丘，积雪覆盖的阿尔卑斯山和茂密的山脉坐落其中。

6.1 地 理

6.1.1 德国的面积

德国领土面积357 021平方千米，包括349 223平方千米的土地和7 798平方千米的水域。它按面积大小位列欧洲第七，也是世界第61大国家。其海拔范围较大，从南部的阿尔卑斯山脉（最高峰楚格峰为2 962米/9 718英尺）一直向下延伸到西北的北海和东北的波罗的海沿岸。

6.1.2 地理

德国位于中欧，与丹麦、荷兰、比利时、卢森堡、法国、瑞士、奥地利、捷克和波兰等国相邻。

德国由北德平原、中德高地和南德高地组成。西南部的巴伐利亚高原平均海拔1 600英尺（488米），但在楚格峰山脉（该国最高点）则达到9 718英尺（2 962米）。德国的主要河流是多瑙河、易北河、奥得河、威悉河和莱茵河。德国的大小相当于美国的蒙大拿州与我国云南省面积相近。

6.1.3 气候

德国气候温和，冬季温度从西到东各不相同，西部大约能达到冰点温度，而在德国东部冬季温度远低于零度。夏季温度通常在21℃至27℃之间，伴随有较多降雨。

6.1.4 德国国旗和标志

联邦德国国旗通过日期：1949年5月9日。联邦德国国旗由三个相等宽度的水平条纹组成，顶部为黑色，中间为红色，底部为金色，宽长比例为3∶5。当国旗横挂时，形状是由三个宽度相等的垂直条纹组成，左侧为黑色，中间为红色，右侧为金色。

6-1 德国国旗 　　　　6-2 德国国徽

6.1.5 主要信息和数据

德国是欧洲的主要工业和经济大国之一。

人口：8 293万（2018）。

首都：柏林。

总面积：357 021平方千米。

每平方千米的人数：230人。

货币：欧元。

互联网国家/地区识别码：.de。

电话代码：+49。

主要城市：柏林、慕尼黑、汉堡、不来梅、汉诺威、法兰克福、纽伦堡、斯图加特和杜塞尔多夫。

国歌：《德意志之歌》。

官方语言：德语。

6.2 简　　史

6.2.1 从神圣罗马帝国到德意志帝国

德国历史和文化的根源可以追溯到日耳曼部落，然后是神圣罗马帝国。从中世纪早期开始，德国开始分裂成数百个小国家，是拿破仑发起的系列战争促使了德国开始统一的进程。直到1871年，当时许多先前独立的德国小王国在普鲁士的领导下团结起来，形成了德意志帝国。这个帝国一直向东扩张到现在立陶宛的克莱佩达，还包括今天的阿尔萨斯和洛林（法国）、比利时东部的一小部分，丹麦南部的一个小边界地区以及现在波兰的40%以上的领土。德意志帝国于1918年退出历史舞台，当时德国皇帝威廉二世在第一次世界大战（1914—1918）战败时被迫退位，其后是短暂而又动荡的魏玛共和国，初衷是建立一个自由民主的政权，结果却适得其反。由于这个年轻的共和国饱受巨大的经济问题（例如恶性通货膨胀）的困扰，并且在第一次世界大战被战败，强大的反民主力量利用了《魏玛宪法》内在的矛盾，纳粹分子开始在德国执掌政权。

6.2.2 希特勒和纳粹德国

1933年是一段见证阿道夫·希特勒崛起的时期，他领导的国家社会主义德国工人党（纳粹党）带有明显的民族主义和种族主义倾向。在纳粹的专政下，民主机构被拆除，警察国家建立起来。犹太人、斯拉夫人、吉普赛人、残障人士、社会主义者、共产主义者乃至联合主义者和其他不符合纳粹对德国民族想象的团体都面临迫害，最终在集中营被杀害。尤其是欧洲的犹太人和吉普赛人，被纳粹视为"种族灭绝"。希特勒意欲在中欧和东欧建立新的德意志帝国，他的军事野心导致了与波兰、法国、英国、苏联和美国之间的战争。尽管希特勒取得了短暂的辉煌胜利，德国仍无法承受盟军和苏联在两个战线上的打击。除此之外，在意大利阿尔卑斯山以南，德国还有一个较小的第三战场。

在发动侵略的这一时刻，德国毁灭了自己和整个欧洲的大部分地区，而这一切都是德国一手造成的。到1945年4月，德国已变成一片废墟，大部分主要城市被炸毁。在二十世纪过去的几十年里，德国作为自由知识和高雅文化的世界声誉毁于一旦。战争结束时，德国失去了25%的领土，面临着重大的难民危机。根据《波茨坦协定》，所有奥得河－尼斯河线以东的地区，不论是国际社会公认的德国领土，还是德国在二战中占领的领土，主权全部交给了其他国家，超过一千万的德国人只能向西涌入德国剩下的国土。波茨坦会议意味着战争结束后，由同盟国来决定德国边界的未来，并同意由苏联占领德国在普鲁士东部的土地。因此，奥得河和奈瑟河以东的德国各省，如苏得里亚和波美拉尼亚等地划归苏联和波兰，尽管其中的大部分地区根本没有任何波兰人和俄国人。在匈牙利、捷克和斯洛伐克、罗马尼亚和南斯拉夫等古老东欧国家，许多一直居住在那里的德国人也被驱逐出境，形成更大规模的难民群。

6.2.3 二战后时期

在第二次世界大战（1939—1945）失败之后，德国被划分为四个区域，分别由法国、英国、美国和苏联军队控制。英国和美国决定合并各自的控制区，紧接着法国的控制区也与其合并。根据盟国的国际协议，西里西亚、波美拉尼亚和东普鲁士南部受波兰管理。随着冷战的开始，该地区的中部和西部被分为由苏联控制的东德和由西方盟国直接控制的西德。西德转变为德意志联邦共和国，一个以波恩为首都的国家，而苏联控制区则变成了共产党控制的德意志民主共和国。这时的柏林地位非常特殊，因为它将苏联和西方国家分隔开，其东部为东德的首都，而它的西部地区（西柏林）事实上是联邦德国的领土，由西方盟国正式管理。1961年8月13日，柏林墙建成，成为双方严密控制和守卫的边境线的一部分。

二十世纪六十年代后期，一种发自内心的反省历史和自我批判的精神在德国出现，1968年开始的学生抗议活动成功地唤醒了一个新的德国。自1949年德意志联邦共和国成立以来，社会变得更加自由，与以往任何时候相比，极权主义日渐失去其立足之地。战后教育使德国跻身于欧洲发达国家之列，崇尚纳粹或法西斯主义/权威理念的人数减少到历史最少。威利·勃兰特于1969年成为德国总理后，为德国与共产主义国家之间的和解，包括德国与波兰和平关系的改变做出很大的贡献。

德国在东德政权垮台一年后的1990年重新实现统一，重建的东德于1990年

10月3日加入德意志联邦共和国,此后这一天被称为德国国庆日,同时还废除了战后对德国主权的诸多限制。经过争议性辩论后,德国联邦议院最终同意遵守前东德的东部边界,即所谓的"奥得–奈瑟河"边界,自此在欧洲统一国家中形成了今天的德国版图。

6.3 宗教、文化和教育

6.3.1 宗教

基督教是德国最大的宗教,有大约5 400万(67.07%)信徒。第二大宗教是伊斯兰教,有330万信奉者(4%),其次是佛教和犹太教。在过去的几十年中,德国两个最大的教堂(德国的新教福音派教堂或者称作德国福音教会EKD和罗马天主教堂)失去了大量信徒,人数下降了大约30%,但天主教会人数的比例为30.7%,仍然接近其二战前1939年的33%比例。

最明显的下降发生在东德的新教教堂中,这主要是受前东德时期无神论政策的影响。然而,自从三十年前德国统一以来,德国福音教会人数仍继续下降,到2019年其成员人数略低于30%。德国的其他教派人数都相当少(等于或少于0.5%)。(东德和西德)统一的结果显示更多不信教的德国人数有所增加,特别是东部省份的加入,其中许多地区是非宗教信仰的人群。由于汉堡的新教教会和天主教教会人数的衰减,该州的联邦议院多数议员是非宗教人士。

6.3.2 人口与文化

人们通常认为德国人一丝不苟和做事高效,这种观点可能与他们生产的名牌汽车宝马和梅赛德斯–奔驰有很大关系。但是,并非所有人都这样想,毕竟德国的面积是英格兰的近三倍,居住人口却只是英格兰的1.5倍。

实际上,德国16个州的居民、城市和小镇各不相同,就像各地不同的景观一样变化多样。在该国的西北部有着繁忙的港口,而东北部的水上运动则有着较大的吸引力。德国的西部有几个大型工业城市,而南部的阿尔卑斯山却是吸引滑雪者的胜地,这里的森林给大家提供了一种安静休闲的生活方式。

几乎80%的德国人居住在城镇中,人口最稠密的地区在德国西部和中部,尤其是莱茵河沿岸。虽然德国有 16 个州，但每个州都有自己的德语方言、习俗、传统和建筑。

6-3 建筑   6-4 工艺

德国的许多小镇仍保留着悠久的传统文化和建筑，这些城镇中的许多建筑物可以追溯到数百年前。德意志民族以追求细致而著称，从本地建筑风格到当地商店的产品和手工艺品，各种工艺以不同的风格表现出来。

6.3.3 教育

德国教育体系主要由联邦议院（各州）负责，而联邦政府仅扮演次要角色。所有 3 至 6 岁的儿童可自由选择幼儿园教育，之后的学校教育却是必需的，至少要到 11 岁或 12 岁。义务教学适用于所有德国公民、居住在德国的外国公民以及居住在德国的无国籍学生。在开始的九年中，所有学生从 6 岁到 15 岁或 16 岁属于义务学习阶段。该制度在德国各地有所不同，因为每个州都有权决定自己的教育政策，但是大多数孩子接受小学教育的阶段是在 6 到 10 岁或 12 岁之间。

相比之下，中学教育包括四种类型的学校：普通中学旨在为准备上大学的学生提供教育，他们必须在 12 年级或 13 年级后完成高中学业并参加毕业考试；实科中学的范围更广，是为成绩中等的学生设计的，学生在 10 年级后完成期末考试取得中级文凭；职业预校是为学生提供职业教育而设置的，学生可以在完成 9 年级或 10 年级学业后参加期末考试，而后取得职业毕业证或是 10 年级后取得实科中学的文凭；10 年级有两种类型，一个是较高级别的称为 10b，而另一个级别较低的称为 10a。只有更高级别的 10b 型学生才能进入实科中学继续读书，这需要在 10b 年级之后进行期末考试，取得中级文凭才能完成。1981 年德国实行了新的规定，改变了取得实科中学文凭的途径，即可以有一年取得资格的期限。在新法规变更的一年资格期中，学生可以继续参加 10 级课程以完成法定的教育期限。如上所述，1982 年之后新的方式也变成了义务性教育。除此之外，还有最后一种中学教育模式——综合中学，它将前三种模式结合起来。德国也设有此类特殊学校，每 21 名学生中就有一个就读此类学校。尽管如此，这种特殊学校也有个别例外的学生取得 10a 型或 10b 型的职业预科文凭，10b 就相当于实科中学的文凭。

通常，要进入大学学习必须持有高中毕业证，但是自 2009 年以来持有高级技师文凭的学生也可以申请。而对于希望参加"应用技术大学"考试的学生来说，他们通常必须持有中学会考证书、专科学校文凭或中级文凭才行。缺乏这些资格的学生，如果可以提供其他证明说明他们有能力跟上其他同学，仍然可以申请进入大学或应用技术大学。还有一种名为"双元制"的特殊教育体制，学生可以通过在公司的职业培训外加在公立学校的学习来获得文凭。尽管德国拥有强大的教育体系，但以前的 PISA（国际学生评估项目）测试显示出德国学生某些学科的薄弱之处，如经合组织在 2000 年对 43 个国家的测试中，德国在阅读方面排名第 21 位，在数学和自然科学方面都排名第 20 位，这样的结果开始让德国人呼吁进行二十一世纪的教育改革。

6.4 重要节日

6.4.1 德国的新年

德国每年的第一个公共假日是 1 月 1 日（元旦），这也是一些德国人开始制定一年节食计划的时候，诸如节食计划能坚持多久？真的需要每天坚持跑步吗？除夕不但是公共假日，也是一年中的最后一天，旧的一年在午夜以烟花表演的形式而结束，这意味着告别过去的一年，祈祷新的一年。

6.4.2 与基督教起源有关的德国节日

德国的许多节日和假日起源于基督教，最重要的两个节日是圣诞节和复活节。圣诞节通常是在家里与家人一起庆祝，在圣诞除夕夜，家人围坐在装饰过的圣诞树旁，交换礼物并庆祝基督的诞生。在复活节的前几周里，商店里到处可见巧克力兔子和巧克力彩蛋，而传统活动的一部分则是将彩蛋藏起来，让孩子们去寻找，复活节是基督徒庆祝耶稣基督复活的节日。

6.4.3 德国重要国家公共假日概述

- 元旦（1月1日）。
- 耶稣受难日（复活节前的星期五）。
- 复活节星期一。
- 5月1日（劳动节）——通常要燃放五月烟火。
- 耶稣升天节。
- 圣灵降临节。
- 德国统一日（10月3日）。
- 12月24日的平安夜虽不是公众假日，但是商店要在下午关门，意味着庆祝的开始。
- 圣诞节（12月25/26日）为公众假日。
- 商店、办公室、服务机构、学校和大学在公共假日和星期日关闭。

6-5 德累斯顿的圣诞树

6.4.4 区域性节日和庆祝活动

在德国每个地区都有自己的节日和聚会,狂欢节、葡萄酒产区的葡萄酒节以及其他地区的啤酒节,还有在慕尼黑不容错过的慕尼黑啤酒节。

(1) 德国狂欢节

6-6 德国狂欢节　　　　　　6-7 庆祝活动

无论是在何时何地,德国人喜欢抓住一切机会庆祝和狂欢,而狂欢节给他们提供了一个很好的机会。这就是所谓的"第五季",在2月或3月的几天里持续庆祝,而地点就在莱茵兰地区(如科隆、杜塞尔多夫、波恩和亚琛等)、莱茵-美因地区(威斯巴登)和黑森林地区(弗莱堡、菲林根-施文宁根和罗特魏尔)。在主要的中心区域,人们在街上和酒吧里盛装打扮并参加各种派对。许多城镇会组织狂欢节游行,用纸浆和金属丝网制成的色彩缤纷的花车来调侃那些政客和当前社会热门话题。

相比之下,黑森林地区的城镇则在古老的阿勒曼尼传统中庆祝狂欢节。戴着木面具和穿着奇妙服装的人物形象面目恐怖,他们穿街走巷,制造尽可能大的噪音来驱走冬日。除此之外,狂欢节的人们还会设计其他很多机会开展娱乐活动,并参加许多不同的庆祝活动。

当狂欢者们在疯狂庆祝的同时,德国北部和南部地区却在进行日常的活动,这就是德国的多样性。

(2) 慕尼黑啤酒节

慕尼黑啤酒节是每年举行的一个长达16天的节日,每年9月下旬至10月初在德国巴伐利亚州的慕尼黑举行。这是德国最著名的活动之一,也是世界上最大的交易会,每年约有600万人参加,成为巴伐利亚文化的重要组成部分。世界许多其他城市也会以慕尼黑活动为蓝本,庆祝慕尼黑啤酒节。

6-8 慕尼黑啤酒节

6.5 风景名胜与历史古迹

德国是全球主要的旅游目的地之一。这里风景秀丽，美丽的村庄、古朴的城堡和厚重的历史感只是吸引游客的一部分原因，而德国人的勤劳文化将旧事物与新事物结合在一起，将传统与技术创新融为一体，并在此过程中成功地打造了一个独特而令人印象深刻的国家。

6.5.1 风景名胜区

（1）阿尔卑斯山

如果你去慕尼黑南部，就会看到德国一些最美丽的风景。阿尔卑斯山遍布巴伐利亚南部大部分地区，这里有美丽的山脉、绿色的牧场、河流和风景如画的德国小镇。这里的山区还是德国许多城堡和众多公园的所在地，可供游客远足、骑车或是露营。

（2）黑森林

黑森林以其"黑色的森林"而命名，古罗马人和凯尔特人敬畏它，传说这里曾经是鬼魂、野生动物和野蛮人的避风港。黑森林现在是匠人（尤其是钟表制造商和吹玻璃器皿工匠）的家乡，分布着许多的餐厅和步行道。

6-9 阿尔卑斯山　　　　　　　　6-10 黑森林

6-11 哈尔茨山脉　　　　　　　　6-12 莱茵河

(3) 浪漫之路

穿越浪漫之路将是一生中最愉快的旅程之一。道路两侧风景宜人,有时会穿过风景如画的小镇,或是美丽的哥特式教堂,有时还会经过一座古朴的乡村旅馆。

6-13 浪漫之路

（4）康斯坦茨湖

6-14 康斯坦茨湖

康斯坦茨湖既是旅游胜地，也是德国人重要的生活用水来源。德国的好几个地区都依靠这个湖来获得饮用水，同时康斯坦茨湖也是游泳和观鸟的好地方。确实，如果你喜欢美丽的自然风光，那么康斯坦茨湖将是一个不错的选择。

6.5.2 历史古迹

如果你正在寻找一个拥有丰富历史遗迹的地方，那么德国就是你的最佳选择。众所周知，德国是两次世界大战的主要发动者，因此，德国到处是各种纪念碑，记录着前人的故事。虽然这些故事已经有些年头了，却从未被人们遗忘。

（1）柏林墙

在德国，没有其他地方比柏林围墙更令人心潮涌动。你可以想象当年人们的眼泪和鲜血是如何从这堵墙下流过。战争的遗迹依然留存至今，这是人类最伟大的历史遗迹之一。

(2) 勃兰登堡门

勃兰登堡门建于1791年，已经成为柏林历史的象征，就在这里普鲁士的士兵和德军曾列队走过，拿破仑在进攻俄国之前率军穿越过这座拱门，当年修建柏林墙时在勃兰登堡门周围竖起了层层路障。如今的勃兰登堡门于1989年重新开放，每天都有人从拱门下面不断穿行，多年来，它已成为德国历史上一座令人骄傲的纪念碑。

6-15　柏林墙

6-16　勃兰登堡门

6-17　新天鹅堡

6-18　科隆大教堂

(3) 新天鹅堡

你是否知道沃尔特·迪斯尼以他在德国发现的一座《睡美人》城堡作为迪士尼主题乐园的灵感呢？没错，那些雪花石膏浮雕、高耸的塔式建筑和宽阔的防护矮墙都来自新天鹅堡的灵感，一个被誉为德国最受欢迎的旅游景点之一。

(4) 科隆大教堂

耸立在科隆的这座宏伟的大教堂是德国的历史地标。科隆大教堂建造于13世纪至19世纪，是哥特式建筑的典范。令人惊讶的是，大教堂在第二次世界大战期间基本上没有受到任何损坏。

6.6 名　　人

从勃拉姆斯、贝多芬、巴赫、施特劳斯、瓦格纳和舒曼等古典音乐家到尼采、黑格尔、康德等哲学家，德国著名作家、艺术家、演员、哲学家和其他德国的历史名人为世界文明的发展做出了巨大的贡献。马克思、莱布尼兹和海德格尔，还有其他著名人物，如阿尔伯特·爱因斯坦、马琳·迪特里希、贝托特·布莱希特、鲍里斯·贝克尔、埃里希·玛丽亚·雷马克、康拉德·祖斯、李维·施特劳斯、鲁道夫·迪塞尔，这些脍炙人口的名字数不胜数。以下列举了一些最让德国人引以为荣的历史名人。

表 6-1　德国著名人物

 约翰·冯·歌德	 威廉·冯·洪堡	 路德维希·范·贝多芬	 弗里德里希·黑格尔
 亚瑟·叔本华	 弗里德里西·尼采	 阿尔伯特·爱因斯坦	 马琳·迪特里希

（1）约翰·沃尔夫冈·冯·歌德（1749—1832）：歌德被认为是德国最伟大的诗人，他的作品遍及科学、人文主义、神学、文学、戏剧和诗歌等各领域。而他的两部戏剧诗《浮士德》则被认为是他的代表巨著，根据瑞士学者荣格的

说法,《浮士德》从头到尾都是一部炼金术戏作。歌德23岁时就开始创作《浮士德》,在1832年去世前完成了第二部。歌德就像他的戏剧诗《高利乌斯·浮士德》中的角色一样,对炼金术有着浓厚的兴趣。除了内容,他还发展了关于颜色和光线的传统理论,这对像蒙德里安和康定斯基这样的抽象艺术家产生了不小影响。同时,他在动植物生活中的发现还对达尔文产生了一定的影响。

(2) 威廉·洪堡(1767—1835):洪堡的名字因为洪堡大学而名垂青史,因为他在1810年创建了这所大学。身为地理学家兼探险家亚历山大·冯·洪堡的兄长,威廉·冯·洪堡是德国著名的语言学家和教育学家,并曾担任普鲁士的教育部长。他是歌德和席勒的朋友,在哥廷根大学的乔治·克里斯托夫·利希滕贝格的领导下研究古典语言学和自然科学。1789年,他去了革命圣城巴黎,从1803年到1808年洪堡曾担任普鲁士在梵蒂冈的大使。返回柏林后,他被任命为柏林工业大学哲学系主任,但由于分歧,于1810年10月辞职。之后,洪堡作为普鲁士的使节来到维也纳和伦敦。从1819年开始,他致力于科学研究,尤其是语言学,并发表了有关巴斯克语和爪哇岛古老的卡维语的著作。1835年4月8日洪堡在柏林附近的泰格尔逝世。

(3) 路德维希·范·贝多芬(1770—1827):贝多芬是德国伟大的钢琴家和作曲家,出生于德国波恩。贝多芬是西方古典音乐从古典主义向浪漫主义过渡的重要人物,产生很大的影响。迄今为止,他的名字作为世界上最有影响力和最著名的作曲家而为世人铭记。

(4) 乔治·威廉·弗里德里希·黑格尔(1770—1831):黑格尔出生于巴登-符腾堡州的斯图加德,是19世纪伟大的哲学家、德国唯心主义的代表。童年时代的他非常喜爱阅读,最早在图宾根神学院学习神学。就是在这里,黑格尔与弗里德里希·谢林和诗人弗里德里希·霍尔德林成为朋友,同时一起成为伊曼纽尔·康德哲学的批评家。1801年,他被聘为耶拿大学的无薪教师,但遗憾的是1806年因为拿破仑关闭了大学,黑格尔只好在接下来的几年中干起了报纸编辑的工作。1811年他与玛丽·冯·图赫结婚。当他在《逻辑科学》中发表他的哲学思想时,他已经在海德堡大学谋得一份教书的职位。之后,他将自己的演讲稿整理成册,收集在《哲学科学全书纲要》一书中。1818年,他成为柏林大学的哲学教授。1831年,霍乱疫情在这座城市爆发,黑格尔离开柏林一段时间,但很快就回来了。不幸的是,他于同年11月死于感染。有人认为黑格尔最著名的作品是《精神现象学》(1807),他专注于辩证法,认为只能通过两个相反的对立面来找到某个问题的答案,只有这样才能找到事实的真相。他的理论影响了许多后来的思想家，如马克思、萨特和海德格尔等。

（5）亚瑟·叔本华（1788—1860）：叔本华是德国伟大的悲观主义哲学家，对那个时代的人类思想、文学和哲学都产生了深远的影响。他用简单的语言进行书写，这对于哲学学科而言是很不寻常的。他思考的是现实生活中的悲剧和普遍关注的事情，而不是其他哲学家所困扰的难题。叔本华是欧洲最早的思想家，他不仅研究柏拉图和康德的著作，还推崇印度教的《奥义书》，但叔本华认为佛教是最优越的宗教，其思想在欧洲产生了深远的影响。

在他1819年最著名的一书《意志与表象的世界》中，他将"意志"描述为一种非理性的力量，他认为这种力量会导致人们为生存而斗争变得毫无意义。换句话说，尽管满足了意志的所有要求，人类仍然缺失幸福感，既然一切都以失望而结束，那么终结就是死亡。在他看来，现实不是上帝的反映，而是意志的体现。

（6）弗里德里西·威廉·尼采（1844—1900）：尼采与索伦·克尔凯郭尔被认为是存在主义哲学的先行者，其在本质上是拒绝抽象而强调具体现实，特别是个人自由、主体性、选择性以及过程存在的因素。他曾在波恩大学和莱比锡大学学习经典哲学，并于1869年在莱比锡大学获得博士学位。在他正式获得博士学位之前，巴塞尔大学为他提供了古典语言学教授的职位，作为一名杰出的学生，那时的尼采已经发表了一些语言学论文。在尼采的第一本书《悲剧的诞生》中，他展示了自己对艺术基础和希腊戏剧理论的认识，这对语言学和文学理论都产生了深远的影响。正是在他的作品中，他提出众所周知的人性区分，即充满激情的人性本质中酒神狄奥尼索斯精神和日神阿波罗所代表的理性精神的对抗，希腊悲剧正是由于日神阿波罗精神与酒神狄奥尼索斯精神的对抗产生的。

根据尼采的推论，基督教对来世的重视最终导致其信徒对世俗生活应对能力的下降，尼采的论点是，"理想主义者"或理想个体将有能力以创造性的方式引导激情，而不是抑制激情。尼采的其他一些作品还包括《查拉斯图拉如是说》《善恶的彼岸》《人性的，太人性的》和《快乐的科学》。

（7）阿尔伯特·爱因斯坦（1879—1955）：爱因斯坦是位出生于德国的美国理论物理学家，他那特殊又普通的相对论彻底改变了关于时空本质的现代论述，并为开发原子能奠定了理论基础。他因其对光电效应的解释获得了1921年诺贝尔奖，被公认为是有史以来最伟大的物理学家之一。爱因斯坦在1902年至1909年期间是伯尔尼专利局的审查员，在工作期间，他完成了一系列令人惊讶的理论物理学出版物，而这些著作都是他在业余时间完成的。爱因斯坦在1905年发表的第二篇论文中就提出了今天所谓的相对论。事后曾有人透露，尽管他在专利局要工作整整一天,但他却只花了五个星期就撰写了有关相对论的第一篇论文。实际上,从他十六岁起,他就一直在思考引发光子速度的基本理论问题。

(8) 马琳·迪特里希(1901—1992):迪特里希是1930年代和1940年代最具有吸引力的女演员、歌手和夜总会明星,也是有史以来最迷人的电影明星之一。迪特里希出演多个配角后,首次在由约瑟夫·冯·斯特恩伯格执导的德国第一部有声电影《蓝色天使》(1930)中亮相。然后她前往好莱坞发展,在《上海快车》(1934)、《放荡的女皇》(1934)、《魔鬼是女人》(1935)、《欲望》(1936)和《重返故乡》(1939)等电影中饰演了不同蛇蝎美人的形象。在1930年,她因为在《摩洛哥》中的出色表演获得了第一次也是唯一一次的奥斯卡最佳女主角提名。她于1937年移民美国,随后在严肃剧《控方证人》(1957)、《邪恶之触》(1958)和《纽伦堡审判》(1961)中拓展了自己的演出风格。

6.7 传统美食

当提到传统的德国美食时你会想到什么?德国泡菜、德式香肠、德国巧克力蛋糕和啤酒。毫无疑问,你还想尝试一些德国啤酒。德国啤酒有多种不同类型,例如纯麦啤酒、酵母啤酒和贮藏啤酒。不同类型的啤酒应与不同类型的食物一起食用,例如白啤酒就是和小牛肉香肠搭配。德国拥有超过6 000种不同类型的面包,从白麦面包到黑麦面包,大多数类型的面包包含小麦和黑麦面粉。面包是德国饮食的重要组成部分,通常在早餐时食用,晚上则作为三明治的主料。但无论怎样,每一餐都离不开它。

6-19 德国传统美食

传统的德国美食还以健康、热心的服务而闻名。实际上，传统的德国美食受当地不同美食的影响很大，以下是德国的一些传统食品。

6-20　牛肉卷

6-21　炸肉排配薯条

牛肉卷配卷心菜和饺子：这道菜是德国特有的，用切成薄片的牛肉片包上一片培根和腌制的黄瓜后卷起来，大小相当于一个迷你桶（直径5厘米），并拌用小块的洋葱、德国芥末、黑胡椒粉和盐调味。接着将肉快速用油炸，然后小火煮一个小时，同时放入准备好的红卷心菜和土豆馅饺子，然后从煎锅中取出肉，再制作肉汁。菜肴制作好后，将饺子、肉卷、紫甘蓝与肉汁混在一起食用。

煎牛排配薯条：煎炸牛排的形式各不相同，形式的多样性可能与德国的餐馆数量一样多。他们的共同特点是肉饼较薄，上面通常裹着鸡蛋液和面包屑，热油快速油炸，经常配以薯条一起食用。这道菜会用不同类型的肉汁来调味，例如吉普赛炸牛排、洋葱煎牛排、维也纳炸肉排（顾名思义，这是一道奥地利菜，必须用小牛肉而不是猪肉），这就是为什么大多数餐馆提供的是维也纳炸牛排或维也纳炸肉排，有些地方也可以用猪肉。在南部，吃这道菜的时候经常配的是享誉欧洲的意大利面，而不是配薯条。这种意大利面是德国南部一种传统的鸡蛋面——大多数餐馆是现做的。因此，在德国餐馆的菜单上找到炸肉排是很容易的，这可能是德国餐馆中最常见的菜肴。

鹿肉配面条：德国拥有许多森林，例如著名的黑森林、巴伐利亚森林和奥登瓦尔德地质公园，在这些地区周围你可以享受到最好的娱乐活动。Rehrücken意为鹿肉里脊肉，通常搭配新鲜制作的面条，例如上面提到的意大利面，并配以干红葡萄酒和香喷喷的肉汁。

香肠：世界上没有哪个国家的香肠品种能多过德国，如果要解释完所有的香肠种类估计需要不少时间。"德国香肠"是烤香肠，其他类型的如巴伐利亚的"白香肠"是由剁碎的小牛肉和腌猪肉制作的。这里有一个简单的种类列表："Rote"

是牛肉香肠,"Frankfurter Wurst"是以法兰克福风味制作的水煮猪肉香肠,"Pfälzer Bratwurst"是禽肉烤肠,"Nürnberger Bratwurst"是纽伦堡香肠——这是所有香肠中最小但是却有可能是最好吃的,还有粗馅香肠、长猎人香肠、图林根香肠、咖喱香肠、白香肠等,如果我们列完所有香肠估计要到明天了。如果您在菜单上选择一份香肠,这绝对是一个不错的选择,不过有时可能是唯一的选择。而香肠不会单独成一道菜,通常它会搭配上土豆泥、薯条或土豆沙拉。

肉丸:从字面上看这个词的意思是来自科尼斯堡的肉丸,这是柏林及其周边地区的一道典型菜肴。肉丸是用猪肉末制成的,煮熟后加入白色的酱汁和刺山柑花蕾,配着米饭或土豆一起食用。

青鱼卷:就是在面包卷中加入腌制的鲱鱼,这是一种典型的街头小吃。

德国文化讨论专题:

1. 今天的德国是世界第四大经济体,二战之后的德国为何能迅速崛起?

2. 基督教路德教派是如何创立的?对德语这一语言有何影响?

3. 德国是欧盟和联合国的重要成员国,同时也是北约和八国集团的成员,如何看待它在国际事务中所发挥的积极作用?

4. 谁是存在主义哲学的先驱?为什么巴塞尔大学在他正式获得博士学位之前为他提供古典哲学讲座教授的职位?

5. 柏林墙是何时被拆除的?对两德统一有何意义?

第7章 奥 地 利

奥地利的正式称谓是奥地利共和国，是中欧一个大约885万人口的内陆国家，北与德国和捷克共和国接壤，东边是斯洛伐克和匈牙利，南与斯洛文尼亚和意大利为邻，西与瑞士和列支敦士登接壤。

7.1 地 理

7.1.1 奥地利的面积

奥地利是中欧一个不大的山区国家，位于德国、意大利和匈牙利之间，总面积为83 854平方千米，大约是瑞士的两倍。

作为一个内陆国家，奥地利与瑞士（164千米）毗邻国界，西边紧邻列支敦士登（35千米），北边是德国（784千米）、捷克共和国（362千米）和斯洛伐克（91千米），东边是匈牙利（346千米），南边是斯洛文尼亚（311千米）和意大利（430千米）。

这个梨形的国家最西端的三分之一由德国和意大利包围的狭窄走廊组成，宽32至60千米。奥地利其余地区位于东部，南北最大宽度为280千米。该国全长近600千米，从西部的奥地利—瑞士—德国边界的康斯坦茨湖（德国博登湖）延伸到东部的奥地利—匈牙利边界的新锡德尔湖。这两个湖泊之间有明显的不同（一个在阿尔卑斯山，另一个在匈牙利平原最西端草原湖上），这也说明了奥地利景观的多样性。

7.1.2 地理

奥地利由于地处阿尔卑斯山区，所以是个多山的国家。中东部阿尔卑斯山、阿尔卑斯山北石灰岩和南石灰岩地区全部在奥地利境内。在奥地利的总面积（83 854 平方千米）中，只有大约四分之一可被视为低地，并且该国只有32%的地方位于海拔500米（1 640英尺）以下。奥地利西部的山势渐缓，其东部过渡为低地和平原。

奥地利可分为五个区域，最大的区域是东阿尔卑斯山地区，占该国总面积的62%。阿尔卑斯脚下的奥地利丘陵地带以及喀尔巴阡山脉约占总面积的12%，东部山麓丘陵和潘诺尼亚周边低洼地区约占陆地总数的12%。第二大山区（远低于阿尔卑斯山）位于北部，被称为奥地利花岗岩高原，位于波西米亚的中部地区，占奥地利面积的10%。维也纳盆地占剩余面积的4%。

7.1.3 气候

奥地利的大部分地区位于凉爽的温带气候区，这里以潮湿的西风为主。因为阿尔卑斯山占了该国国土面积一半以上，因此奥地利以高山气候为主。在东部的潘诺尼亚平原和多瑙河河谷，气候显示出大陆性特征，降雨少于高山地区。尽管奥地利冬季寒冷，但夏季温度可能相对较高——温度约为20℃—40℃之间。

奥地利的气候随海拔高度的变化而变化。春季和秋季温和，夏季短，温度适中。寒冷的冬季通常在山谷中持续三个月左右，直到热燥风的到来冬季才真正结束。热燥风是从南方吹来的温暖而又干燥的风，时常伴有大雾和突然融化的雪崩。热燥风对奥地利的农业生产非常重要，因为这一气候特性，奥地利的南部得以较早地开始播种。

7.1.4 国旗和国徽

7-1 奥地利国旗　　　　7-2 奥地利国徽

奥地利国旗具有三个相等的横条纹，分别为红色（顶部）、白色和红色。奥地利国旗可能是世界上最古老的设计，它和丹麦国旗被认为是使用最悠久的国旗样式。

7.1.5　主要信息和数据

首都：维也纳。

政府：联邦共和国。

货币：欧元（EUR）。

总面积：83 854 平方千米。

人口：885 万。

宗教：罗马天主教徒 78%，新教徒 5%，不可知论者和无神论者 12%，穆斯林和其他 5%。

电源插头：220—230V／50Hz（欧标）。

国家代码：+43。

互联网域名：.at。

主要城市：格拉茨、因斯布鲁克、林茨、萨尔茨堡。

国歌：《让我们拉起手来》。

官方语言：德语。

7.2　简　　史

7.2.1　早期的奥地利

从公元前四世纪开始，凯尔特人就开始生活在现在的奥地利。在公元前一世纪末，罗马人征服了该地区，向北延伸至多瑙河，并在公元 45 年建立了诺里库姆省。罗马人在奥地利建造了诸如维也纳这样的城镇，他们还修建了道路，将罗马人的生活方式带入奥地利。

也正是从那个时候，包括日耳曼和阿瓦尔人在内的不同部落开始入侵奥地利。之后，法兰克国王查理曼大帝（768—814）占领了该地区，并将其纳入他的帝国领地。查理曼大帝死后，他的帝国被分为三个部分，包括奥地利地区在内的东法兰克由巴本堡王朝继承。在法兰克统治时期，奥地利的发展较为繁荣。

然而在十世纪初期，一个自称马扎尔人的游牧部落开始入侵奥地利。马扎尔人在955年被德意志国王奥托一世彻底击败，之后德国人重新控制了该地区，马扎尔人成了现代匈牙利人的祖先。

1156年，神圣罗马帝国皇帝将奥地利定为公国，其统治者被称为公爵，奥地利再次繁荣起来。然而，当1246年奥地利公爵去世时，波希米亚（现在的捷克共和国）国王奥托二世被封为公爵，并娶了最后一位公爵的遗孀。

1273年，鲁道夫·冯·哈布斯堡成为神圣罗马帝国的皇帝，他击败了波希米亚国王，并在1282年将他的儿子任命为奥地利的阿尔伯特公爵。哈布斯堡王朝统治奥地利有数百年历史，他们逐渐获得更多领土，中欧出现了一个伟大的帝国。

1358年，鲁道夫四世成为奥地利公爵，他也被称为奥地利的缔造者，并且创立了维也纳大学。1437年，奥地利的阿尔伯特二世公爵成为匈牙利和波西米亚的国王。1438年，他被加冕为神圣罗马帝国的皇帝，这时的奥地利已然成为中欧的强国。

7.2.2 文艺复兴时期的奥地利

文艺复兴时期，整个欧洲都受到革新的影响，奥地利帝国也不例外，许多人皈依了新教。尽管这样，天主教和耶稣教会的势力为对抗宗教改革也进行了改革运动。不仅如此，他们还得到皇帝的支持，鲁道夫二世（1576—1612）也在不断地迫害新教徒。

之后的奥地利卷入了一场三十年战争（1618—1648），这场战争对哈布斯堡许多地区造成了很大的破坏。到1683年，维也纳再次遭到土耳其人的袭击，幸亏德意志公国和波兰王国的军队解救了维也纳，而土耳其人之后也慢慢离开这块异域土地。

在十八世纪，尽管经历了几次长期战争，奥地利还是繁荣了起来。第一次战争就是与法国之间的西班牙王位继承权之间的战争（1701—1714），结果以撒丁岛和部分意大利并入奥地利帝国而告终。

1748年，玛丽亚·特蕾西亚的丈夫洛林公爵弗朗西斯被任命为奥地利弗朗西斯一世皇帝。1765年他去世后，玛丽亚与儿子约瑟夫二世（1765—1790）一起开始统治奥地利。

十八世纪末，法国大革命使欧洲陷入动荡。从1792年到1815年，奥地利和法国进行了一系列战争。在此期间，拿破仑于1806年解散了神圣罗马帝国，弗兰茨二世公开宣布放弃神圣罗马帝国的皇帝头衔并解散帝国，改称弗兰茨一世。

7.2.3 现代奥地利

自从1815年被拿破仑打败后，外交大臣克莱门斯·梅特涅成为奥地利政治的风云人物，他提出了反对自由主义思想的强权政策。尽管自由主义思想受到了压制，奥地利还是繁荣了起来，到十九世纪中叶一些地区已经实现了工业化。

然而，十九世纪的民族主义在奥地利帝国日益强大，匈牙利人和捷克人等各个民族对奥地利的统治越来越不满意。

到1848年，一场革命浪潮席卷了整个欧洲，包括奥地利帝国。梅特涅引咎辞职，奥地利皇帝也不得不做出让步。尽管这样，当时的奥地利军队仍然效忠皇室，皇帝费迪南德一世退位后，支持他的侄子弗兰茨·约瑟夫继承王位。新皇帝又一次开始了对奥地利的绝对统治，并恢复了旧秩序。但是，奥地利在1859年的战争中被法国击败；接着在1866年，又被普鲁士击败。此后，奥地利不再是中欧的主导力量，这个角色被普鲁士王国所替代。

在1867年战争结束后，奥地利帝国分为两部分：一个是奥地利，另一个是匈牙利。两者组成了奥匈帝国，由同一位皇帝统治。在十九世纪后期，维也纳地区的工业发展迅速，整个帝国都修建了铁路。但是，奥匈帝国的各个民族仍然渴望独立。

在1914年，奥匈帝国斐迪南大公被暗杀，成了第一次世界大战的导火索。

1918年10月，在战争正式结束之前，随着一系列地区宣布独立，奥匈帝国开始瓦解。1918年11月11日，皇帝退位，11月12日奥地利共和国宣布成立。在二十世纪二十年代，奥地利渐渐从战争中恢复过来，但在三十年代初，奥地利像世界其他地区一样遭受了经济大萧条。

1934年7月，纳粹分子发动政变，他们开枪杀害了奥地利总理恩格尔伯特·陶尔菲斯。但是，政变很快被军队镇压下去。这时，希特勒决心吞并奥地利。1938年初，希特勒强迫奥地利政府任命纳粹分子担任重要职务，舒斯尼格总理提议就奥地利是否应加入德国进行全民公决，但希特勒并不同意，德军集结在边界严阵以待。这时舒斯尼格总理决定辞职，1938年3月12日，德国军队占领了奥地利。

奥地利在第二次世界大战期间遭受了巨大损失。1945年战争结束时许多奥地利士兵死于战争，奥地利遭受了盟军炸弹袭击和苏军的入侵。虽然如此，在1943年战争没结束时同盟国就决定在战后恢复奥地利的独立主权。

奥地利的第一个临时政府于1945年4月成立。1945年7月，盟国（美国、法国、英国和苏联）将奥地利分为四个地区，1945年11月奥地利举行了第一次议会选举。

1955年，奥地利再次成为独立国家，议会宣布永久中立。1955年12月，奥地利宣布加入联合国。

二十世纪末是奥地利发展繁荣和经济增长的时代。1995年，奥地利加入了欧盟。

7.3 宗教、文化和教育

7.3.1 宗教

在奥地利的宗教中，罗马天主教占主导地位，根据最新统计，该国人口中有64.2%是该教派的忠实教徒，而路德教会的人数要少得多。自2001年人口普查以来，奥地利这两大宗教团体的信徒人数不断减少，罗马天主教会的报告称信徒减少了20多万人，占奥地利总人口的5%，规模小得多的路德教会则报告称信徒减少了5万人。

近年来，奥地利的穆斯林人数有所增加，有4.2%的人口称自己是穆斯林，其人数可能超过路德教会，成为第二大宗教群体。同时奥地利还有新教徒、印度教徒、锡克教徒、佛教徒和犹太人的少数社区。2001年的统计显示星期日教堂礼拜的人数约为11.5%，但此后在2008年下降到8%。

（1）历史

奥地利深受新教改革的影响，当时许多人成了新教徒。然而，哈布斯堡王朝一直是反对宗教改革的重要势力，尽管在此期间见证了新教的全面发展，哈布斯堡王朝几乎扼杀了所有的穆斯林和塞尔维亚东正教徒。

另一方面，由于奥地利大多数人信奉天主教，尽管罗马天主教会反对同性婚姻，但奥地利法律还是允许同性婚姻，奥地利也是世界上为数不多的同性恋合法的天主教国家之一。

（2）宗教信仰和教堂弥撒人数的变化

自二十世纪下半叶以来，去教堂做礼拜的信徒人数渐渐下降，奥地利罗马天主教会2005年底的数据显示为5 662 782人，占奥地利总人口的68.5%，而周日参加教堂弥撒的人数为753 701人,占奥地利总人口的9%。到2008年底,数据发生一些变化,调查显示信教人数进一步减少至558万,占奥地利总人口的66.8%,而参加教堂弥撒的人数为70万左右,占奥地利总人口的8%。路德教会在2001年至2008年之间的信徒人数也大幅下降。

(3) 民意调查结果

根据2005年欧盟民意调查数据显示:

- 54%的奥地利公民认为"他们相信有上帝"。
- 34%的人认为"他们相信有某种精神或生命力量"。
- 8%的人认为"他们不相信有任何一种精神、上帝或生命力量"。

7.3.2 文化

奥地利是一个联邦国家,它的九个联邦州中的每个州都拥有独特的文化。今天的奥地利本土文化可以追溯到公元前1050年左右的哈尔施塔特和拉特尼文化,然而,当奥地利成为神圣罗马帝国的一部分时,今天的奥地利文化才开始形成。1156年奥地利获得神圣罗马帝国的小特权,奥地利被提升为公国,这是奥地利发展中的重要一环。奥地利的文化在很大程度上受其过去和现在的邻国影响,如意大利、波兰、德国、匈牙利和波希米亚。

说起奥地利人,不太容易给他们下定义。实际上,奥地利人在欧洲各国脱颖而出的主要原因,是他们在各方面的中庸表现。奥地利人的态度和行为举止适度,在欧洲的十字路口,你能看到他们的文化受到了多方面的影响。但也有其他方面的印象,如奥地利人唱约德尔(奥地利民歌)的刻板形象,还有狂饮啤酒拍打大腿的动作,但这绝不是大多数奥地利人的形象。

大街上碰到的奥地利人基本都比较友好,但会有所保留,他们表现得正式、轻声细语、举止彬彬有礼而又传统稳重、重视家庭观念、循规蹈矩又有些偏袒自家人,内心信奉天主教,却又不那么虔诚,只是追随传统习惯而已。他们受过良好教育,即使不像他们身处欧洲其他地方的奥地利人那样见过世面,却也愤世嫉俗,并且充满了一种冷幽默。

奥地利人很大程度上喜欢用自己没有的东西来界定自我。游客经常将奥地利人归为德国人,这是错误的,尽管他们有共同的语言(至少在理论上如此),但事实并非如此。可以说,德国南部和巴伐利亚在许多方面都是奥地利的近亲,举个例子,莫扎特是奥地利人,或者说是萨尔茨堡人,而不是德国人。奥地利人很难定义自己的国家,他们受到来自德国的巨大影响,但实际上两者文化截然不同，尤其是与德国北部截然不同。在这个国家里，历史悠久的少数民族和个人文化很受重视，尽管这些文化也面临生存危机。事实上，对于许多奥地利人而言，文化冲突和身份认同复杂且难以理解，而每个人对这样的复杂性的认识和看法又各不相同，解决存异的最好方式就是回避，尝试享受这样的多样性，而不是随意下结论。

因此，许多奥地利人依据他们生活的区域和不同的州来认可自己的身份。例如，克恩顿州居民通常首先认为自己是卡林西亚人，然后才是奥地利人。所以与奥地利人第一次见面时问他们是哪里人，通常会成为开始谈话的第一个话题。

但是，奥地利人不喜欢表现民族身份的一个原因是由奥地利在第三帝国时期的历史造成的，尤其是在当时日益发展的奥地利法西斯运动中国家的象征被滥用，以及右派自由党留下的印象。正因如此，现在的奥地利是一个相对年轻和松散的联邦共和国，只有885万人。但是，芝加哥大学的"全美民意研究中心"将奥地利列为世界上第五大爱国的国家。尽管如此，奥地利人却不喜欢被称为狂热的爱国者。

大多数奥地利人喜欢享受美好的生活。他们会花费大量时间到一个舒适的环境里吃饭、喝酒，或是与朋友一起度过美好时光。老一代人会更加保守一些，他们不能容忍任何极端的行为举止，并且也不喜欢变革。但他们却享受着世界上最好的生活待遇，并希望能保持这种状态。

(1) 音乐

奥地利首都维也纳长期以来一直是音乐创作的中心。哈布斯堡王朝的统治吸引了十八世纪和十九世纪的许多著名作曲家，使维也纳成为欧洲古典音乐之都。沃尔夫冈·阿玛迪乌斯·莫扎特、路德维希·范·贝多芬和约翰·小施特劳斯等人都与这座城市有关。在巴洛克时期，斯拉夫和匈牙利的民间形式影响了奥地利音乐。从十六世纪开始，维也纳开始成为奥地利文化的中心，成为诸多乐器之都，也包括鲁特琴。

古典音乐：在18世纪古典音乐风靡欧洲，而维也纳更是音乐创作的一个特别重要的地方。三位作曲家的迅速崛起带来了不一样的创新，如贝多芬的交响曲、莫扎特在旋律和形式之间的平衡，以及海顿在弦乐四重奏和奏鸣曲上的发展。

维也纳国家歌剧院：维也纳国家歌剧院是世界上最重要的歌剧院之一，它拥有超过1 000名员工。每年维也纳国家歌剧院的年度运营预算约为1亿欧元，其中超过50%的资金来自国家的补贴。这个歌剧院也是维也纳歌剧院舞会的举办地，歌剧舞会于1936年首次举行，现在是圣灰星期三（复活节前的第七个星期三）之前的星期四晚上举行，目前已经接待了多达12 000名游客。在约翰·小施特劳斯传统的华尔兹圆舞曲中，180对舞者正式开启舞会的序曲，接下来所有的人都可以自由进入舞池。

奥地利民间舞蹈：奥地利民间舞蹈主要是舒普拉特勒舞、兰德勒舞、波尔卡舞和华尔兹舞，但也有一些其他类型的舞蹈。

（2）文学

奥地利文学可以分为两个主要部分，第一个时期是指二十世纪中叶之前，二十世纪中叶之后是其第二个时期，这个时候奥匈帝国和德意志帝国都已经灭亡了，奥地利也从一个欧洲大国变为一个小国。此外，还有一些文学作品被认为是奥地利人的作品，但不是用德语写的。

作为一个艺术之都，奥地利还被认为是一个伟大的诗人、作家和小说家的国度。著名的小说家有亚瑟·施尼茨勒、斯特凡·茨威格、托马斯·伯恩哈德和罗伯特·穆西尔，诗人有格奥尔格·特拉克、弗朗兹·维尔费尔、弗朗茨·格里帕泽、雷纳·玛丽亚·里尔克和阿道伯·史迪夫特。奥地利当代著名剧作家和小说家包括诺贝尔文学奖的获得者埃尔弗里德·耶利内克和彼得·汉德克。

（3）建筑

奥地利以其城堡、宫殿、公墓以及其他建筑作品而闻名。奥地利一些著名的城堡包括霍恩萨尔茨堡要塞城堡、霍亨维尔芬城堡、列支敦士登城堡和阿特斯特坦城堡。这其中的许多城堡是在哈布斯堡王朝统治期间建造的。

萨尔茨堡历史遗址在1996年被列为世界文化遗产，原因在于不论从中世纪到十九世纪还是从大主教统治的城邦国家开始，萨尔茨堡都设法保留了其非凡的城市建筑。

7-3　萨尔茨堡旧城区　　　　　7-4　梅尔克修道院

在2001年，该城市遗址再次确认进入非遗名录，评论说萨尔茨堡历史遗址

拥有许多建筑集合，包括巴洛克式的城堡和花园以及十九世纪后期的环形林荫大道和宏伟的建筑、古迹和公园。

大教堂：奥地利有着罗马天主教的悠久传统，其境内最古老的大教堂之一是维也纳的方济住院会教堂。它于1224年以哥特式风格建成，大教堂高136米（446英尺），长107米（351英尺），宽34米（111.5英尺），是世界上最高的大教堂之一，也是维也纳大主教的所在地。

宫殿：奥地利最著名的两个宫殿是美景宫和美泉宫。巴洛克风格的美景宫是由萨瓦尤金王子在1714年至1723年间建造的，现在是美景宫美术馆的所在地。美泉宫由约翰·伯恩哈德·菲舍尔·冯·埃拉赫于1696年为利奥波德一世皇帝建造；奥地利女皇玛丽亚·特蕾莎下令在洛可可风格的宫殿基础上进行重新翻修，1996年它被列入联合国的世界文化遗产名录中。

7-5　美景宫 a

7-6　美泉宫 b

7.3.3　教育

奥地利共和国实行九年制义务教育的公立学校制度，还提供一系列的职业技术教育和大学预科课程，一般为一到四年的时间，这些属于义务教育以外的内容。奥地利的初等和中等教育的法律基础是1962年颁布的《学校法》，由联邦教育部负责资助和监督九年制义务教育，自2000年以来高等教育也由联邦教育部负责监督，九年制义务教育由各州的相关行政职能部门进行统一管理。

联邦立法在教育体系中扮演着重要角色，而与教育有关的法律实际上具有宪法地位，因为像奥地利宪法一样，议会中必须以三分之二多数通过才能修改。

奥地利有关教育政策的辩论经常会针对传统教育体系的优缺点来进行讨论，如果大家观点不一，只能通过辩论会来达成一致。例如，双轨制中学的拥护者赞成以绩效为导向的理念，认为建立纯义务教育不应该以成绩标准的改变而降低标准；相反，双轨制的反对者则批评其僵化和缺乏教育平等的缺点。因此，在教育辩论中会出现两极分化的措辞，如表现和成绩、精英与大众教育、成就与机会均等。在高等教育方面，具有不同政治和教育政策观点的奥地利人都期望学生从一个大学系统中获得更多的知识，他们希望奥地利高等教育能像美国的州立大学系统和常春藤联盟一样为学生提供通识教育。

7.4 重要节日

奥地利的节假日数量众多，传统和起源各异，但总结起来都可以用欢乐的气氛和真诚的幸福来形容，这在各个城市的庆祝活动中都能感受到。

随着夏季的开始，多瑙河上的19个岛屿开始欢迎数百名参与者来参加多瑙河岛节。多瑙河岛节发生在每年的6月，仅持续4天，每年最多可接纳300名表演者，表演昼夜不停，使该节成为一场盛大的露天晚会，人们可以在这里吃饭、喝酒和跳舞。

如果您仅在7月下旬有机会去奥地利旅行，一定要参观从7月27日就开始的持续5周的萨尔茨堡音乐节。这个在莫扎特和施特劳斯出生地的节日可以追溯到十九世纪，最初是从萨尔茨堡音乐周开始的，并由维也纳爱乐乐团提供表演。如今，它已成为一种重要的文化传统，吸引了来自世界各地的音乐家。

每年7月底在维也纳还举行一次音乐节，这就是维也纳爵士音乐节。尽管有爵士乐的名字，可这里不仅有爵士乐大师，还有著名的布鲁斯音乐、流行乐，甚至有摇滚表演者前往奥地利来参加世界排名前三的爵士音乐节。

对于那些旅行前往奥地利寻求世俗假日的游客来说，最吸引大家的是著名的啤酒节。

位于塞博登的欧洲人体彩绘节是另一个每年吸引数万名游客与参与者的节日，它融艺术、娱乐、彩绘和庆祝活动为一体。大约40个国家和地区的代表齐聚这一丰富多彩的活动现场，可以说是一个真正的多元文化活动。

表7-1 奥地利重要的节假日

日期	名称
1月1日	元旦
1月6号	主显节
4月4日	复活节
4月5日	复活节星期一
5月1日	工人节或劳动节（五一劳动节）

续表

日期	名称
5月13日	耶稣升天节
5月24日	圣灵降临节或五旬节星期一
6月20日	基督圣体节
8月15日	圣母升天节
10月26日	国庆日
11月1日	万圣节
12月8日	圣母无原罪日
12月25日	圣诞节

7.5　风景名胜与历史古迹

奥地利不是一个很大的国家，当然也不太小。由于阿尔卑斯山及其多民族的居住史，它在自然美景和文化方面都显示出多样化特点。这里有令人惊叹的冰山岩洞、迷人的瀑布、生长着野生动植物的自然保护区、奇妙的建筑，奥地利似乎拥有许多奇妙的地方可供大家来探索。

7.5.1　自然景点

7-7　克里姆勒瀑布　　7-8　陶恩山国家公园　　7-9　瓦豪河谷

（1）克里姆勒瀑布

克里姆勒瀑布是奥地利的自然奇观之一，也是欧洲最长的瀑布，是一个非常受欢迎的度假胜地。它有着优雅迷人的自然风光，险峻的地形使登山的游客气喘吁吁，通过急流相连的三级落差瀑布高度为1 246英尺。最令人惊奇的是，瀑布向下冲击的水流速度可达20 000立方米/小时，高度达380米。沿着瀑布参观可走一条步行小路，门票为2欧元（6—15岁的儿童仅支付0.50欧元）。在阿尔卑斯的高山路上行驶时，还可以欣赏到一些其他的美景，这些新建的路上到处都是全景平台和停车场，从那里可以欣赏瀑布的美丽全景。

（2）陶恩山国家公园

陶恩山国家公园占地1 800平方千米，是奥地利最大的国家公园。公园分为三个区域：一个禁区，一个没有任何建筑的核心区域，这两个区域很难进入，另外还有一个外部区域可供游客驻足。该地区的山脉是奥地利最高的山脉，如大格洛克纳山和大格洛克纳峰。广阔的山景和茂密的植被使这里成为世界上风景最美的地方之一。

（3）瓦豪河谷

瓦豪河谷位于克雷姆斯和梅尔克之间，是该国游客最喜欢的景点之一。在众多地标中，杜伦斯坦小镇是最著名的地标之一，也是里奥波德五世捕获狮心王理查德的地方。这个山谷还以盛产葡萄酒和杏子而闻名。

7.5.2 历史古迹

（1）美泉宫

7－10　美泉宫 c

维也纳的美泉宫曾是哈布斯堡皇室家族的避暑别墅，是一个典型的巴洛克式建筑。辉煌的建筑和洛可可式的陈设使其获得维也纳首都最重要的文化古迹称号。宫殿和花园代表着君主的品位和宏伟理想，宫殿周围有着欧洲最大的温室酒店艾森斯塔特、御车陈列馆以及世界上最古老的动物园——美泉动物园。

（2）萨尔茨堡

萨尔茨堡之所以家喻户晓是因为这里是莫扎特的出生地。除他的故居外，其他有名的景点还有萨尔茨堡大教堂和圣彼得墓地。萨尔茨堡的旧城区以其巴洛克式建筑和各种旅游胜地而闻名,在老城区上面高高矗立的是高地萨尔茨堡城堡。

7-11 萨尔茨堡旧城区 　　　　　7-12 萨尔茨堡

(3) 因斯布鲁克

因斯布鲁克是蒂罗尔州的首府,被全世界公认为冬季运动的活动中心,深受滑雪爱好者的欢迎。当然,它也是奥地利的主要旅游景点之一,这里的景点有阿姆布拉斯宫和蒂洛尔民间艺术博物馆。

7.6 名　　人

表7-2 奥地利著名人物

 弗朗兹·约瑟夫·海顿	 沃尔夫冈·莫扎特	 弗朗茨·舒伯特	 古斯塔夫·克里姆特

102

续表

 西格蒙德·弗洛伊德	 路德维格·维特根斯坦	 弗里登斯赖希·洪德特瓦瑟尔	 玛丽亚·特蕾莎
 赫尔曼·布罗赫	 阿诺德·勋伯格	 阿诺德·施瓦辛格	 丹尼尔·施华洛世奇

- 弗朗茨·约瑟夫·海顿（1732—1809）：被誉为"交响乐与弦乐之父"。
- 沃尔夫冈·莫扎特（1756—1791）：有史以来最著名的作曲家。
- 弗朗茨·舒伯特（1797—1828）：天才音乐家。
- 古斯塔夫·克里姆特（1862—1918）：奥地利象征主义画家。
- 西格蒙德·弗洛伊德（1856—1939）：奥地利精神科医生，被称为精神分析之父。
- 路德维格·维特根斯坦（1889—1951）：哲学家，为奥地利哲学做出了巨大贡献，特别是在逻辑和语言哲学领域。
- 弗里登斯赖希·洪德特瓦瑟尔（1928—2000）：二十世纪奥地利画家和雕塑家。
- 玛丽亚·特蕾莎（1717—1780）：波希米亚和匈牙利女王，她的父亲查理六世赋予她继承奥地利王位的权利。
- 赫尔曼·布洛克（1886—1951）：现代主义文学的主要代表作家之一。
- 阿诺德·勋伯格（1874—1951）：作曲家，现代音乐的革新者，创造了序列音乐（十二音系统）。

- 阿诺·施瓦辛格（1947—）：绰号叫"奥地利橡树"，从1970年至1975年，他每年都获得"环球健美先生"及"奥林匹克先生"称号。
- 丹尼尔·施华洛世奇（1862—1956）：世界著名的施华洛世奇水晶公司的创始人。

7.7 传统美食

奥地利美食指的是一种奥地利当地风味的食品，不仅受到前奥匈帝国的影响，还具有意大利、匈牙利、德国和巴尔干等地区的特点，当这些风格融合后又反过来影响整个奥地利饮食。

例如，著名的维也纳式炸肉排被认为起源于十六世纪的米兰，从那里被带到维也纳，并在整个哈布斯堡王朝流行开来。

7-13 维也纳炸肉排

7-14 酵母饺子（甜点）

7.7.1 用餐时间

奥地利的早餐属于"欧陆式"早餐的风格，通常包括面包卷、果酱、冷肉和奶酪，以及咖啡、茶或果汁。传统上，正午饭是一天中的主要餐点，但在现代，奥地利人离家工作时间越来越长，也就不可能在中午花费时间享受美食，主餐时间也就移到了晚上。

在一片面包上涂上奶酪或火腿成为上午或下午享用的一种零食，或称为"小吃"（Jause），还有一种类似于英国"农夫午餐"的更为实惠的小吃被称为什锦冷盘，是放在传统的木板上供人们享用的。

维也纳流行菜肴：

- 牛肉汤：金黄色清亮的汤。

- 水煮牛肉：牛肉煮成汤，常与苹果和辣酱一起食用。
- 土豆烧牛肉：类似于匈牙利慢煮炖牛肉的一种火锅——奥地利的炖牛肉通常与面包卷、面包或饺子一起食用。
- 蔬菜炖肉：一种包含小牛肺和心脏的炖肉。
- 熏制熟肉：与德国泡菜和水饺一起食用。

7.7.2 甜食

（1）蛋糕

7-15　杏仁果酱馅巧克力蛋糕　　　7-16　林兹派

蛋糕和糕点是奥地利美食的特色之一，最有名的是杏仁果酱馅巧克力蛋糕，一种杏仁果酱馅的巧克力蛋糕，通常配着鲜奶油一起食用。林兹派也是奥地利历史最悠久的蛋糕之一，与之齐名的还有其他热门甜点，包括焦糖味的匈牙利千层蛋糕和精致的多层维也纳蛋糕（以费迪南·沃尔森-埃斯特拉齐少校的名字命名，这两种蛋糕均源自奥匈帝国时期的匈牙利），以及一些用新鲜水果和奶油制成的蛋糕。

（2）甜点

7-17　皇帝松饼　　　7-18　奥地利苹果卷

奥地利甜品通常比上述精致的蛋糕要简单一些，其中最有名的是苹果卷饼，一层薄薄的糕点皮围绕着一层苹果馅,里面是肉桂和葡萄干。其他果馅奶酪卷也很受欢迎,例如有称为软奶酪蛋糕的甜凝乳奶酪,以及酸樱桃馅、甜樱桃馅和罂粟籽馅的那些馅饼。

另一个最受欢迎的甜点是皇帝松饼,这是一种用葡萄干和其他水果制成的蓬松甜厚的薄煎饼,将其切成薄片,并配以水果蜜饯(传统上是由一种深紫色糖渍的李子制成),上面可以蘸酱。在著名城市萨尔茨堡,这里的特色甜点则是像酥皮一样的酥皮蛋糖霜。

7.7.3 咖啡

1683年维也纳战役后土耳其军队崩溃撤退,他们遗弃了几袋咖啡豆,奥地利人品尝后大加赞赏,之后奥地利开始将咖啡引入欧洲。尽管欧洲的第一批咖啡馆并不是出现在奥地利,但维也纳咖啡文化已成为一种城市身份的重要组成部分。

咖啡的供应方式多种多样,尤其是维也纳咖啡馆。奥地利摩卡或小浓咖啡与蒸汽加压煮出来的浓缩咖啡类似,但萃取的速度较慢。以下是摩卡的其他口味:

- 浓黑咖啡:双倍摩卡。
- 小杯棕咖啡或大杯棕咖啡:单倍或双倍牛奶的摩卡咖啡。
- 加长咖啡:加更多的水和牛奶将摩卡稀释的一种咖啡(稀释咖啡)。
- 盖咖啡:一半摩卡和一半的加热牛奶,通常上面加上泡沫牛奶。
- 弗朗西斯卡:米朗琪咖啡的上面加一层奶油,而不是泡沫牛奶。
- 卡布兹纳:小杯浓缩咖啡加上鲜奶油。

在奥地利,也会有意大利风格的花式咖啡,如卡布奇诺、意式浓缩咖啡和拿铁咖啡等。一起喝咖啡是奥地利文化中的一项重要社交活动,热情的奥地利人通常以邀请朋友或邻居来喝咖啡吃蛋糕而闻名。

奥地利文化讨论专题:

1. 对于许多奥地利人和外来者来说,文化冲突和身份认同复杂且难以理解的原因是什么?
2. 关于奥地利传统教育制度的辩论和改革的重点分别是什么?
3. 为什么维也纳被称为"音乐之都"?
4. 奥地利的地理环境对其经济发展有什么优势和劣势?
5. 维也纳最受欢迎的旅游景点是什么?

第 8 章 瑞　　士

瑞士是一个位于中欧中部的小国，与邻国有着悠久的历史和文化（在不同地区使用四种民族语言）。它北部毗邻德国，西邻法国，南部接壤意大利、奥地利和东部的列支敦士登公国。

瑞士正式名称是瑞士联邦，是一个由 26 个州组成的联邦共和国，伯尔尼是联邦政府当局的所在地。

瑞士是许多国际组织的所在地，如联合国、世界贸易组织、世界卫生组织、红十字国际委员会、欧洲核子研究组织和许多其他国际组织。

尽管接纳了许多国际组织，但瑞士本身却不是欧盟的成员，直到 2002 年它才成为联合国组织的成员。瑞士是欧洲理事会和欧洲自由贸易区的成员，尽管它不是联合国组织最初的成员，但它在许多国际组织（如 WNHCR、WHO、UIT、IMF 等）中却活跃了很多年。长期以来瑞士一直奉行中立的外交政策，尚未加入其他多国组织。

瑞士有许多湖泊位于两个山脉之间：一个是汝拉山（海拔超过 1 000 米/3 000 英尺），另一个是阿尔卑斯山（海拔超过 3 000 米/10 000 英尺）。

瑞士除了岩盐、水（电）和少量矿产资源外没有其他自然资源。该国的主要出口产品是机械、化学制品（包括医药品）、仪器和手表。其他收入则来自服务业（银行和保险）和旅游业（滑雪是一项全国性体育和旅游运动）以及一些电力输出。

8.1　地　　理

8.1.1　瑞士的面积

瑞士横跨阿尔卑斯山的南北两侧，面积为 41 285 平方千米（15 940 平方英里），有限的国土面积内涵盖了多种多样的景观和气候。瑞士人口约为 852 万，平均人口密度为每平方千米 190 人（492 人/平方英里），其南部多山地区的人口密度要高于北部地区。

8.1.2　地理

瑞士位于西欧的心脏地带，是一个多山的小国，覆盖阿尔卑斯山中部和阿尔卑斯山北部的一部分。该国约有 60% 的国土是高山，阿尔卑斯山位于它的中部和南部，其最高的山脉是杜富尔峰，海拔 4 634 米。瑞士拥有山脉、丘陵、河流和湖泊，尽管南北仅相距 220 千米，西与东距离为 350 千米，但它却拥有多样化的景观特色。汝拉山、高原和阿尔卑斯山构成了该国的三个主要地理区域。

8.1.3　气候

瑞士的气候是温带气候，但从山顶的冰川气候到瑞士南端非常宜人的近地中海气候，各地之间的差异可能很大。它的夏季有时温暖潮湿，有时伴有周期性降雨，因此非常适合发展牧场和放牧业。山区的冬天阳光和雪交替出现，而较低的地区在冬天往往烟雾缭绕。一种称为"焚风"的天气现象一年四季都有可能发生，即使在冬天也是如此，其特征是相对温暖的风会带来相对湿度较低的空气，主要从阿尔卑斯山的北部来，极有可能引发危险的雪崩。最干旱的天气出现在瓦莱州的南部山谷，一个生长着珍贵藏红花的地方，这里还适宜种植用来酿酒的葡萄。格劳宾登州的气候也较为干燥，天气略冷，但冬季有大量的降雪。最潮湿的天气出现在高阿尔卑斯山和提契诺州，那里阳光普照，不时伴有阵雨出现。瑞士的东部地区往往比西部地区要冷，山区的任何位置在一年中都有可能变得寒冷。这里全年都会有中等程度的降雨分布，但根据地区的不同，季节间会有很小的变化。秋季通常是最干旱的季节，但由于瑞士的天气状况每年变化很大，因此气候变得难以预测。

8.1.4 国旗和国徽

8-1 瑞士国旗　　　　8-2 瑞士国徽

瑞士国旗的组成：红色底色上有一枚白色的等臂十字架，长度比宽度多出1/6（1848年瑞士新联邦宪法正式确定）。

8.1.5 主要信息与数据

联邦总统：西莫内塔·索马鲁加（2020）。

建国时间：1291年8月1日。

总面积：41 285平方千米。

首都：伯尔尼。

人口：852万。

主要城市：苏黎世、日内瓦、巴塞尔、洛桑、卢塞恩、圣加仑、卢加诺、温特图尔、图恩。

货币：瑞士法郎（CHF）。

国际互联网域名：.ch。

国际电话区号：+41。

国歌：《瑞士诗篇》。

官方语言：德语、法语、意大利语、罗曼什语。

8.2　简　　史

自1848年通过《瑞士联邦宪法》以来，瑞士的国家性质一直没有什么太大的变化。现代瑞士的前身是十三世纪末建立的保护性联盟所形成的松散联邦，这个联盟持续了多个世纪。

8.2.1 早期历史

瑞士最早的人类历史痕迹可追溯到15万年前，在盖赫林根发现了瑞士最古老的农业聚居地，出现在公元前5300年。

奥古斯塔·劳里卡形成于公元前44年，是莱茵河上的第一个罗马人的定居点，如今已成为瑞士最重要的考古遗址。该地区最早的文化部落是哈尔施塔特和拉泰讷文化，以纳沙泰尔湖北侧的拉泰讷考古遗址命名。拉泰讷文化从公元前约450年的铁器时代晚期发展起来，这可能是受到希腊和伊特鲁里亚文明的影响。赫尔维蒂是瑞士地区最重要的部落群体之一，但公元前58年在比布拉克特战役中，恺撒的军队击败了赫尔维蒂人。公元前15年，后来的第二任罗马皇帝的提比略和他的兄弟德鲁苏斯征服了阿尔卑斯山，将这一地区纳入罗马帝国的疆域中。赫尔维蒂人所占领的地区（后来称为赫尔维蒂联邦）首先成为罗马的比利时高卢行省一部分，然后成为日耳曼行省的一部分，而现代瑞士的东部地区则被并入了罗马的雷蒂亚行省。

在中世纪早期大约四世纪初的时候，现代瑞士的西部是勃艮第国王领土的一部分。阿勒曼尼亚人在五世纪定居瑞士高原，在八世纪来到阿尔卑斯山的山谷。因此，现代瑞士被划分为阿勒曼尼亚王国和勃艮第王国两个部分。504年，克洛维斯一世在托比亚克击败阿勒曼尼亚人，后来勃艮第人被法兰克人统治之后，整个地区成为六世纪不断扩大的法兰克帝国的一部分。

在六至八世纪的其余时间里，瑞士地区继续处在法兰克帝国的霸权统治之下（梅洛芬王朝和加洛林王朝）。但是，法兰克帝国在查理曼大帝扩张后，在843年被《凡尔登条约》所分割。现在的瑞士领土当时被划分为中弗兰肯和东弗兰肯，直到1000年左右才在神圣罗马帝国的扩张中被统一。

到十三世纪，瑞士的高原地区已由萨沃伊、萨林格、哈布斯堡和基堡四大家族所占据。某些地区（如乌里、施维茨、下瓦尔登和后来被称为瓦尔德施泰滕的地区）被赋予帝制权，以保证帝国对高山入口地区的直接控制。1264年哈布斯堡王朝灭亡时，鲁道夫一世国王（1273年加冕为神圣罗马皇帝）已将领土扩展到了瑞士的东部高原地区。

8.2.2 旧瑞士联邦

旧瑞士联邦是阿尔卑斯山中部社会团体之间的联盟。邦联促进了它们对共同利益的管理（如自由贸易），并确保了重要山区之间贸易路线的和平。1291年，乌里、施维茨和下瓦尔登三个城邦性质的州签署了《联邦宪章》，这被视为是同盟国之间的联盟基础，虽然几十年前就存在类似的同盟，但并非正式条约。

到1353年，三个原始州与格拉鲁斯州、楚格州，以及卢塞恩州、苏黎世州和伯尔尼州合并，形成了八个州的"旧邦联"，这一格局一直延续到十五世纪末。扩张导致联邦权力和财富的增加，从1460年起同盟国开始控制莱茵河以南和以西的大部分地区，直至阿尔卑斯山和汝拉山脉。1470年，瑞士战胜了勃艮第的查理公爵以及瑞士雇佣军之后，又在1499年的斯瓦比亚战争中击败了马克西米利安一世国王，标志着瑞士在神圣罗马帝国统治下开始独立。

在这些较早的战争中，旧瑞士联邦赢得了无数的声誉，由于在马里尼亚诺战役中的失败，瑞士联邦的扩张在1515年遭受了挫折，这也标志着瑞士历史上所谓的"英雄时代"的结束。宗教改革家茨温利推行的宗教改革在某些州获得成功，但也导致1529年和1531年州际宗教冲突的卡佩尔战争。这些内部战争持续了一百多年，直到1648年在《威斯特伐利亚条约》下，欧洲国家才承认瑞士脱离了神圣罗马帝国后的中立地位。

到了十七世纪早期欧洲爆发了三十年战争，瑞士各贵族阶级对极权主义的争斗日益加剧，加上三十年战争引起的金融危机，导致了1653年的瑞士农民战争。战争的背景依然是天主教徒与新教徒之间的冲突，这也引发了1656年和1712年的维尔默根战役，暴力冲突进一步加剧。

8.2.3 拿破仑时代

1798年法国革命政府征服了瑞士，并颁布了新的宪法，成立了一个统一的集权政府，并有效地结束了瑞士各州的分离以及米尔豪森和瓦尔泰利纳河谷的分裂状态。新政权被称为赫尔维蒂共和国，由于这是一个由外国侵略军建立的国家，摧毁了当地数百年来的传统，使瑞士成为法国的附属国，因此它并不受欢迎。法国在1798年9月对尼瓦尔登起义的猛烈镇压，就是当地人民反抗法国军队压迫的一个很典型的例子。

1815年，维也纳会议重新恢复了瑞士的独立，欧洲诸多强国也承认了瑞士永久性的中立地位。一直到1860年加埃塔保卫战结束之前瑞士军队一直都在为国外许多政府提供服务。维也纳会议还允许瑞士扩大其领土，将瓦莱州、纳沙泰尔州和日内瓦州划归其领土内。此后，瑞士的边界再没有改变。

8.2.4 联邦州

之后的瑞士恢复了贵族的一些权力，但这也只是暂时的。在经历了一段时间的动荡和暴力冲突（如1839年的苏黎世）之后，因一些天主教统治的州试图建立一个独立的同盟，瑞士于1847年爆发了内战。战争持续了不到一个月的时间，造成约100人的小伤亡，其中大部分还是友军的误射造成的。尽管与十九世纪的其他欧洲动乱和战争相比，这场宗教战争似乎是微不足道的，但它对瑞士国家和国民的心理和社会都产生了重大影响。

战争使所有瑞士人都明白了他们需要欧洲邻居的团结和力量。无论是天主教徒、新教徒还是自由派或保守派人士，来自社会各个阶层的瑞士人民都意识到，如果将其经济和宗教利益合并起来，各州将受益匪浅。

因此，尽管欧洲其他地区都受到革命起义的困扰，但瑞士人制定了一部实用的宪法，规定了联邦体系的布局，其中很大一部分是受美国国家制度的启发。该宪法规定了国家权力的集中，并给各州在地方问题上很大的自治权。在那些行政区权力支持者的努力下，国民议会分为上议院（瑞士联邦院，每个州2名代表）和下议院（瑞士国民院，代表由全国各地选举产生），而且规定对本宪法的任何修正都必须进行公民投票。

瑞士在1850年引入了统一的度量衡体系，瑞士法郎成为瑞士的单一货币。《宪法》第11条规定瑞士禁止派遣士兵出国服役，尽管如此瑞士卫队仍然在1860年加埃塔保卫战期间向意大利两西西里的统治者弗朗西斯二世履行了自己的职责，这也标志着瑞士对外军事行动的结束。

人口的增加和随之而来的工业革命使人们呼吁对宪法进行相应的修改，早期的草案在1872年就被民众反对，直到1874年修改宪法才为国民所接受。新的宪法加入了联邦层面的公投权，还确立了联邦政府对国防、贸易和法律事务等领域的责任。

1891年，宪法再次被修改，加入了不同以往的直接民主制，直到今天该宪法依然适用。

8.2.5 现代史

两次世界大战瑞士均未遭到入侵。第一次世界大战时期，瑞士曾经是弗拉基米尔·伊利奇·乌里扬诺夫（列宁）的第二故乡，他在瑞士的流亡生活一直持续到1917年。在1917年，格林姆－霍夫曼事件使得瑞士的中立性遭到质疑，但这只是短暂的,瑞士的中立地位并未受到影响。1920年,瑞士加入了以日内瓦为总部的国际联盟,瑞士无须满足任何军事要求。

第二次世界大战期间,德国人制定了详细的入侵计划,但瑞士并未受到攻击并得以保持独立的状态,这归功于其军事威慑、对德国的妥协和其他一些偶然因素,以及国内在战争期间发生的一些重大事件,最终德国人没有入侵瑞士领土。在亨利·吉桑将军的领导下,瑞士进行了大规模的民兵动员,其军事战略已从保护边境经济中心的消极防御战略,变为有组织的与冲突国进行长期的消耗战略,瑞士军队有效地撤军到阿尔卑斯山高处储备充足的圣卢西亚大本营。瑞士是冲突双方间谍活动的重要基地,并且经常是轴心国和同盟国之间进行信息沟通的地方。

但是瑞士的贸易同时也受到盟国和轴心国的阻碍,瑞士会根据战争的可能性以及其他可利用的贸易伙伴,采取不同的经济合作方式和调整对第三帝国的信贷政策。1942年,由于穿越维希法国的一条重要铁路线被切断,瑞士完全被轴心国包围,不得不做出一些妥协。在战争过程中,瑞士收留了30万难民,设在日内瓦的国际红十字会也在战争中发挥了重要作用。

在1959年,瑞士出现了第一个赋予妇女选举权的州,1971年后妇女在更多的联邦州取得选举权。1990年经过抗议行动后,妇女在最后一个内阿彭策尔州也获得了投票权。在国家选举权普及后,妇女的政治地位迅速提高,联邦委员会七名成员中的第一位女性是伊丽莎白·科普,她于1984年至1989年就职,第一位女性总统是露特·德莱富斯,于1999年就职。

瑞士于1963年加入欧洲委员会。1979年,伯尔尼州的一些地区要求摆脱伯尔尼人管理而成为独立的州,进而形成了新的汝拉州。1999年4月18日,瑞士完全修订其原本的联邦宪法,得到了各州的赞成。

2002年瑞士成为联合国的正式成员,梵蒂冈则成为最后一个非联合国正式成员的公认国家。瑞士是欧洲自由贸易区的创始成员,但并不是欧洲经济区的成员。1992年5月瑞士提出了加入欧盟的申请,但在1992年12月被欧盟拒绝,当时的瑞士是唯一发起欧洲经济区公投的国家,因而瑞士的申请并未通过。从那以后,瑞士就加入欧盟问题进行了几次全民投票,但由于国民的不同反应,该成员资格申请已停止。尽管如此,瑞士法律正在逐步调整以形成符合欧盟的法律,瑞士政府也已与欧盟签署了许多双边协议。从1995年奥地利加入欧盟以来,瑞士和列支敦士登就已经完全被欧盟国家所包围。2005年6月5日,瑞士选民以55%的多数同意加入了申根条约,这一结果被欧盟评论员认为是瑞士一直以来作为中立的独立国家不愿加入其他机构的态度改变。

8.3　宗教、文化和教育

8.3.1　宗教

8-3　苏黎世教堂 　　　　　　8-4　归正会教堂

尽管所有州（日内瓦和纳沙泰尔除外）都认可官方教堂，但瑞士并没有全国性的宗教，包括天主教教堂和瑞士归正教堂。除此以外，在瑞士的某些州还有一些旧天主教堂和犹太教堂，教会经费来自其信徒的教会税。

基督教是瑞士的主要宗教（占全部常住人口的82%），占总人口11%的人没有宗教信仰，最大的少数民族宗教是伊斯兰教（占全部常住人口的3%）。

（1）人口统计

两个主要的宗教是罗马天主教（占人口的42%）和瑞士归正教（占35%）。从历史上看，该国在天主教和新教之间一直能保持平衡，较大的城市（如伯尔尼、苏黎世、巴塞尔、日内瓦）传统上是新教徒聚居地，而瑞士中部和提契诺州则是天主教盛行的地区。

移民给瑞士带来了伊斯兰教（从1970年的0.26%到现在的3%）和东正教（1.8%），这两个宗教成为较大的少数民族宗教信仰。其他少数民族宗教还包括各种新教教派（总计1.9%）、新使徒教会（0.45%）、印度教（0.38%）、佛教（0.29%）、犹太教（0.25%）、耶和华见证会（0.23%）和旧天主教徒教会

(0.18%)，其他宗教占 0.31%。

关于个人信仰，2005 年欧盟民意调查机构主持的欧洲晴雨表民意调查发现，有 48% 的瑞士公民表示相信"有神"的存在，39% 的人表示相信"某种精神或生命的力量"，而 9% 的人回答说他们不相信"有任何一种精神，上帝或生命力量"。

（2）立法

在现代瑞士人的印象中，1848 年的瑞士宪法解决了天主教徒和新教徒之间的冲突，它制定了一个联合国家，倡导天主教徒和新教徒和平共处。

1874 年，修订后的《瑞士宪法》取消了在十四世纪至十八世纪之间对瑞士犹太人的定居限制。在之前的 1848 年和 1973 年之间，瑞士宪法禁止耶稣教徒从事任何传教活动，其原因是当时天主教和新教各州之间在 1847 年爆发内战，但耶稣教徒则提倡通过传统的天主教来稳定国家的政局。

2009 年 11 月，57.5% 的瑞士选民（54% 的投票率）通过了一项广受欢迎的提案——禁止在瑞士清真寺修建宣礼塔，但在苏黎世、日内瓦、温特图尔和旺根贝奥尔滕的清真寺中，现有的四个宣礼塔则不受禁令的影响。

8.3.2 文化

瑞士有着悠久的联邦制和民主传统，这有助于维持其多元文化和多语言的特征。瑞士的官方语言是德语，说德语的人占总人口的 2/3（在多种方言中统称为瑞士德语）、法语约占 20%、意大利语占 8%、罗马尼亚语占不到 1%。

作为欧洲三种主要语言的所在地，瑞士文化是多样性的，这在其广泛的传统习俗中也能反映出来。一个地区可能在某种程度上与有着相同语言的邻国在文化上会有密切的联系，更不要说瑞士本身就成长于中西欧文化中。在瑞士东部，语言上孤立的罗曼什文化是一个例外，它仅出现在莱茵河上游山谷和一些小客栈中，努力保持其罕见的语言传统不受主流文化的影响。

瑞士是文学、艺术、建筑、音乐和科学领域众多杰出者的故乡。在欧洲动乱或战争时期，该国吸引了许多有创造力的人。瑞士全国分布着约 1 000 家博物馆；自 1950 年以来，这一数字已增长了两倍多。每年最重要的文化节包括洛迦诺国际电影节和蒙特勒爵士音乐节。

象征主义在塑造该国的历史和其民族身份方面发挥了至关重要的作用。如今，许多山区在冬季依然盛行体能消耗较大的滑雪文化，而在夏季则是徒步旅游文化。某些地区在一年中的某个时节适合旅游和休闲，但到了春季和秋季则会比较安静，这时的游客较少，大部分游客是瑞士本国人。在许多地区，传统的农民和牧民文化占主导地位，小农场在城市之外无处不在。民间艺术在全国各地有许多组织，发挥了活跃文化生活的作用，主要表现在音乐、舞蹈、诗歌、木雕和刺绣中。代表性传统乐器是阿尔卑斯号角，这是一种类似木头的小号乐器，与约德尔唱法一样闻名，而手风琴则是传统瑞士音乐的缩影。

8.3.3 瑞士教育

瑞士的教育非常多样化，因为瑞士的宪法将教育制度的权力下放给各州。瑞士的教育包括公立和私立学校，其中还有许多私立国际学校。在所有州中，小学的最低入学年龄大约为6岁，但是大多数州从4到5岁就开设了免费的"儿童学校"。该小学一直持续到四年级或五年级，具体取决于每个学校。尽管最近英语在一些州被引入小学课程中，但传统上学校最早教授的外语却是这个国家较为实用的一种语言。在小学结束时（或初中开始），学生会根据自己的语言能力被分为几个（通常三个）级别。学习进度最快的学习者将在高级课程中学习，为进一步的学习和高中会考做好准备，而接受知识慢的学生则可以接受更适合他们需要的教育。

8-5 苏黎世联邦理工学院

8-6 伯尔尼大学

瑞士有12所大学，其中10所是州立，主要是一系列非技术学科。瑞士的第一所大学于1460年在巴塞尔成立（设有医学院），设有化学和医学研究等传统学科。瑞士最大的大学是苏黎世大学，有近25 000名学生。联邦政府资助的两个机构分别是位于苏黎世的苏黎世联邦理工学院（成立于1855年）和洛桑的瑞士洛桑联邦理工学院（成立于1969年，原先只是一所与洛桑大学有合作的研究所），它们在国际上都享有很高的声誉。2008年苏黎世联邦理工学院在世界大学的上海学术排名中在自然科学和数学领域排名第15位，洛桑联邦理工学院在该大学的工程技术和计算机科学领域排名第18位。此外，还有各种应用型科学大学，比如在商业和管理研究方面，圣加仑大学（HSG）和国际管理发展研究所（IMD）都是佼佼者。瑞士的高等教育中外国留学生比例排名全世界第二，仅次于澳大利亚。

瑞士科学家获得了许多诺贝尔奖，例如，物理学领域举世闻名的物理学家爱因斯坦在伯尔尼工作时发展了相对论。另外，弗拉基米尔·普雷洛格、海因里希·罗勒、理查德·恩斯特、埃德蒙·菲舍尔、罗尔夫·辛克纳吉和库尔特·维特里希都获得过诺贝尔奖，还有113名诺贝尔奖获得者与瑞士有关，诺贝尔和平奖9次授予了瑞士的组织机构。

8.4 重要节日

瑞士联邦同时毗邻德国、法国和意大利等国家，因此有许多节假日都与这些国家相似。

贝希托尔德节：1月2日，是用来纪念十二世纪创立瑞士伯尔尼国会大厦的贝希特五世公爵。据传说，在一次狩猎中他宣称，将以他杀死的第一只动物也就是熊来命名该城市，而德语中"熊"就是伯尔尼。

独立日：8月1日，是为了庆祝1291年成立的永久联盟，这也是形成瑞士联邦的基础，因此也称为邦联日或国庆日。

柳条人节：2月的第一个星期日，庆祝冬季的结束，用燃烧着的稻草人象征着"冬天老人"的离开。

五月前夕：4月30日，参见"五一劳动节"和"沃尔普吉斯之夜"。

格拉鲁斯节：4月的第一个星期四，为纪念1388年4月9日战胜奥地利人而设立的节日。

除了许多国家法定节假日之外，瑞士还设有宗教节日和地方节日。下表列出了最大的城镇中的所有国家节假日、宗教节日和一些当地假日。

8-7 巴塞尔狂欢节

表 8-1 瑞士节假日

日 期	德语名称	中文名称	注 释
1月1日	Neujahrstag	元旦	
1月2日	Berchtoldstag	贝希托尔德节	
2月末	Morgenstraich	狂欢节	巴塞尔：传统狂欢节
每年不同	Karfreitag	耶稣受难日	耶稣去世的日期
每年不同	Ostern	复活节	耶稣的复活
每年不同	Ostermontag	复活节星期一	
4月的第三个星期一	Sechseläuten	迎春节	苏黎世：通过燃烧象征性的雪人假人驱赶冬季的离去，是传统的庆祝活动
5月1日	Tag der Arbeit	劳动节	
每年不同	Auffahrt	耶稣升天节	耶稣升天
每年不同	Pfingstsonntag	圣灵降临节周天	
每年不同	Pfingstmontag	圣灵降临节周一	圣灵降临节后第一个星期一
4月	Fronleichnam	科珀斯克里斯蒂节	仅在天主教徒为主的州庆祝
8月1日	Nationalfeiertag	法定假日	1291年8月1日被宣布为瑞士的国庆日
9月第2周末	Knabenschiessen	射击节	苏黎世：传统射击比赛，面向13至17岁的男孩——从1995年开始也包括女孩
11月1日	Allerheiligen	万圣节	仅在以天主教为主的州庆祝
11月第4周一	Zibelimärit	伯尔尼洋葱节	伯尔尼传统的集市
12月25日	Weihnachten	圣诞	
12月26日	Stephanstag	斯蒂芬节	
12月31日	Silvester	除夕	

注：复活节和圣灵降临节周天的日期取决于月相。瑞士议会将复活节定义为春天开始后的第一个满月之后的第一个星期日。卡尔·弗里德里希·高斯找到了一个公式来计算复活节的日期（复活节公式）。

8.5 风景名胜与历史古迹

瑞士有阿尔卑斯山明珠的美称,被誉为欧洲大陆上最令人陶醉的旅游地区之一。作为一个旅游胜地,瑞士到处都是游览的好地方,可以说遍布各个主要城市。

8.5.1 风景名胜区

尽管你愿意不厌其烦地探索白雪皑皑的阿尔卑斯山,但你会发现瑞士其他地方同样出色。在阿尔卑斯山光彩夺目的"山角"中,有许多灵巧而优雅的城市,个性化并充斥着田园风光的村庄比比皆是,它们依偎在湖泊和河流旁,有时隐约可见倒影其中的阿尔卑斯山的身影。

布鲁嫩	卢塞恩	因特拉肯
蒙特勒	采尔马特	圣莫里茨
少女峰	卢加诺	施皮茨

8-8 瑞士风景名胜

8.5.2 历史古迹

日内瓦是该国享誉世界的城市之一,有着真正的国际化文化。该市的一些主要旅游景点包括:
- 国际红十字与红新月博物馆;
- 圣皮埃尔大教堂;
- 小卡鲁日;
- 现代艺术博物馆;
- 鲍尔收藏馆。

苏黎世是传统主义和城市现代性的最佳融合的典型代表,并以其无污染且风景优美的氛围而闻名。旅行者需要来到这个城市才能体验这里的一些重要景点:
- 圣母教堂;
- 艺术博物馆;
- 大教堂;
- 苏黎世的瑞士国家博物馆;
- 温特图尔的瑞士科学中心。

瑞士联邦首都伯尔尼是该国政治中心,著名景点包括:
- 联邦大厦;
- 伯尔尼历史博物馆;
- 圣文森特;
- 爱因斯坦博物馆。

巴塞尔是一个神秘莫测的自然之都,却拥有一些历史悠久的名胜古迹,让没有去过的人们对巴塞尔的旅行充满了期待。巴塞尔的著名景点有:
- 巴塞尔市政厅;
- 中桥;
- 敏斯特教堂;
- 观光轮渡;
- 中世纪城门。

8.6 名　　人

下面列出了一些享誉世界的著名瑞士人，当然列表并非完整，因为每个人心中都有一个不同的标准。

表8–2　瑞士名人

尼古拉斯·德鲁夫	莱昂哈德·欧拉	丹尼尔·伯努利	约翰娜·斯皮里
亨利·杜南	奥古斯特·皮卡德	让·廷格利	厄休拉·安德雷斯
汉斯·鲁道夫·吉格尔	马里奥·博塔	彼得·索伯	克劳德·尼科利尔
罗杰·查林斯基	贝特兰德·皮卡德	埃内斯托·贝尔塔雷利	罗杰·费德勒

- 尼古拉斯·德鲁夫（1417—1487）：外交官，天主教圣人，以其统一瑞士和防止内战的智慧和成就而获得荣誉。
- 莱昂哈德·欧拉（1707—1783）：数学家，数字 e = 2.71828183……（"欧拉数"，自然对数的底数）就以他的名字命名。
- 丹尼尔·伯努利（1700—1782）：数学家，发现伯努利方程。
- 约翰娜·斯皮里（1827—1901）：《海蒂》的作者。
- 亨利·杜南（1828—1910）：人文主义者，日内瓦红十字会委员会的联合创始人，1901年获得诺贝尔和平奖。
- 奥古斯特·皮卡德（1884—1962）：科学家和探险家，于1932年首次进入平流层，达到16 201米的高度。
- 让·廷格利（1925—1991）：著名雕刻家及实验艺术家，以机械式动态雕刻著称。
- 厄休拉·安德雷斯（1936—）：瑞士女演员，第一个"邦德女郎"。
- 汉斯·鲁道夫·吉格尔（1940—）：艺术家、雕塑家和超现实主义者；奥斯卡奖杯的设计师，曾为电影《外星人》布景。
- 马里奥·博塔（1943—）：全球公认的优秀建筑师。
- 彼得·索伯（1943—）：一级方程式（F1）赛车队宝马-索伯F1车队的创始人、前负责人和拥有者。
- 克劳德·尼科利尔（1944—）：首位也是唯一的一位瑞士宇航员。
- 罗杰·查林斯基（1945—）：媒体界的先驱，瑞士第一个私人广播电台的创始人。
- 贝特兰德·皮卡德（1958—）：科学家和探险家，出生于洛桑，首批乘坐不停飞、不加油气球环游地球的气球爱好者。
- 埃内斯托·贝尔塔雷利（1965—）：他带领的阿林吉帆船队赢得了第31届美洲杯冠军，并在152年中创造欧洲首次夺冠的历史。
- 罗杰·费德勒（1981—）：大满贯网球世界冠军，出生于巴塞尔。

8.7 传 统 美 食

瑞士的美食种类繁多且具有时令性，在法国、德国或意大利及其美食的影响下，大多数城镇有自己的特色菜。尽管在全国各地都有奶酪火锅、干酪和瑞士奶酪这些菜肴，但每个地区都根据气候和语言的不同发展自己的特色美食。

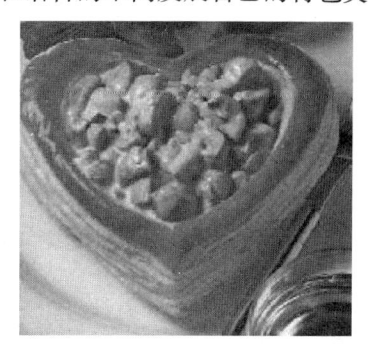

8-9　奶酪火锅　　　　　　　8-10　遇见馅饼

传统上，瑞士火锅是瑞士阿尔卑斯地区的奶酪火锅，是两到三种奶酪的混合物，在锅中与白葡萄酒或苹果酒融化在一起（因地区不同而不同），然后用小块面包蘸着融化的奶酪汁吃。

另一道菜是烤奶酪，也是以融化的奶酪为基础的。传统上，将一大块圆形奶酪放在明火上，然后刮下融化的那一层。可以将这种融化的奶酪与土豆、面包和其他佐餐一起食用。

瑞士的其他传统食品包括烤土豆条、两面炸碎的土豆泥，可制成煎饼或小蛋糕、麦片、核桃馅饼和各种形式的巧克力。

瑞士葡萄酒主要在瓦莱州、沃州、日内瓦和提契诺州生产，以白葡萄酒为主。自罗马时代起，瑞士就开始种植葡萄园，分布最广的品种是莎斯拉（一种制造白葡萄酒的葡萄），在瓦莱州称为芬丹和黑皮诺，梅洛是提契诺州生产的主要品种。

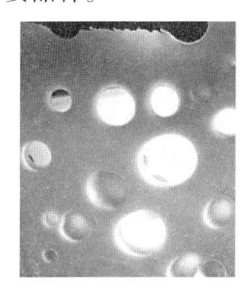

8-11　瑞士奶酪　　　　8-12　巧克力蛋糕　　　　8-13　多种巧克力

123

8.7.1 奶酪

瑞士奶酪主要由牛奶制成，除非另有说明。由于牛奶中用的巴氏消毒法常常令人担忧，而且瑞士的卫生法规不如欧盟法规严格，因而瑞士的一些奶酪仍以传统手工方式生产。

大多数奶酪是在山谷地区制成的。著名的瑞士奶酪包括格鲁耶尔、瑞士多孔干酪、僧侣头奶酪、斯勃里恩兹奶酪、瓦什寒奶酪和阿彭策勒奶酪。

8.7.2 巧克力

巧克力是瑞士的另一种食品习俗，许多人认为瑞士巧克力是世界上最好的巧克力。巧克力从十八世纪开始就在瑞士生产，但由于十九世纪末巧克力精炼和回火等现代技术的发明，瑞士巧克力获得了很高的声誉，巧克力的生产也达到极高的质量。还有一个来自丹尼尔·彼得的创新，他在1875年发明了牛奶巧克力，最有名的品牌有雀巢、莲林德和苏查德。

瑞士文化讨论专题：

1. 何种传统和历史可以让瑞士在政治和军事上保持中立？

2. 到目前为止，瑞士还不是欧盟成员，为什么加入欧盟成为瑞士国内一个悬而未决的问题之一？

3. 瑞士四种官方语言的成因是什么？

4. 为什么瑞士的教育呈现多样化？在处理不同学习能力的教育方向上，瑞士采取了什么样的政策？

5. 瑞士人享有直接民主制，尽管经常被评论为速度慢、效率低下，但为什么瑞士没有任何党派想要改变它？瑞士直接民主制的优缺点是什么？

第9章 瑞　　典

瑞典，官方名称为瑞典王国，位于斯堪的纳维亚半岛。现今的瑞典实行君主立宪制和议会制，内阁受议会委托管理国家并对议会负责，属于经济高度发达的国家，首都为斯德哥尔摩。瑞典在《经济学人》评选的民主指数中排名世界第一，在联合国人类发展指数中排名第七。1995年1月1日瑞典加入欧洲联盟，并且是经合组织的成员。

9.1　地　　理

9.1.1　瑞典的面积

瑞典是世界第55大国家，欧洲第5大国家，欧盟第3大国家和北欧最大的国家，总面积约为449 964平方千米（173 732平方英里）：土地面积410 934平方千米（158 663平方英里）；水域面积39 030平方千米（15 070平方英里），包括大约96 000个湖泊。从北到南的最大长度为1 574千米（978英里），从东到西的最大宽度为499千米（310英里）。总边界长度为5 423千米（3 370英里），其中3 218千米（2 000英里）是海岸线。瑞典在波罗的海上还有一些岛屿，其中最大的两个是哥特兰岛和厄兰岛。瑞典的首都斯德哥尔摩则位于波罗的海的东南海岸线上。

该国分为两个主要地理区域：北部为诺尔兰高原，约占该国国土的三分之二，特点是多山（除了沿着波的尼亚湾的一条狭窄的低地带以外都是山区）；南部为斯韦阿兰和哥得兰岛，地势低洼，瑞典的大部分人口居住在此。瑞典约有65%的土地被森林覆盖，可耕种地不到10%。

9.1.2 位置和气候

瑞典位于北欧波罗的海和波的尼亚湾的西部，形成斯堪的纳维亚半岛的东部区域。瑞典的西部与挪威接壤，东北部与芬兰接壤，南部与丹麦、德国和波兰相邻，东部与爱沙尼亚、拉脱维亚、立陶宛和俄罗斯相邻。瑞典还通过厄勒海峡大桥与丹麦（西南）相连。

尽管位于北纬区域，瑞典大部分地区还是温带气候，四季分明，全年温度适中。该国有三种类型的气候：最南端为海洋性气候，中部为潮湿大陆性气候，最北端为亚北极气候。瑞典比同纬度的其他地方干燥得多，这主要是由于墨西哥湾流和北大西洋洋流的影响，其温度变化很大。瑞典大部分地区每年的平均降水量在500至800毫米之间，降雪在南部地区主要发生在12月至次年3月，中部地区在11月至次年4月，而瑞典北部的降雪是在10月至次年5月。瑞典日照时间的长短差异很大，如在北极圈上空，每个夏天太阳永远不会落山，但每个冬天太阳也都不会升起。瑞典全年大概能接受到1 100到1 900个小时的日照。

9.1.3 地形

瑞典的地势特点较为平坦并偶尔伴有起伏的地形，三个主要的河流于默河、托尔讷河和翁厄曼河流入波的尼亚湾。全国海拔最高的区域位于与挪威接壤的基阿连山脉地区，最高点在其北端的凯布讷山，海拔2 111米（6 926英尺）。山脉以南是湖泊地貌，西欧最大的湖泊维纳恩就位于此，其面积是卢森堡的两倍。湖泊以南是较为荒芜的斯马兰高原，周围是与海洋接壤的低地平原。

9－1 瑞典国旗　　　　　　　　9－2 瑞典国徽

小国徽（左）是当今瑞典更常用的一种。

大国徽（右）代表瑞典的君主，在政府和瑞典议会等特殊场合使用。

9.1.4　主要信息和数据

君主：卡尔十六世·古斯塔夫国王（1973）。

首相：斯特凡·勒文（2019）。

土地面积：411 621 平方千米（158 927 平方英里）。

总面积：449 964 平方千米（173 731 平方英里）。

人口，1 018 万（2018）；人口增长率，0.73 %；出生率，12.259／1 000。平均寿命，81.4；人口密度，每平方千米 25 人。

首都和最大城市：斯德哥尔摩，1 515 017 人（2019）。

其他大城市：哥德堡、马尔默、乌普萨拉。

货币单位：瑞典克朗。

国歌：《你古老的、光荣的北国山乡》。

官方语言：瑞典语。

9.2　简　　史

9.2.1　较早的定居者

在最后一个冰河时代，瑞典的大部分地区被厚厚的冰层覆盖着。14 000 年前的阿勒罗德时期，是温暖的旧石器时代晚期，人类定居在现在瑞典最南端的省，主要活动是驯鹿和狩猎。到公元前6000 年，当冰线终于从南部地区退缩时，该地区留下了许多由岛屿、湖泊、河流、溪流构成的锯齿状海岸线。据考证，第一批定居者是从丹麦和挪威来到这里的，新石器时代和青铜器时代，就已经有成群的早期人类在瑞典南部生活和耕种。在公元前 4000 年，瑞典进入了北欧青铜时代，主要受到丹麦文化的影响，人们开始居住在小村庄和单层木屋的农庄中。随着时间的流逝，这些村庄形成了分散的部落，继而发展了酋长制，逐渐形成由强大的酋长领导的社区，然后是小王国的出现，拉普兰德人开始出现在最北部广阔的土地上。

到了五世纪和六世纪，这些早期的居民分为西哥特人和东哥特人。

9.2.2 瑞典维京人

瑞典的维京时代大约从八世纪开始持续至十一世纪。与丹麦和挪威的维京人不同，瑞典的维京人主要向南和向东发展。他们从瑞典东部开始扩张，并把耶阿特人并入南部自己的势力范围，入侵芬兰和波罗的海国家，然后徒步穿越俄罗斯西部、白俄罗斯、乌克兰的黑海和更远的巴格达。这些冒险家沿着第聂伯河航行，一直向南到君士坦丁堡（今天土耳其的伊斯坦布尔）。当然，这些瑞典维京人的冒险经历都有据可考。

到了拜占庭帝国时期，东罗马帝国的皇帝提阿非罗注意到瑞典维京人出色的战争技能，邀请他们担任自己的贴身护卫，这就是瓦兰吉卫士。瑞典维京人也被称为"罗斯人"，也被认为是基辅罗斯公国的创始人。

在斯堪的纳维亚的维京时代早期，北欧的贸易为当今瑞典的斯堪尼亚和哥特兰岛带来了财富，这些土地也成为繁荣的贸易中心。

基督教是在829年由圣安斯卡主教传入瑞典的，尽管如此，异教宗教（或民间宗教）仍延续到十二世纪早期。直至1050年起，瑞典才开始被视为基督教国家。在十二到十五世纪的中世纪后期，各个北欧小王国通过内部的权力斗争和相互竞争来寻求更多的权力和更多的土地；几位瑞典君主也开始在芬兰及其他地区扩展领土，他们逐渐开始与本无任何联系的罗斯人发生了冲突。

9.2.3 中世纪

1350年黑死病夺去了欧洲数百万人的生命，也夺去了瑞典大部分人的生命，尤其是其南部地区。1397年，丹麦玛格丽特一世女王的执政极大地影响了瑞典、挪威和丹麦建立的卡尔马联盟，丹麦的军事侵略尤其是对瑞典贵族的战争破坏了卡尔马联盟。丹麦国王克里斯蒂安二世于1520年在斯德哥尔摩下令屠杀瑞典贵族，激起了瑞典贵族新的抵抗。1523年6月6日（现在是瑞典的国庆日），古斯塔夫·瓦萨加冕为瑞典国王，开启了瑞典的现代历史。

9.2.4 瑞典帝国

古斯塔夫·瓦萨（即古斯塔夫一世）在与罗马教皇发生冲突后开除了天主教大主教，他反对天主教并带领瑞典加入了路德教和新教改革。从经济上讲，他打破了汉萨同盟的垄断势力，为瑞典的发展和进入黄金时代奠定了基础。古斯塔夫一世解放了瑞典全境，并在今天成为现代瑞典民族之父而广受尊敬。

从十八世纪中期开始，瑞典在古斯塔夫·阿道夫斯国王的统治下在欧洲大陆树立起自己的地位。首先瑞典在三十年战争中的多场冲突中夺取了俄国、波兰和立陶宛的部分领土，这让瑞典占领了大约一半神圣罗马帝国的土地；1658年，瑞典又签订《罗斯基勒条约》，在查理十世的统治下其领土达到了史上的巅峰；在整个十七世纪，瑞典卷入了多次战争，并且在1696年发生了全国范围的灾难性饥荒，瑞典的经济状况急剧恶化；1709年查理十二世入侵俄国，但在波尔塔瓦战役中受到俄国沙皇彼得大帝的反击，意味着瑞典帝国的终结。随着1721年战争的最终结束，瑞典估计损失了200 000的人口，以及大片土地和波罗的海的主要领土。

十九世纪初，瑞典没有足够的资源来维持其在斯堪的纳维亚半岛以外的统治，大部分的领地也就这样丢失了。为了在波罗的海重新确立其统治地位，瑞典在拿破仑战争中选择与传统盟友重新结盟来对抗法国，法国的盟友丹麦和挪威在拿破仑战争中被击败之后，挪威于1814年1月14日被迫割让给瑞典。当挪威试图保持其主权国家地位时，当时的瑞典国王查尔斯十三世于1814年7月27日入侵挪威，并取得了战争胜利，此后一直到1905年挪威都一直在瑞典统治下。1814年入侵挪威的战争是瑞典作为战斗部队参加的最后一场战争。

9.2.5　现代历史

随着瑞典人口在十八和十九世纪的显著增加，所有相关的经济和社会问题也随之增加，大规模移民到美国成了瑞典人应对饥荒和叛乱的唯一途径。在1880年后每年有超过1%的瑞典人移民到美国，留下的人们则不得不面临食物短缺的问题。

二十世纪初，瑞典的农业和工业增长仍然比较缓慢。当许多西欧国家开始工业化时，瑞典还几乎处在农业经济状态。另一方面，农业经济也发生了许多重要的变化，这是由于当时社会出现的改革和人口大量增长所带来的结果。在1870年和1914年之间，瑞典开始了当今工业化经济的过程，在十九世纪下半叶通过一系列基层运动（如工会、节欲运动和独立的宗教团体）逐渐形成了民主原则的坚实基础。第一次世界大战时，瑞典建立了现代议会民主制。

9.2.6　世界大战和冷战

尽管在第一次世界大战和第二次世界大战期间瑞典官方保持中立，但在战争的大部分时间中，瑞典都受到德国的影响，因为瑞典与世界其他地区的联系被封锁切断了。但是,瑞典支持挪威对侵略战争发起抵抗运动,并在第二次世界大战期间为帮助犹太人而做了许多幕后工作,努力发挥人道主义精神,特别是在帮助丹麦人逃离集中营的过程中做出很多贡献。战争结束后,瑞典也加入努力重建欧洲的大军中,其工业基础和经济也因此而受益。

9.2.7 近期发展

基于改善全体公民生活方式的目标,瑞典与其他斯堪的纳维亚国家一样,建立了强大的消费社会和福利国家,并一直坚定不移地付诸行动,国家经济得到极大的发展,直到二十世纪七十年代发展的速率才缓慢下降。

但之后的房地产泡沫经济的破裂导致了二十世纪九十年代初期的财政危机,瑞典的 GDP 下降了 5%,政府也因此削减了一些社会福利,并将公共事业和商品私有化。瑞典于 1995 年 1 月 1 日加入欧盟,但一直拒绝使用欧元,事实上瑞典在国防问题上一直没有停止过与其他欧盟国家的合作。

瑞典的犯罪率非常低,失业率也一直在下降,几乎所有的公民都能得到平等的医疗保健和高等教育的机会。

9.3 宗教、文化和教育

9.3.1 宗教

十一世纪以前,瑞典人一直信仰的是北欧异教,其中心位于乌普萨拉神庙。基督教在十一世纪传入瑞典,却在十六世纪三十年代的新教改革之后遭到排斥。宗教改革期间,与马丁·路德一派的瑞典传教士奥劳斯·彼得里对宗教改变产生了重大影响,就在 1593 年的乌普萨拉主教会议上,国家和天主教分离,罗马天主教主教的权威被废除了。在路德教正教时期,某些非路德教派的小团体在贸易和工业中也发挥了重要作用。

尽管如此,直到十八世纪末的解放运动,包括犹太教和罗马天主教在内的其他宗教信徒才被允许在瑞典公开生活和工作;到了 1860 年,瑞典甚至规定路德教瑞典人只有改信另一种宗教才是合法。十九世纪又见证了各种福音派自由教会的传播,在十九世纪末世俗主义导致许多人远离教会仪式。1860 年的法律还允许人民在改信另一种教派前,可以放弃现有宗教信仰。1951 年,瑞典通过了《宗教自由法》，确立了人民可以不信奉任何宗教的法律依据。

目前，瑞典人中有75%属于瑞典教会（路德教会）；在过去的二十年中，这个数字每年以大约1%的速度下降。今天，约有27万瑞典人是各种基督教会的成员，而移民的到来意味着现在有大约9万的罗马天主教徒和10万居住在瑞典的东正教徒。由于移民，瑞典也出现了大量的穆斯林人口，其中近一半的穆斯林是传统穆斯林教徒，其中约5%（25 000人）在积极从事伊斯兰教的各种活动。

2000年1月1日教会与政府正式实行了政教分离，但也重申了瑞典教会将继续获得国家在一定程度上的支持。

9.3.2 文化

（1）文学

瑞典的第一批有文字记载的文献是九世纪维京时代的古代北欧文字碑文。中世纪用瑞典语记录的文本极少，因为当时的修道院学士更喜欢使用拉丁语写作，比如国际知名的《圣比吉塔的启示录》就是用拉丁语书写的。除民间歌谣外，大多数中世纪的瑞典著作是非文学作品。古斯塔夫·瓦萨对教会的改革导致了十六世纪文化的衰落，瑞典文学的真正繁荣始于十六世纪瑞典语标准化之后，这一标准化很大程度上归功于1541年圣经全文被翻译成瑞典语这一事件。在十七世纪，瑞典还出现了第一个抒情诗人维瓦利乌斯。

随着教育的改善和世俗化带来的自由，十七世纪见证了几位著名的作家对瑞典语进一步的发展。十八世纪是一个由散文主导的启蒙主义时期，直到十八世纪末古斯塔夫三世统治时期，在法国文化的影响下，其他的文学流派才开始出现。二十世纪初期陆续出现许多著名的作家，如现代瑞典戏剧和小说之父奥古斯特·斯特林堡（1849—1912），他是二十世纪瑞典最伟大的作家。斯特林堡在后来的戏剧创作中，从自然主义风格转向了梦幻般的象征主义创作手法，这也预示着表现主义的出现。

二十世纪三十年代，新的社会阶层进入瑞典的文学世界，他们多是自我成才的乡村作家，其中包括1974年的诺贝尔奖获得者哈里·马丁森和埃温德·约翰逊。瑞典设法避免了第二次世界大战，但1940年后的文学却反映出战后的普遍萧条状态。在随后的几十年中，由于越南战争和第三世界问题，瑞典国内悲观和内疚的情绪加剧了——从诗歌的"新简约主义"和"具体性形象"，到散文中的纪录形式，许多文学形式中体现出国民对文学社会功能的强烈质疑和对文学语言的不信任。但阿斯特丽德·林格伦的故事却以其令人愉悦的幽默和人性化脱颖而出。二十世纪七十年代末期的瑞典文学特点是唤起人们对文学语言的重新信任以及对传统小说写作的兴趣。

(2) 体育

体育活动在瑞典是一项全国性的运动，有一半的人口能积极参与其中，这在很大程度上要归功于政府对体育协会的大力补贴。观众最喜欢的两个运动是足球和冰球，然后是马术，其中大多数的骑师是女性。

瑞典国家冰球队被认为是世界上最好的一支冰球队，曾八次获得世界级冠军，在有史以来的各种奖牌总数中排名第三。该球队还在1994年和2006年获得了奥运金牌，2006年还同时获得其他几项世界冠军头衔。瑞典国家足球队在世界杯历史上也取得过好成绩，如1958年世界杯获得过亚军，在1950年和1994年两届世界杯中两次获得第三名。瑞典还是现代奥运会上总成绩排名第七的国家。

瑞典主办了1912年夏季奥运会和1958年的足球世界杯。其他的大型体育赛事包括1992年欧洲足球锦标赛、1995年女子足球世界杯，以及冰球、冰壶、田径、滑雪、花样滑冰和游泳等领域的比赛。

(3) 建筑

十二世纪前，无论在城市还是农村，瑞典几乎所有的建筑都是用木材建造的。石材则是罗马式修道院和教堂的主要建筑材料，隆德大教堂就是著名的例子。哥特式风格的出现将砖块作为一种新型建筑材料带入了瑞典，所以一些大教堂是用砖建造的，而其他大教堂则是用石灰岩制成的。

古斯塔夫·瓦萨时代也是新教改革的初期，教堂的建设和贵族式建筑没有得到发展，但宏伟的瓦萨城堡却成批出现。许多城堡，例如卡尔马城堡，其巨大的墙壁以及中世纪元素与文艺复兴时期建筑的融合给人们留下了深刻的印象。十七世纪瑞典日渐强盛，崛起之后贵族阶层也开始重新建立自己的地位，因而带动了宫廷建筑的发展。许多城市的宫殿是按照西欧和法国的样式建造的，如小尼科德姆斯·特辛的作品将瑞典的建筑融入了巴洛克风格。

拿破仑战争之后，瑞典国家建筑风格集中体现在诸多军事元素中。十九世纪下半叶，瑞典开始工业化，迅速的城市化带来大量的建筑需求，如修建公共住宅和学校等公共建筑。

在十九世纪末和二十世纪初瑞典涌现了新一代的建筑师，他们摆脱历史主义和古典主义的影响，一方面吸收国外的风格，另一方面也在瑞典文化历史和瑞典建筑的传统中寻找灵感。通过这次革新，他们发掘出民族浪漫主义风格，在借鉴文化和建筑的基础上，将其与英国艺术与手工业运动的思想相融合，从而创建了一种非常独特的瑞典建筑，其特点是通常采用砖木结构。

二十世纪前二十年，瑞典的现代建筑体现了严格和鲜明的新古典主义形式特征。到了三十年代，功能主义开始在瑞典取得突破，并成为住宅的主导意识形态。

石油危机结束后，瑞典出现了后现代主义，反映了许多不同的发展趋势。自从国家浪漫主义风格出现以来，瑞典建筑还从未出现过如此被广泛使用的形式。如今，瑞典的建筑特点通过生态设计、简约主义、高科技、表现主义和新功能主义重新表现出来。

9.3.3 教育

在瑞典1至5岁的儿童可以确保进入公立幼儿园接受义务教育，6岁至16岁之间的教育也是免费和义务的。瑞典从1962年开始实行九年义务教育课程，所有的学生在前六年接受同样的课程；从第七年开始，课程将有所区别，学生可以在传统课程和职业课程之间进行选择。完成九年级后，大约90%的学生继续在三年制的高中读书，或是选择继续教育体系。高中的课程设置是古典文学、现代语言或科学，毕业后可以获得工作资格和进入大学学习的机会。继续教育学校提供两年的课程，比高中课程更实用、更专业，能更快地引导学生实践和职业培训。所有义务教育的学校和高中都由地方政府管理，中央政府只提供补助金以支付大部分费用，学校的资金主要来自税收。

瑞典政府对公立学校和私立学校一视同仁，在1992年引入了教育券制度，成为继荷兰之后世界上最早引进教育券的国家之一。该制度是指任何人都可以建立营利性的学校，市政府必须向该学校支付与公立学校相同金额的补助。在瑞典，学校午餐对所有学生都是免费的，通常包括一到两种不同的热餐。还有一些学校，特别是幼儿园和中学，甚至为那些想在上课前吃早餐的人提供免费早餐。

瑞典高等教育的入学率非常高，它的六所大学大部分由国家资助，分别位于乌普萨拉（创建于1477年）、隆德（1666年）、斯德哥尔摩（1877年）、哥德堡（1891年）、于默奥和林雪平（均于1963年建成）。乌普萨拉大学和隆德大学各有四个学院——法律院、神学院、医学院和哲学院（分为艺术和科学）。斯德哥尔摩大学拥有人文、法律、数学和科学学院；哥德堡大学有医学院和人文科学院。还有其他二十多所医学、牙科、药理学、兽医学、音乐、经济、商业、技术、农业、林业等学科的专科学校和大学院校,除一些特殊课程外,瑞典籍大学生学费全免;大多数瑞典大学生能接受政府贷款来帮助他们支付生活费用。

瑞典在开展成人教育方面非常积极,每年约有 300 万人参加。各种类型的学校和其他教育机构为所有想学习的人提供课程;除此之外,所有的大学还都设有通识学部,有 130 所国家资助的高中为工作的人们提供从几天到 80 周不等的课程。

与其他一些欧洲国家一样,瑞典政府还为在瑞典攻读学位的国际学生提供学费补贴。

9.4 重要节日

表 9-1 瑞典的公共假日

日 期	中文名	当地名称
1 月 1 日	元旦	Nyårsdagen
1 月 6 日	主显节	Trettondedag Jul
复活节星期日之前最近的星期五	耶稣受难日	Långfredagen
3 月 21 日或之后的最接近满月的星期日	复活节	Påskdagen
复活节星期天后的第二天	复活节星期一	Annandag Påsk
5 月 1 日	耶稣升天节	Kristi Himmelsfärdsdag
复活节星期日之后的第六个星期四	国际工人节	Första Maj
复活节后的第七个星期日	圣灵降临节	Pingstdagen
6 月 6 日	瑞典国庆日	Sveriges Nationaldag
6 月 20 日至 26 日的星期六	仲夏节	Midsommardagen
10 月 31 日至 11 月 6 日的星期六	万圣节	Alla Helgons Dag
12 月 25 日	圣诞节	Juldagen

9.4.1 仲夏节

仲夏节是庆祝夏至的节日。在瑞典,仲夏节除夕夜和仲夏节分别在 6 月 23 日和 6 月 24 日庆祝,但自 1953 年以来这一庆祝活动被移到了 6 月 19 日至 6 月

26 日之间的周五和周六。

该节日的主要庆祝活动在星期五举行，传统活动是树立起一个巨大的五朔节花柱，人们在其周围开始载歌载舞。五朔节花柱由果岭和花朵装饰起来，花朵覆盖了整个柱子。舞者们随着传统音乐的响起翩翩起舞，有的还穿着传统的民族服装。庆祝大餐的菜单上会出现当年第一批出产的土豆、腌鲱鱼、细香葱、酸奶油以及该季节的第一批草莓。酒在这一席盛宴上也很重要，许多人会喝得酩酊大醉。

9.4.2 沃尔帕吉斯夜

在瑞典，人们在 4 月 30 日庆祝沃尔帕吉斯夜，也叫魔女之夜。瑞典的庆祝形式在全国不同地区和不同城市之间会有所不同，主要传统之一是点燃巨大的篝火，颂唱关于春天的传统歌曲。

9.4.3 国庆节

瑞典的国庆节是每年 6 月 6 日在瑞典举行的法定假日。1983 年，这一天被瑞典议会定为国庆日，而之前它是瑞典的国旗纪念日。

该节日的第一次庆典于 1916 年在斯德哥尔摩奥林匹克体育场举行，以纪念 1523 年古斯塔夫·瓦萨国王的加冕，这也标志着丹麦统治下的卡尔马联盟的结束，因此从某种意义上说，它标志着瑞典人的独立。

9.4.4 圣卢西亚节

庆祝活动在 12 月 13 日举行，在圣卢西亚节的早上会出现一个头发上插着蜡烛的白衣女人，这一传统始于十八世纪后期的瓦纳湖附近地区，并在十九世纪逐渐传播到该国其他地区。

如今，瑞典的大多数城市每年会任命一位圣卢西亚。学校在学生中选出圣卢西亚和她的女仆，全国的圣卢西亚通过全国电视直播从地区的获胜者中选出。当地的圣卢西亚会参观购物中心、老人之家和教堂，进行表演并为大家分发生姜片。

9.5　风景名胜与历史古迹

瑞典有 21 个省，它们的文化、地理和历史都各不相同。这些省份被分为三个地理区域，各自拥有独特的文化和风景名胜。

9.5.1　现代博物馆

1958 年 5 月，位于斯德哥尔摩市中心的现代艺术博物馆首次开放。随着瑞典和国际艺术收藏的增多，以及大量经典作品的收购，对博物馆扩建的需求变得十分迫切。于是在 1998 年，西班牙建筑师拉菲尔·莫内欧对博物馆进行了重建。这里收藏了瑞典和许多国际现当代艺术作品，包括毕加索、萨尔瓦多·达利以及塔特林的作品。

9.5.2　斯德哥尔摩文化馆

文化馆位于斯德哥尔摩赛格尔广场上，由建筑师彼得·塞尔辛设计。它于 1974 年开放，从此成为艺术和文化的中心。在文化宫中，人们会发现画廊、公共展览、剧院、图书馆和众多餐馆等设施。在房子的底部，还有著名的"设计广场"，这里可以购买到最新的瑞典设计师的设计作品。

9.5.3　斯坎森露天博物馆

斯坎森露天博物馆建于 1891 年，它巧妙地利用了动物园岛西侧的小山，成为世界上第一个露天博物馆。博物馆的创意最初来自一位瑞典的民俗主义者，他希望为后代保留该国各个地区的传统建筑和生活方式。博物馆包含从全国不同地方收集的约 140 种不同类型的房屋风格，房屋中装饰着瑞典的手工艺品和家具，还有瑞典手工艺人展示的纺织品和陶瓷、玻璃品的吹制工艺，以及其他类型的手工艺品。这里还定期举行瑞典的传统活动，例如仲夏节和圣诞节庆祝活动。

9.5.4　歌剧院

瑞典歌剧院也被称为皇家歌剧院，是一家历史悠久的剧院，始建于 1773 年，自那以后一直是瑞典歌剧和芭蕾舞的国家舞台。它最初由古斯塔夫三世在十八世纪建造，当时的国王厌倦了在斯德哥尔摩舞台上的法国表演者，因此决定开设一家瑞典剧院。他购买了歌剧表演所在的地方并对其进行了建造，并在1782年建成。最早的建筑存在了一百多年，现在的歌剧院是十九世纪后期以巴洛克风格建成的。

9.5.5 斯德哥尔摩市政厅

市政厅位于国王岛的东南端，是座具有国家浪漫主义风格的建筑。市政厅的塔楼是该市的地标建筑，为游客提供一个高达76米的观景点，其顶峰饰有三个耀眼的金色皇冠。市政厅向公众开放，而每年诺贝尔奖宴会的举办地——蓝厅则是游客必去之地。金色沙龙厅的内部用来为贵宾和其他客人举行舞会，内部装饰着1 900万块电镀马赛克，其华丽的程度令人叹为观止。

9.5.6 建筑博物馆

这座建筑博物馆是由一座现代博物馆和一座摄影博物馆组成的，用来展示与建筑相关的文献和出版物，以及与十九世纪后瑞典建筑和城市规划相关的文献。

9-3 现代艺术博物馆

9-4 斯德哥尔摩文化馆

9-5 斯坎森博物馆

9-6 歌剧院

9-7　市政厅　　　　　　　　　9-8　建筑博物馆

9.6 名　　人

9.6.1 阿尔弗雷德·伯恩哈德·诺贝尔

阿尔弗雷德·伯恩哈德·诺贝尔生于 1833 年 10 月 21 日瑞典的斯德哥尔摩，逝世于 1896 年 12 月 10 日意大利的圣雷莫，是瑞典的化学家、工程师、创新者、武器制造商和炸药的发明者。阿尔弗雷德在家族企业破产后与家人返回美国，致力于炸药的研究，尤其是安全生产和硝酸甘油的使用。他的生意非常成功，建立了博福斯公司，成为一个主要的武器制造商。合成元素"半边莲"就是以他的名字命名的。

在他的最后遗愿中，他用自己的巨大财富创立了诺贝尔奖。自 1901 年以来，诺贝尔奖一直致力于表彰世界各地在物理学、化学、医学、文学以及和平工作方面的杰出人才，自 1968 年又设立并颁发了诺贝尔经济学奖。

9.6.2 卡尔·古斯塔夫·弗纳·冯·海登斯坦

卡尔·古斯塔夫·弗纳·冯·海登斯坦（1859—1940），瑞典诗人和小说家，1916 年诺贝尔文学奖得主。他从 1912 年起就是瑞典文学院的一员，大多数作品是从鲜明的爱国主义视角对瑞典国民的性格、生活和传统生活进行热情的描写。

他的作品《朝圣年代》（1888）是受他在东方旅行中的经历启发而创作的诗集，标志着瑞典文学中对自然主义的摒弃。他的作品涉及哲学主题，主要表达如何将人从孤独提升到更美好的境界。

9.6.3 斯文·安德斯·赫丁

斯文·赫丁（1865—1952），瑞典探险家、地理学家和地缘政治家。赫丁出生于斯德哥尔摩，在1886年和1892年之间，他在斯德哥尔摩、乌普萨拉、柏林和哈雷学习了地质学、矿物学、动物学和拉丁语。

1892年至1935年之间，他率领几支探险队前往中亚，并制作了帕米尔、塔克拉玛干沙漠、西藏、古老的丝绸之路和喜马拉雅山等广阔地区的第一批详细地图。赫丁还是最早发掘中国中亚古代佛教城市遗址的人，1900年3月他在塔克拉玛干沙漠中发现了中国古代军事重镇——楼兰王国。

9.6.4 斯文·奥洛夫·约阿基姆·帕尔梅

斯文·奥洛夫·约阿基姆·帕尔梅（1927—1986），瑞典政治家和社会民主党的领导人，从1969年开始执政，直到1986年被暗杀。1969年，帕尔梅被社会民主党代表大会选举为新领导人，并接替埃兰德担任首相，后成功连任。他在1969年至1976年领导枢密院政府，1982年至去世前一直领导内阁政府。帕尔梅谋杀案是现代瑞典历史上的首例此类事件，他的政治倾向受到社会民主党思想和理念的影响。

9-9 阿尔弗雷德·伯恩哈德·诺贝尔

9-10 卡尔·古斯塔夫·弗纳·冯·海登斯坦

9-11 斯文·安德斯·赫丁　　　　　9-12 奥洛夫·帕尔梅

9.7 传统美食

像其他斯堪的纳维亚国家如丹麦、挪威和芬兰一样，传统上瑞典菜肴也很简单，主要食材是鱼（尤其是鲱鱼）、肉和土豆，香料用得较少。

9.7.1 瑞典美食

瑞典有着古老烹饪传统，瑞典的老式家常菜起源于乡村烹饪的经典优质的日常食品。今天，朴实而热情的老式家常菜正在瑞典复兴，有名的菜肴包括煎饼、瑞典肉丸等，如肉丸搭配肉汁、煮土豆和越橘果酱等。阿夸维特酒是一种非常流行的含酒精的蒸馏饮料，传统的扁平状干脆面包也已经发展成为许多不同的口味。

9.7.2 区域特色

在东海岸，瑞典人最重要的食物是波罗的海的鲱鱼，鲑鱼、鳟鱼和白鲑，以及其他重要的鱼类。诺兰德地区以深色的驯鹿肉、生长在路边和沟渠里的稀有莓果以及饺子而闻名，诺兰德其他的特色菜还有薄脆面包和酸牛奶。

9.7.3 瑞典式自助餐

瑞典式自助餐原文写作 smörgåsbord，其中"smörgås"一词的意思是"开放式三明治",而"bord"在瑞典语中是"桌子"的意思,但两者合起来意为由许多小菜组成的菜肴,人们可以从中选择。例如,一个普通的自助餐可能包含一些鲱鱼、瑞典肉丸、鲑鱼、馅饼、沙拉等。这样的自助小菜拼盘早在十八世纪就已开始流行,但在当时只是被用作主菜之前的开胃菜而已,后来才逐渐演变成一顿饭的正菜。如今,人们在品尝瑞典式自助餐的各种风味后,会觉得心满意足。

9.7.4 腌鲱鱼罐头

腌鲱鱼或波罗的海鲱鱼以罐装出售,这种保存方法很久以前就发明了,当时是由于盐的成本很高以及盐腌食品非常昂贵而想出的方法;另外,当发酵食物时,足够的盐还可以防止鱼的变质。腌鲱鱼罐头配以煮土豆和洋葱,并且通常用薄饼卷起来食用。很多人一开始并不喜欢它,通常品尝几次才能真正品味到它的味道。瑞典有一批美食者喜欢腌鲱鱼罐头,其中大多数住在该国北部。

瑞典文化讨论专题:

1. 瑞典福利体制有什么特点?
2. 瑞典的教育与欧洲其他国家有什么不同?
3. 瑞典的教育公平性是如何体现的?
4. 诺贝尔奖及其对世界的影响表现在哪些方面?
5. 瑞典社会中是否存在性别差异?为什么?

第 10 章 丹 麦

丹麦是北欧斯堪的纳维亚最小的国家，其全称是丹麦王国。丹麦是一个君主立宪制国家，实施的是议会制政体和混合市场资本主义经济。丹麦98个自治市分布着国家级政府管理机构和地方政府，主要城市有位于西兰岛的首都哥本哈根、奥胡斯、奥尔堡，位于日德兰半岛的埃斯比约和位于菲恩岛的欧登塞市。自1973年加入欧洲共同体以来，丹麦一直是欧共体和欧盟成员国，但它尚未加入欧元区。丹麦还是北约组织（NATO）和经济合作与发展组织（OECD）的创始成员国，也是欧洲安全与合作组织的成员之一。

10.1 地 理

10.1.1 丹麦的面积

丹麦王国的面积为42 959平方千米（16 586平方英里），由一个大半岛、日德兰半岛和许多岛屿构成，其中就有西兰岛、菲英岛、内克瑟尔岛、洛兰岛、法尔斯特岛和博恩霍尔姆岛以及丹麦群岛。

10.1.2 位置和气候

丹麦是最南端的北欧国家，位于西欧的日德兰半岛和波罗的海的几个岛屿上。它的最北端位于北纬57°45′7″，最南端是北纬54°33′35″，最西端是东经8°4′22″，最东端在东经15°11′55″，从东到西的最远距离是452千米（281英里），从北到南为368千米（229英里）。

丹麦地处温带区域，这就意味着冬季温和多风，1月和2月的平均温度为

0.0℃；夏季凉爽，8月的平均温度为15.7℃。丹麦平均每年有121天的降雨，平均每年降水量为712毫米；秋天是最潮湿的季节，而春天最干燥。阳光在全年的照射时间是不同的，在冬天，日出时间是上午9点左右，日落在下午4点半左右；在夏天，日出发生在早上4点，日落则在晚上10点。

10.1.3 地形

丹麦的地势大部分较为平坦，除了几个平缓起伏的平原外，几乎没有什么高地，其平均海拔高于海平面31米（102英尺），地势的最高点是奥胡斯西南的米尔顶，海拔17 086米（56 056英尺）。内陆水域面积在东部地区有210平方千米（81平方英里），在西部有490平方千米（189平方英里）。

10-1 丹麦国旗 　　　　10-2 丹麦国徽

10.1.4 主要信息和数据

女王：玛格丽特二世（1972）。

首相：梅特·弗雷泽里克森（2019）。

土地面积：42 959平方千米（16 586平方英里）。

人口，580万人；增长率，0.56%；出生率，10.671/1 000；平均寿命，81.1；人口密度，每平方千米135.6人。

首都和最大城市：哥本哈根，1 094 400人。

其他大城市：阿胡斯，67.6万人；欧登塞，17.1万人；奥尔堡，15.5万人。

货币单位：丹麦克朗。

国歌：《有一处好地方》。

官方语言：丹麦语。

10.2 简　　史

10.2.1　早期定居者

从公元前10000年到公元前1500年，丹麦已经从一个以狩猎和打鱼为主的社会发展成为农业社会。丹麦的农业生产最早可以追溯到公元前3900年，从公元前500年开始这些早期居民开始向南迁移。第一批丹麦人则是在公元1年至400年期间来到这个国家，罗马帝国的各省也一直与丹麦的土著部落保持着贸易和联系，从这一时期之后开始的凯尔特文化可从现今丹麦社会的文化中窥见一斑。

丹麦族是丹麦社会最大的民族之一，也是现代丹麦人的祖先。丹麦的防御结构建筑出现在三世纪以后，该建筑分阶段建造，而最大规模的一次扩建要归功于生活在737年的一位丹麦国王。大约在同一时期，丹麦第一次出现了新的如尼文字母，最古老的城镇里贝也在这一时期建立。

10.2.2　维京时代

在八世纪到十一世纪，丹麦以维京人而著称。九世纪时，他们首次在冰岛定居，从那里开始，格陵兰岛和文兰岛（也可能是纽芬兰）也有人定居下来。

九世纪初，查理曼大帝统治下的西罗马帝国扩展到丹麦的南部边境。965年，这个国家第一次统一，在国王圣安斯加尔和哈拉德二世的统治下丹麦成为一个基督教国家。此后，哈拉德王朝的国土继续扩张，从丹内沃克防线一直到海泽比的维京人城市，包括日德兰半岛、丹麦群岛以及今天的瑞典南部、斯堪尼亚，可能还包括现今的哈兰和布莱金厄。

为了给在英格兰圣布里斯节上遭受屠杀的丹麦人报仇，哈拉德二世的儿子斯温一世发动了征服英格兰的一系列战争，并由克努特一世在十一世纪结束战争。1014年至1035年，克努特大帝统一了丹麦、英国和挪威，瑞典的最南端直到十七世纪都是丹麦的一部分。克努特大帝之后，内战摧毁了这个国家，直到瓦尔德马尔一世（1157—1182）在北方重新建立了强势的丹麦政权。随着克努特大帝统治的瓦解，丹麦和英格兰开始分裂。埃斯特里森的儿子克努特四世曾计划在1085年最后一次进攻英格兰，但在军事叛乱中被杀。"北海大帝"克努特之死和斯坦福桥战役的失败标志着维京时代的结束，至此每年斯堪的纳维亚人的大规模舰队再也不会聚集在一起入侵基督教欧洲的其他地区了。

10.2.3 中世纪的丹麦

从北欧维京时代到十三世纪末，丹麦王国的疆域涵盖了日德兰半岛、北部的艾德河和西兰群岛、菲英岛、博恩霍尔姆、斯凯恩、哈兰和布莱金等地区。但在艾德河沿岸的土地却从王国中分离出来，成为石勒苏益格和荷尔斯泰因两个公国。

十一世纪末，丹麦从一个诸部落首领联合的国都，变为一个欧洲封建王国，由一位强大的国王和他的贵族们统治着。这一时期的特点是国家的内乱和王国普遍薄弱的地缘政治地位，这正是在德国长期影响下所形成的。由于德国在政治和宗教上根深蒂固的影响，瓦尔德马一世在十二世纪的最后几十年结束了其统治，这位国王曾成功地战胜了德国东北部的温德人和神圣罗马帝国。

在瓦尔德马二世统治期间丹麦王国达到一个鼎盛时期，在他的领导下丹麦建立了波罗的海帝国，到1221年，帝国将控制范围从东部的爱沙尼亚一直扩展到北部的挪威。1241年瓦尔德马尔二世死后，贵族们推动了《大宪章》的实施；1282年，埃里克五世被迫将权力下放给议会和贵族议员们。1340年瓦尔德马四世加冕，由于内乱和汉萨同盟的兴起，丹麦王国开始衰落。之后，日德兰半岛南部开始与丹麦王国分离。

10.2.4 卡尔马联盟

在瓦尔德马四世和他的女儿玛格丽特一世统治期间，丹麦王国重新焕发了活力；法尔雪平战役后，形成了卡尔马联盟时代，玛格丽特一世给她的儿子波美拉尼亚的埃里克加冕为丹麦、挪威和瑞典的国王。就这样，在接下来的125年里，斯堪的纳维亚历史的大部分都是围绕着这个联盟展开的，这其中包括瑞典的分裂和被反复占领。直到1523年6月17日这个问题才得到实质性的解决，以瑞典国王古斯塔夫·瓦萨征服斯德哥尔摩而宣告结束。尽管如此，直到1814年的维也纳会议之前，丹麦和挪威一直还保持着由人为因素而结成的联盟。

10.2.5 新教改革

新教改革于十六世纪二十年代传入斯堪的纳维亚。在1525年复活节时，一个圣约翰骑士团的教士汉斯·道生宣称天主教堂需要马丁·路德的改革，他的布道开始了丹麦十年的宗教斗争，自此也改变了整个丹麦。道生的路德教义宣教始于日德兰半岛北部的维堡，并传播到日德兰半岛的其他地方。一年内，道生成了腓特烈一世的私人牧师。腓特烈试图平衡新旧两种思想，并坚持两者之间的共存。

1533年当腓特烈一世去世后，丹麦出现了两个王权继承人——由新教支持的政权和天主教支持的贵族，并因此爆发了内战，史称为贵族之战（1534—1536）。1534年12月发生了对斯基普尔·克莱门特领导的天主教农民武装叛乱的大屠杀，该事件导致了内战的结束，亲路德派教徒牢牢地掌握了政权。1536年丹麦正式成为路德教会国家，而天主教的影响还在维堡和其附近地区持续了较长的时间，尽管宗教改革最初是在那里开始，但这些地区的变化和发展仍然较为缓慢。

10.2.6 现代历史

由于汉萨同盟和石勒苏益格的反叛，丹麦一直非常担心德国在其南部的威胁。直到十六世纪，汉萨同盟衰落，而石勒苏益格地区的少数德国人失去了德国的支持，丹麦南部的威胁才得以解除。到1555年，丹麦开始将北边瑞典的兴起视为更严重的威胁，因而在1523年瑞典永久脱离卡尔马尔联盟后，丹麦曾两次试图重新控制瑞典。第一次是1563年到1570年的北方七年战争，第二次是1611年的卡尔马战争。

随后，丹麦经历了1675年至1679年的斯坎尼亚战争、1700年到1721年的大北方战争以及1721年和1773年两次与霍尔斯坦-戈托普家族的战争。丹麦在十八世纪的最后几十年里开始繁荣昌盛起来，主要原因是其中立地位使它能够在许多当代战争中与双方都能进行贸易。在拿破仑战争中，丹麦最初试图奉行中立政策，但英国在1801年和1807年攻打哥本哈根打破了其中立的局面，这也标志着丹麦繁荣的弗洛里森特时代的结束，并引发丹麦和英国海战。1813年，英国对丹麦和挪威之间水道的控制导致了丹麦与挪威之间经济贸易的停滞，维也纳会议解散了丹麦-挪威联盟，丹麦保留了冰岛、法罗群岛和格陵兰岛的殖民地。在1620年至1869年间，丹麦除了北欧殖民地还控制着印度的殖民地；1658年至1850年间，丹麦还对丹属黄金海岸进行统治；在1671年至1917年，丹麦掌握着丹属西印度群岛的统治权。

1848年欧洲革命后，丹麦于1849年6月5日和平演变为君主立宪制国家。1864年第二次石勒苏益格战争后，丹麦被迫将石勒苏益格和荷尔斯泰因地区割让给普鲁士。随后，丹麦恢复了其传统的中立外交政策，并在第一次世界大战中保持中立。

10.2.7 二十世纪和二十一世纪

德国战败后，凡尔赛的列强们提出将石勒苏益格 - 荷尔斯泰因归还给丹麦。1920 年，北石勒苏益格被丹麦收复，丹麦的国土增加了约 163 600 居民和 3 984 平方千米。

1940 年 4 月 9 日，德国入侵丹麦，德国和丹麦之间的经济往来也一直持续到 1943 年，丹麦随后拒绝与纳粹德国进行经济贸易合作。战争期间，丹麦政府对犹太少数民族的帮助很大，在德国人计划抓捕丹麦犹太人不久前，丹麦抵抗运动实施了一次营救行动，使许多犹太人脱离危险。二战期间，冰岛与丹麦断绝了联系，成为一个独立的共和国；1948 年，法罗群岛脱离丹麦获得自治。

战后，丹麦成为联合国和北约的创始成员之一，也是欧洲经济共同体和欧盟的成员。1978 年丹麦通过格陵兰内部自治法，格陵兰于 1979 年正式实行内部自治并于 2009 年获得自决权。

10.3 宗教、文化和教育

10.3.1 宗教

基督教福音派路德宗是丹麦官方的国教，也是宪法中体现的最大宗教派别，绝大多数的丹麦人属于这个教派。宗教改革后，路德教曾成为丹麦唯一合法的宗教；到 1682 年丹麦认可了另外三种信仰：罗马天主教、归正会和犹太教。最近出现的穆斯林移民在二十世纪八十年代和九十年代带来一个非路德教的宗教，现在伊斯兰教已经成为该国第二大宗教。

2017 年 86.6% 的丹麦居民信奉基督教路德宗，较上年同期下降 0.6%，较两年前下降 1.2%。丹麦的穆斯林人口约占总人口的 4%。其他群体的个体比例不足 1%，总体加起来约为 2%，还有相当一部分无神论者。根据宪法，皇室成员必须属于路德教会，但成员之外的其他人可以自由信仰任何宗教。尽管如此，大约 10% 的丹麦人认为自己不属于任何宗教，因而丹麦在很大程度上算是一个无神论国家，除了教会事务部长外，即使是政治家或政府部长一般不会使用宗教辞令和观点来表达自己。

虽然宗教团体和教会不需要得到国家的承认，而且几乎任何宗教都可以在丹麦存在，但丹麦的无神论者和不可知论者的比例居世界第三。根据2018年1月的调查，丹麦的国教会信徒中只有3%的人定期参加教堂活动，19%的丹麦人认为宗教是他们生活中重要的一部分。圣诞节与其说是一个宗教节日，不如说是一个文化节日。

10.3.2 文化

(1) 文学

丹麦最早的文学作品是十世纪和十一世纪的神话和民间故事。十二世纪后期，萨克索·格拉玛蒂克斯在为主教阿布萨隆工作前编纂了编年史，他因此被认为是丹麦被记载的第一个作家。除了1591年出版的《百首歌谣集》，其他中世纪的丹麦文学作品鲜为人知。十七世纪时丹麦重新演绎了对斯堪的纳维亚古代文化的兴趣，尽管有宗教教条主义的影响，但这一时期出现许多激情的赞美诗，许多作家创作了优秀的诗歌。安德斯·阿勒波就是其中之一，尤其是他的《创世纪》，通过一首诗描述了六天的创世纪故事，被载入文学史册。

启蒙时代的代表人物是路维·郝尔拜，他也被认为是丹麦现代文学的奠基人，尤其是他的喜剧现在依然在上演。十八世纪丹麦文学首先受到法国和英国的影响，后来又受到德国的影响，无论是新古典主义诗歌，还是戏剧和散文，都得到了蓬勃的发展。

浪漫主义是十九世纪丹麦文学的核心思想，被称为丹麦的黄金时代（1800—1850），它是在1802年由哲学家亨里克·斯蒂芬斯举办的一系列关于德国浪漫主义讲座引发的。丹麦文学文化中最重要的人物之一是尼古拉·格伦德维希，他给丹麦人民灌输了日益增强的民族主义精神，代表作是《北方神话》（1808）和他的戏剧《北方英雄生活的没落》（1809）。此外，格伦德维希的赞美诗也对丹麦的教会产生了巨大的影响，教会开始用诗人的赞美诗代替东正教和路德教缓慢的诗韵。在浪漫主义时期，丹麦的诗歌、戏剧和小说普遍都在强调自然、历史和人类的关系。一些其他重要的名人还包括举世闻名的作家汉斯·克里斯蒂安·安徒生和当代哲学家索伦·克尔凯郭尔，尤其是后者极大地影响了存在主义的发展。

十九世纪末的丹麦文学已经被视为影响社会的一种重要途径，这一时期被称为"现代突破"，斯堪的纳维亚人掀起了一场覆盖自然主义和辩论文学的运动，取代了浪漫主义。该运动是由勃兰兑斯发起的，他被认为扮演了"操纵者"角色。到二十世纪初，亨利克·彭托皮丹在1917年赢得诺贝尔文学奖，延斯·彼得·雅各布森用他浪漫、忧郁的诗歌发起了丹麦的自然主义运动。他们和这一时期的许多作者都反对旧的传统，尤其是浪漫主义，他们提出了一个日益国际化的观点，以及一些对性和宗教自由的看法，表达他们对达尔文主义等科学发现的兴趣，使得文学越来越注重现实主义。

二十世纪丹麦文学逐渐从自然主义走向民族主义，工人阶级特别是劳动妇女开始出现在文学作品中。个人的关注是这一时期诗歌的一个新维度，诗歌的主题从抒情转向了对存在的意义的探寻，主题包括非洲国家的经历、哥本哈根贫民区的私人生活、青春期话题和间谍活动等内容。

(2) 体育

丹麦的体育运动是多样化的，最受欢迎的运动是足球，其次是帆船。其他受欢迎的运动包括手球、自行车、帆船运动、羽毛球、冰球和游泳，最近还兴起了高尔夫球的热潮。学校非常鼓励体育运动的开展，在所有城市和大多数城镇都有地方体育俱乐部。

丹麦的国家体育场是帕肯体育场。丹麦的足球取得过骄人的成绩，尤其是1992年丹麦国家足球队赢得了欧洲杯冠军，创造了丹麦童话，丹麦足球队连续六次获得欧洲足球锦标赛正赛资格（1984—2004）、五次晋身世界杯决赛圈。其他重大成就包括1995年赢得联合会杯和1998年世界杯进入四分之一决赛。同时，丹麦还拥有一个不可被忽视的赛车运动群体，汤姆·克里斯滕森就是公认的丹麦最成功的赛车手，也是世界上最快最好的赛车手，他曾在勒芒耐力赛中八次获得过第一名。

(3) 建筑

丹麦建筑的起源可以追溯到八世纪末的维京时期，最著名的遗址是海泽比港口。该建筑位于丹麦边境以南约45千米处，靠近德国的石勒苏益格镇。到了十二世纪和十三世纪的中世纪时期，丹麦人建造了数百座罗马式风格的石头或砖式教堂，其中最典型的罗马式砖结构建筑是罗斯基勒大教堂（1170）和有五座尖塔的卡隆堡圣母教堂（1200）。从十三世纪末到十六世纪，丹麦全国到处可见哥特式风格的教堂和大教堂，这些教堂都具有哥特式建筑的特点：尖顶、扶壁、带肋拱顶、增加的光线以及中殿和内殿的空间组合。正是在这个时期，砖块成了防御工事和城堡的建筑材料，里明格弗斯城堡（1499—1506）就是典型代表，它是斯坎尼亚的一座哥特式世俗城堡。

十六世纪文艺复兴时期的建筑风格得到蓬勃发展,尤其是腓特烈二世和克里斯蒂安四世统治时期,这两位国王都受到了当时法国城堡风格和样式的启发,荷兰和佛兰德的许多建筑师来到过丹麦,他们设计了许多杰作,尤其是文艺复兴风格宏伟的皇家城堡和宫殿。在哥本哈根,罗森堡城堡(1606—1624)和旧证券交易所(1640)可能是这座城市最引人注目的文艺复兴时期的建筑。建筑的样式和装饰清楚地反映了荷兰文艺复兴时期的偏好式样,从建筑装饰的门和窗户就能看出,尤其是建筑中大片的意大利山墙。到十七世纪,这种半木质的风格在全国城镇和乡村的普通住宅中开始流行起来。然而,直到二十世纪六十年代,丹麦本土的建筑师才以其高度成功的功能主义风格进入世界舞台,带来了丹麦建筑在国内外蓬勃发展的局面,并带来一些世界级的杰作,如悉尼歌剧院和大贝尔特海峡大桥,这些建筑设计为丹麦设计师赢得了国际声誉。

当代丹麦建筑的另一个趋势是新一代成功的年轻设计师的出现,他们更多地受到国际建筑发展趋势的启发,而不是拘泥于斯堪的纳维亚的现代主义传统模式。

10.3.3 教育

丹麦的教育包括小学、中学和高等教育。公立学校的义务教育至少为九年,而丹麦所有的大学教育都是免费的。学生在就读中学或高等教育课程期间,还可从国家获得经济资助,以支付生活费用。

丹麦的小学被称为丹麦公立学校,它包括地方小学和初中,覆盖学前班到十年级。学生可以选择上免费公立学校或私立学校,如基督教学校或华德福学校。大约13%的丹麦儿童就读于私立学校,这些学校部分由家长资助,部分由国家补贴。基础教育结束后,年轻人可以参加青年教育课程,然后参加级别更高的资格课程学习。青年教育方案为学生提供不同程度的职业培训以及教育资格和其他各种资格的培训。所有学生,包括有特殊需要的学生都一视同仁。一般而言,个别学校或机构有责任为有特殊需要的学生提供额外的援助,使他们能完成学业。没有完成青年教育课程的25岁以下青年可以申请到技校学习。技校是由地方或地方当局建立的自治机构。虽然根据《全日制高中和技术学校法案》,有特殊需要的学生可根据自己的实际情况申请补偿,但技校并不享有国家对有特殊需要的学生提供的补偿政策。

公立学校毕业后,学生还有几个其他种类的教育形式,包括体育教育项目(学术型的中等教育项目)、高等预科考试(类似于前者但时间仅为一年)、高等技术考核项目（注重数学和工程学）和高等商业考核项目（注重贸易和商业），最后是职业教育，就是通过教学和学徒相结合的方式培训年轻人从事特定贸易行业的工作。

在丹麦的大学中，创建于1479年的哥本哈根大学和创建于1928年的奥胡斯大学是丹麦最古老和最大的两所大学。

在丹麦，无论有无工作，所有人都可以参加继续教育和高级培训课程以保持和提高他们参加工作的职业和教育资格。因而，许多人选择在业余时间继续接受青年和成人教育。通常情况下，参与继续再教育的丹麦人会从国家获得一小笔补贴。在由经济合作与发展组织协调的国际学生评估计划中，2018年国际经合组织将丹麦教育排在世界第18位。

10.4 重要节日

表10-1 丹麦公共假日

时 间	名 称
1月1日	新年
星期天复活节前的星期四	濯足节
星期天复活节前的星期五	耶稣受难日
3月或4月	复活节
复活节后的第一天	复活节后的星期一
复活节后的第四个星期五	祈祷节
复活节后第四十天	耶稣升天节
复活节后七周	圣灵降临节
复活节后第七周后的第一天	圣灵降临节周一
12月25日	圣诞节
12月26日	节礼日

注：丹麦法定假日与丹麦教会规定的假日相同。

10.4.1　劳动节

5月1日是丹麦的劳动节，也是丹麦的法定假日。很多人想在这一天休息一天，甚至有些人还将节日休假写入他们的劳动合同。过节时有少数人会参加聚会，特别是年轻人和老年人在工会的组织下聚集在公园里，他们喝着啤酒、晒着太阳，也有人会发表演讲，实际上成为政治会议聚会地点。哥本哈根的大众公园是很出名的，因为在这里每年举行5月1日聚会。劳丹麦动节从某种意义上是给蓝领工人放的假期，并不适用于白领阶级。

10.4.2　解放日

1945年5月5日，丹麦在第二次世界大战中获得解放。当1945年5月4日晚上8点30分宣布这一消息时，兴高采烈的丹麦人涌上街头，聚集在巨大的篝火旁庆祝。人们用能拿到的任何东西放入篝火中保持其燃烧，最先被扔进去的东西就是黑色的灯罩。许多丹麦人自发地在窗户上放上成排的蜡烛，来象征他们自由的回归。丹麦人将这个值得纪念的夜晚和庄严的习俗延续至今，以纪念二战结束时丹麦的解放。

10.4.3　宪法日

6月5日是丹麦宪法日，为纪念1849年6月5日丹麦宪法的签署。从那一天起，丹麦成了一个君主立宪制国家，并在1953年开始庆祝宪法的通过。现在每年的这一天都会举行庆祝活动，全国上下同庆，几乎所有的工作场所和商店都会在这一天关闭。有意思的是，这一天也是丹麦的父亲节。

10.4.4　仲夏节

仲夏节通常在6月23日前举行，是为了纪念基督施洗者圣约翰的生日而举行的庆祝活动。

基督教传入丹麦后，被丹麦教会接纳并悄然发生着改变。965年，基督教正式成为丹麦的官方国教。随后，丹麦在1536年的宗教改革中接受了新教信仰。这一节日的庆祝在1743年被官方取消，但很快就又恢复了，因为普通民众要举办盛大的仪式来庆祝烧女巫活动。

最初庆祝仲夏节的起因来源于一种异教信仰，认为在夏至时大自然的能量会达到一个顶峰，从这一时间之后自然界的能量储存随着日光和日照时间的逐渐减少而减少。因而大家点燃篝火并围着篝火唱歌、奏乐，这也成为这个传统活动的一部分。其中最著名的歌曲是《我们爱我们的国家》，被称为仲夏之歌。

10.5 风景名胜与历史古迹

10.5.1 蒂沃利公园

蒂沃利公园是丹麦哥本哈根著名的游乐场和休闲公园。游乐园最初被称为"蒂沃利和沃克斯豪尔"，并于1843年8月15日开放。它是世界上第二古老的游乐园，占据了哥本哈根西门外建有防御工事的斜坡地带大约15英亩（60 702平方米）的地方，每年土地租金945克朗。蒂沃利公园里面有各式各样的景点，无论是白天还是晚上游客都可以找到游乐项目。

1943年，纳粹的支持者试图烧毁蒂沃利的许多建筑来破坏丹麦人民的精神象征，但丹麦人毫不气馁，建造了临时建筑，不到几周后公园又恢复了运营。

蒂沃利总是在不断改变，但同时并没有放弃自己原有的魅力和传统，正如公园的建造者乔治·卡斯滕森在1844年所言："蒂沃利永远不会结束。"

10.5.2 丹麦阿美琳堡王宫

位于哥本哈根的阿美琳堡王宫是丹麦皇室冬季的度假地。它最初是为四个贵族家庭建造的，但后来被皇室买下，从1794年起就成为皇家宫殿。王宫由四个相同的古典风格的宫殿围成一个八角形的广场，建筑内部是洛可可装饰风格，广场中心树立着最初王宫的主人腓特烈五世的骑像。阿美琳堡王宫是腓特列城堡的中心景观。

10.5.3 哥本哈根大教堂

圣母教堂又称哥本哈根大教堂，也是丹麦国家大教堂，位于哥本哈根大学主楼的旁边。这座教堂最初是圣玛丽学院教堂，在新教改革中曾被摧毁过，在城市大火中也被烧毁过，还在英国轰炸中被破坏过，因此重建了好几次。这座教堂的现代版本是由建筑师克里斯蒂安·弗雷德里克·汉森按照新古典主义风格设计的，于1829年完工。大教堂建筑长83米，宽33米，中殿内部长60米，从地面到天花板超过25米。教堂里所有的画廊都开放，教堂内部可以容纳1 100多人。教堂塔楼高60米，安放了四个教堂大钟。

这里曾建立过一所教会学校，被认为是现在哥本哈根大学的前身。这所大学曾聘请了来自他国的学者教师，加深了丹麦对当时伟大思想和哲学的了解。该大学由于对新教运动发展的挑战，最终被关闭，直到1537年这所大学才作为路德研究中心重新开放。

1449年10月28日，丹麦国王克里斯蒂安一世和勃兰登堡女王多萝西娅的加冕和婚礼都在该教堂举行。

10.5.4 托瓦尔森博物馆

伯特尔·托瓦尔森是丹麦一位著名的雕塑家，生活在1770年到1844年，以他的名字命名的托瓦尔森博物馆是丹麦最古老也是最非凡的博物馆。

博物馆于1848年9月开放，这里几乎收藏了伯特尔·托瓦尔森为许多欧洲国家创作的雕塑的原始模型。他为雕塑和浮雕所创作的绘画和素描也是博物馆藏品的一部分，还有他那个时代其他的绘画作品，以及希腊、罗马和古埃及的艺术作品和收藏品。

这个位于哥本哈根市中心的博物馆具有独特的建筑风格，其内外部强烈的色彩和原始的建筑风格，被认为与托瓦尔森作品和收藏品完美地搭配在一起。

10-3　蒂沃利公园

10-4　阿美琳堡宫

10-5　哥本哈根大教堂

10-6　托瓦尔森博物馆

10.6 名　　人

虽然丹麦是一个非常小的国家，却有不少在历史上赫赫有名的人物。这与丹麦人的处事态度有一定的关系，因为大多数丹麦人并不认为自己是"小人物"，相反他们认为自己的身体里流淌着维京人的血液。

10.6.1　汉斯·克里斯蒂安·安徒生

汉斯·克里斯蒂安·安徒生（1805—1875）是一位丹麦作家和诗人，以其童话故事闻名于世界，这些作品包括《皇帝的新衣》《卖火柴的小女孩》《小美人鱼》《丑小鸭》《坚定的锡兵》和《白雪皇后》。在他的一生中，因给世界各地的孩子们带来欢乐而备受赞誉，并因此而受到丹麦皇室和世界各地读者的认可。他也是一位诗人，他的诗歌和故事被翻译成150多种语言，并激发了电影、戏剧、芭蕾和动画电影等许多领域的创作灵感。

10.6.2　卡伦·布利克森

卡伦·布利克森男爵夫人（1885—1962），笔名伊萨克·丹森，丹麦作家。她能同时用英语和丹麦语写作，其作品具有童话般的风格。1934年，她的第一部成功之作《七个哥特式故事》在美国出版，但她最出名的是其回忆录《走出非洲》，其中记录了她在肯尼亚的经历。这部小说曾被改编成电影备受赞誉，并在1986年获得奥斯卡金像奖。卡伦的另外两部精雕细刻的短篇小说集是《冬天的故事》（1942）和《最后的故事》（1957）。

10.6.3　亨里克·蓬托皮丹

亨里克·蓬托皮丹（1857—1943），1917年诺贝尔文学奖得主，是一位现实主义作家。蓬托皮丹的小说和短篇小说对丹麦和作者所处的时代展现了一幅全面的图画，他也被认为是"现代突破"运动中最年轻、最具原创性和影响力的代表人物。蓬托皮丹的三部代表作创作于1890年到1920年之间，分别是小说《希望之乡》《幸运的彼得》以及《死人之国》。在这些小说中，他用自己创建的术语来书写广义的社会描述，表达了对社会进步的渴望以及对社会进步真实状态的绝望感。

10.6.4　尼尔斯·波尔

尼尔斯·亨里克·大卫·波尔（1885—1962）是丹麦物理学家，因其在原子结构上的认识和量子力学基础性研究方面的贡献而获得1922年诺贝尔物理学奖。波尔在位于哥本哈根的研究所与许多世界顶尖的物理学家合作，并指导了许多著名的研究。他还是曼哈顿计划物理研究小组的一员，主要成就有原子的波尔模型、原子的壳层模型、对应原理和原子核的液滴模型。他的一个儿子奥格·波尔也在1975年获得了诺贝尔奖。波尔被认为是二十世纪最有影响力的物理学家之一。

10-7　汉斯·克里斯蒂安·安徒生

10-8　卡伦·布利克森

10-9　亨里克·蓬托皮丹

10-10　尼尔斯·波尔

10.7 传统美食

在维京时代，丹麦主要是一个由农民和渔民组成的国家，因而传统的丹麦饮食反映了一种劳动人民的文化——人们对高能量和高营养食物的需求。

10.7.1 丹麦菜

由于丹麦的地理环境和气候，尤其是其漫长又寒冷的冬天，丹麦饮食主要以肉和鱼为主。典型的丹麦佳肴包括各种黑面包三明治、腌鲱鱼、熏鳗鱼、热炸鲽鱼、烤牛肉、烤猪肉、热小牛肉和丹麦肉丸。

10.7.2 有趣的菜名

一些典型的丹麦食品被赋予了有趣的名字。比如"上帝之家的太阳"是由熏鲱鱼、韭菜和生蛋黄（就是"太阳"）组成。"兽医的夜宵"是指肝酱、咸牛肉和洋葱做成的菜肴。"百万牛肉"则是用肉汁炖出来的粗切牛肉。"流星雨"是一种黑麦面包裹着冷黄油的三明治，配着由虾、蛋黄酱、莳萝、柠檬和番茄混合的精选冷盘。

10.7.3 丹麦冷餐桌

冷餐桌是一种特殊的丹麦菜品，通常在午餐时间供应，有可能是餐桌旁边摆放的自助餐，或者更有可能是由许多送上餐桌的不同菜肴，然后就像家庭用餐那样被大家传递着盛菜。第一道菜一般是各种各样的鲱鱼，通常配上冰啤酒和冰镇小吃一起享用。

10.7.4 丹麦卷

近年来，像诺玛、天竺葵和贝果等哥本哈根餐厅在重新创造丹麦和北欧美食方面发挥了重要作用，使哥本哈根成为一个拥有像丹麦卷这样北欧美食的热点地区。

丹麦文化讨论专题：

1. 丹麦是如何更好地解决能源和环境问题的？

2. 丹麦的社会保障制度有哪些特点？

3. 丹麦的建筑风格如何受到法国、荷兰和国际建筑风格的影响？

4. 不同时期的丹麦文学呈现出哪些特点？汉斯·克里斯蒂安·安徒生和他的作品有何特点？

5. 近年来丹麦的职业教育体系是如何发展的？

第11章 芬　　兰

芬兰，正式名称是芬兰共和国，是位于欧洲北部的芬诺斯堪迪亚地区的北欧国家之一。芬兰历史上曾是瑞典的一部分，现在依然与瑞典接壤，北接挪威，东临俄罗斯，爱沙尼亚在其南部，相隔墨西哥湾与其对望，首都为赫尔辛基。这个国家在高科技、制造业和医疗保健等方面均在国际上有着较高的声望。该国曾在2009年的全球财富和康乐评级"列格坦繁荣指数"中名列第一，展现了其经济发展和生活质量的实力。

11.1　地　　理

11.1.1　地貌和地形

芬兰是一个由成千上万个湖泊和岛屿组成的国家，共有187 888个湖泊（每0.12英亩拥有超过500平方米的水域）和179 584个岛屿。其中最大的湖是赛马湖，它也是欧洲第四大湖。芬兰地势平坦，很少有山，它的最高峰是在芬兰和挪威边界拉普兰的最北边哈尔蒂亚峰，海拔1 328米。

芬兰还是世界上少数几个面积仍在扩大的国家之一。受自上个冰河世纪以来一直在发生冰期后地壳回弹的影响（地壳运动的方式），该国的表面积正以每年约7平方千米（2.7平方英里）的速度扩大。从最南端汉科到最北端诺尔加姆的距离长度为1 445千米（898英里）。

11-1　芬兰国旗　　　　　　　　11-2　拉普兰奥斯托国家公园

11.1.2　气候

芬兰的气候适合在其最南部地区种植谷物，但北部地区并非如此。芬兰属半大陆性气候，较为湿冷。其南部的气候类型是北方温带气候，冬季平均白天温度低于0℃（32°F），时长为4个月，每年从12月中旬到次年4月初大地都被大雪覆盖着。但在其南部海岸，初冬的温度经常高于冰点温度，并在零上与零下来回徘徊。芬兰南部最寒冷的冬季温度通常在-20℃（-4°F）以下，而7月和8月初最温暖的日子温度可以超过30℃（86°F），在芬兰南部夏天持续时间可达到四个月（从五月中旬到九月中旬）。在芬兰北部，特别是在拉普兰地区，亚北极气候占主导地位，其特点是长时间的寒冷，冬季气候较恶劣，夏天则相对温暖并且短暂。芬兰北部的冬季可以长达近七个月，从10月到次年5月初，积雪会一直覆盖着大地；同时北方的夏天也非常短，只有两三个月左右。

芬兰气候的主要影响因素是这个国家所处的地理位置，它处在北纬60度和70度之间，是欧亚大陆的北部沿海地区，根据空气流动的方向，显现出海洋性和海洋大陆性两种气候的特征。而另一方面，芬兰离大西洋很近，墨西哥湾暖流又使它不断持续变暖，这就解释了为什么在绝对的高纬度上这个国家气候并不十分寒冷。

11.1.3　人口

芬兰目前拥有552万人口，平均人口密度为每平方千米18.1人。芬兰是继挪威和冰岛之后，欧洲第三个人口最稀少的国家。芬兰的人口一直集中在该国的南部，这一现象在二十世纪的城市化之后更加明显。

芬兰最大的也是最重要的城市都集中在大赫尔辛基地区，有赫尔辛基、罗凡涅米和埃斯波，其他大城市包括坦佩雷、图尔库和奥卢。芬兰的外国公民比例为2.5%，是欧盟最低的国家之一。他们大多来自俄罗斯、爱沙尼亚和瑞典。本国人口老龄化严重，出生率为10.42‰，生育率为1.8‰，芬兰人平均年龄为41.6岁，也是世界上人口平均年龄最大的国家之一，据估计芬兰大选时半数选民年龄在50岁以上。与大多数欧洲国家一样，尽管其宏观经济预测比大多数其他发达国家更为健康，但如果不进行进一步的改革或大幅增加移民，芬兰将难以应对人口结构问题。

芬兰的家庭生活以小家庭为中心，大家庭成员之间的关系往往相当疏远，因而也不会形成政治上重要的家族结派或类似的联结。根据联合国儿童基金会的数据，芬兰在儿童福利方面排名世界第四。

瑞典地方与地区权利机构协会对16个国家进行了一项比较，结果显示，在相同的社会实践活动中芬兰使用的资源最少，芬兰也成为公共部门卫生服务效率最高的国家。

芬兰女性的平均寿命为84.2岁，男性为78.7岁。二十世纪七十年代，芬兰曾是世界上心脏病死亡率最高的国家之一，如今芬兰人改善了饮食习惯并加强锻炼，取得了很大的成效。同时，芬兰的吸烟率特别低，其中男性为26%、女性为19%，是欧洲国家中成年人吸烟比例最低的国家。

芬兰的健康问题与其他发达国家相似：循环系统疾病占所有死因的一半，癌症是第二大常见死因。

11.1.4 语言

大多数芬兰人（92%）的母语是芬兰语，其为芬兰-乌戈尔语系的一部分，属于波罗地-芬兰子语系。该语系与爱沙尼亚的关系最为紧密，这种语言还是欧盟仅有的四种非印欧语系的官方语言之一。芬兰的第二官方语言是瑞典语，占总人口的5.5%。

芬兰还有大约四分之一的萨米人以萨米语为母语。芬兰的三种萨米语言包括北部地区萨米语、伊纳利萨米语和斯科特萨米语。一些少数群体，特别是萨米人、讲瑞典语的芬兰人和罗姆人都非常珍视其文化和语言的权利，其文化也受到本国宪法的保护。

11.1.5 主要信息和数据

总统：绍利·尼尼斯托（2012）。

总理：桑娜·马林（2019）。

土地面积：338 145 平方千米（130 558 平方英里）。

人口，552 万；增长率，0.18%；出生率，10.42/1 000；平均寿命，78.9；人口密度，每平方千米 18.1 人。

首都和最大城市：赫尔辛基，642 045 人。

其他大城市：埃斯波，24.5 万人；坦佩雷，20.1 万人；万塔，18.9 万人；图尔库，17.5 万人。

货币单位：欧元（以前为芬兰马克）。

国歌：《我们的国家》。

官方语言：芬兰语、瑞典语。

11.2 简　　史

芬兰的第一批居民是萨米人。当使用芬兰语的居民在公元前十世纪移民到芬兰时，萨米人被迫向北迁移，回到传统上他们居住的北极地区。埃里克九世当政期间，芬兰人不断突袭斯堪的纳维亚沿海地区，直到 1157 年瑞典国王征服了这一地区，之后芬兰成了瑞典王国的一部分，并改信基督教。

1809 年，整个芬兰都被沙皇亚历山大一世征服，成为俄国的芬兰大公国。俄罗斯化时期（1809—1914），芬兰的政治权力被削弱，俄语成为芬兰的官方语言。当俄国在 1917 年 3 月爆发革命时，芬兰利用这一时机在 1917 年 12 月 6 日宣布独立。

芬兰前总统、诺贝尔和平奖得主社会民主党人马尔蒂·阿赫蒂萨里以振兴经济为竞选纲领，在 1994 年 2 月的一次至关重要的选举中赢得了该国第一次全民普选的总统选举。芬兰于 1995 年 1 月成为欧盟

11-3　赫尔辛基大教堂

成员国，在 1999 年 1 月 1 日，芬兰和其他 10 个欧洲国家一起开始采用欧元作为他们的货币。2000 年，曾任芬兰外交部长的社会民主党候选人塔里娅·哈洛宁成为芬兰第一位女总统。

总部设在柏林的透明国际组织的年度调查显示，自 1998 年以来芬兰一直被评为世界上最廉洁的国家。2003 年 4 月，芬兰任命了首位女总理，成为欧洲唯一一位同时拥有女总统和女总理的国家。但这位女总理安内莉·耶滕迈基上任两个月后因政治丑闻被迫辞职，她承认曾泄露机密信息来攻击其竞选对手。2003 年 6 月国防部长马蒂·万哈宁被议会选为芬兰总理。2000 年 3 月社会民主党人塔里娅·哈洛宁当选芬兰总统，2006 年 1 月哈洛宁再次当选芬兰总统，但万哈宁所在的中间党在 2007 年 3 月的议会选举中以微弱优势获胜，万哈宁也开始了他的第二次总理任期。2012 年 3 月，芬兰联合党的总统候选人绍利·尼尼斯托就任芬兰第二十届总统，随后 2018 年 1 月成功连任芬兰总统。2019 年 12 月时年 34 岁的社会民主党人桑娜·马林当选芬兰新一任总理，她也成为世界上最年轻的女性总理。

11.3 宗教、文化和教育

11.3.1 宗教

大多数芬兰人属于路德福音教徒（占 80.8%）。路德福音教是世界上最大的路德教会之一，尽管其教徒人数最近呈现一种下降趋势，但芬兰依然拥有大约 446 万成员。芬兰的第二大群体是没有宗教信仰的无神论者，人数增长较快，占人口的 16.9%。少数芬兰人属于东正教教徒（占 1.1%），而其他新教教派和罗马天主教会要小得多，穆斯林、犹太教和其他非基督教社区加起来约占总数的 1.2%。占主要地位的路德教会和东正教是宪法规定的国家教会，在国家仪式和学校中扮演着特殊的角色。

大多数芬兰儿童会接受洗礼，并在 15 岁成为一名正式教徒，而且几乎所有国民的葬礼都按照基督教仪式举行。尽管如此，大多数路德教徒只在特殊的场合才去教堂，如圣诞节庆典、婚礼和葬礼。根据近几年欧洲晴雨表的民意调查，大约 41% 的芬兰人认为"他们相信有上帝"，40% 的芬兰人认为"他们相信有某种精神或生命力"，16% 的芬兰人认为"他们不相信有任何神灵、上帝或生命力"。

11.3.2 文化

（1）文学

虽然芬兰书面语言可以追溯到十六世纪，欧洲新教改革时芬兰学者米凯尔·阿格里科拉将《新约》翻译成芬兰语，标志着芬兰文学的开始，但那时很少有值得提及的文学作品。直到十九世纪芬兰民族浪漫主义运动开始，芬兰学者艾里阿斯·隆洛特将芬兰和卡累利阿的民间诗歌收集、编纂并出版，书名为《英雄国》，被称为芬兰的民族史诗。这个时代还见证了以芬兰语写作的诗人和小说家的崛起，尤其是阿莱克西斯·基维和埃伊诺·雷诺。

芬兰独立后，出现了一批现代主义作家，其中最著名的是米卡·瓦尔塔里；另一位著名作家是弗兰斯·埃米尔·西兰帕，他于1939年被授予诺贝尔文学奖。第二次世界大战使得芬兰文学界更多地回归国家情结，相比之前更为国际化的思想，爱国情结引起更多作家的兴趣，其代表人物就是维伊诺·琳娜。芬兰的现代文学发展较快，广受欢迎的现代作家包括阿托·帕西林纳、伊尔卡·雷姆斯、卡里·胡塔凯宁和贾里·特尔沃，每年的迪亚奖就是为芬兰的最佳小说设立的最高奖项。

（2）视觉艺术

芬兰人在手工艺品和工业设计上做出了重大贡献。二十世纪芬兰著名的雕塑家瓦诺·阿尔托内因其不朽的半身像作品和雕塑技巧得到国际的认可，芬兰的建筑也举世闻名。在二十世纪芬兰顶级的建筑师中，赢得国际声誉的有伊利尔·萨里南（代表作为赫尔辛基中央火车站和其他公共工程的设计），还有他的儿子埃罗·沙里宁。阿尔瓦·阿尔托则为芬兰带来了功能主义的建筑风格，以及他在家具和玻璃器皿艺术上的贡献。

（3）音乐

芬兰的音乐大部分受到俄国传统卡累利阿文化的影响，尤其是在旋律和歌词方面。卡累利阿文化被认为是芬兰神话和信仰最纯粹的表达形式，较少受到日耳曼文化的影响，这与芬兰在东西方之间的地位形成鲜明对比。芬兰民间音乐在最近几十年里经历了一次根本性的复兴，并成为流行音乐的一部分。

芬兰现代流行音乐还有一些知名摇滚乐队、爵士乐手、嘻哈艺人和舞蹈音乐艺术，知名的艺术团体有哥特乐团、电波双人组、电音DJ达鲁等，芬兰电音专辑的成就如电力唱片公司的唱片就享有先锋盛誉。在芬兰还有一类打击音乐叫伊斯克尔玛,这是一个传统的芬兰语,来源于德语单词,是指轻音乐流行歌曲。芬兰流行音乐还包括各种舞蹈音乐,比如探戈舞,还有阿根廷风格的音乐也很受欢迎。最多产的流行音乐作曲家是托伊沃·卡尔基,最著名的歌手名奥拉·维维塔,著名词作者有索沃·普蒂拉、雷诺·海利斯马和韦科·沙尔米,最有名的作曲家和乐队主唱则是吉米·泰诺,他以其独特的复古芬克音乐而出名。

(4) 媒体与传播

芬兰现有各类报纸200余种,大众杂志320余种,专业杂志2 100余种,商业广播电台67个,全国性广播电台1个,全国公共广播频道5个,数字广播频道3个。每年大约制作12部故事片,出版1.2万本书,售出1 200万张唱片。

芬兰广播公司拥有5个电视频道和13个广播频道,使用芬兰语和瑞典语两种语言播出节目。该公司的资金来源于专门的广播税,以及向商业电视台收取的设备租金,所有电视频道都已实现地面和电缆的数字化。在所有的广播公司中,北欧广播公司下属的电视频道MTV3和其广播公司最受大众的欢迎。

芬兰全国大约90%的人使用互联网,超过96%的芬兰人实现宽带互联网连接。芬兰所有的学校和公共图书馆都有互联网和电脑连接,75%的芬兰人使用手机,主要用于各种联系和增值服务。到2018年,芬兰的4G网络速度达到世界之最,下载速率为7.89MB/S(63.1Mbps),而上传速度达到了2.04MB/S(16.28Mbps)。

11.3.3 教育

芬兰大部分的学前教育由政府来实施。尽管有不少的学校最初是私立学校,但现在的芬兰大约只有3%的学生就读于私立学校,其中大多在赫尔辛基,如著名的赫尔辛基芬兰学校,但私立学校的数量比瑞典和大多数欧洲其他国家少很多。与其他欧盟国家相比,芬兰的学龄前教育机构较少,正规教育通常从7岁开始。小学一般6年,初中3年,大多数学校由市政来管理。

芬兰基础教育的课程设置较为灵活,由教育部和教育委员会统一制定,规定学龄儿童在7岁到16岁之间必须入学。初中毕业后,毕业生可以直接进入劳动力市场,也可以申请就读职业学校或高中。职业学校主要为学生入职做准备,而以学术为主的高中入学要求就要高得多,这也是为学生获得高中文凭和继续接受高等教育做准备,从这两种学校毕业的学生都有资格继续接受高等教育。

在高等教育中,芬兰建立了两个独立的、互不干扰的高教体系:一是高等职业学校，二是学术研究型大学。在之前，芬兰的高校都设立了学生贷款和奖学金，就在过去的几十年里，政府承担了给学生颁发奖学金这样的金融压力。芬兰有 20 所大学和 30 所理工学院，在 2019 年 QS 世界大学排名中，芬兰共有十所大学入围排名，其中赫尔辛基大学排名芬兰第一，位列世界第 110 位，世界经济论坛多次把芬兰的高等教育评为全球最佳。

在芬兰有超过 30% 的大学毕业生从事与科学相关的领域，芬兰的科研人员在森林改良、新材料、环境、神经网络、低温物理、脑行为研究、生物技术、遗传技术和通信等领域为世界做出了很大贡献。

除此之外，芬兰在科学研究方面取得了较大成效。芬兰的人均科学出版物数量在经合组织国家中排名第四，在世界经济论坛发布的《2014—2015 年全球竞争力报告》中芬兰以每百万人拥有 416 项专利位居世界第二。

11.4 重要节日

芬兰的所有法定假日都是由议会法案规定的，法定假日可分为基督教节日和非基督教节日。主要的基督教节日是圣诞节、新年、主显节、复活节、耶稣升天节、圣灵降临节、仲夏节和万圣节。非基督教的节日有五一节和芬兰的独立日等。

11-4 仲夏节篝火　　　　　　11-5 赫尔辛基理工大学

此外，所有的星期天都是法定假日，只不过它们没有特殊的节日那么重要。星期天的名称遵循教会礼仪日历，他们可以被看作是基督教的节日。在二十世纪六十年代末，芬兰的标准工作周被议会法案规定缩短到 40 小时，这也意味着所有的周六也都成了公共假日。复活节周日和主显节都在周日，是法定假日的一部分，周日之前的星期六也是节日假期的一部分。

芬兰日历中还规定了一些特殊的国旗日假日。国旗日并不意味着与某个社会事件或某个官员有什么联系，也不一定是一个正式的假期，然而五一节、仲夏节和独立日却同时具有国旗日和公共假日的两种地位。

12月6日是芬兰的法定国庆节，芬兰历法中也规定了一些规模较小的纪念活动，但它可能没有假日或国旗日的地位那么高。

圣诞除夕和仲夏节除夕可能是芬兰人一年中最重要的日子。与法定节日不同之处在于，它们并不是正式的假日，也没有在日历上标记出来，但对大多数人来说，这一天不是工作日。实际上它们与官方假日的不同之处仅仅在于大多数商店的开业时间从清晨一直开到中午而已。

11.5　风景名胜与历史古迹

芬兰以其众多的湖泊而闻名，其中包括近20万个小湖泊；芬兰也因其优良的水质而闻名，在海洋、河流和水道周围环绕着大片绿色的森林。在这里，游客可以坐在湖边钓鱼、看驯鹿或驼鹿，悠闲地享受静谧时光。

饮酒是芬兰文化的重要组成部分。如果你在芬兰旅行，一定要尝尝那些国人最喜欢的酒，如芬兰国酒芬兰伏特加、科斯肯科尔瓦伏特加、甘草味科斯肯科尔瓦伏特加，还有其他的一些饮料如青梅酒。在冬季，芬兰为越野滑雪和高山滑雪者提供了极好的机会，那里有许多著名的滑雪场，大多位于北极圈以北的拉普兰；但也有例外，比如位于奥卢省东北部的库萨莫。众所周知圣诞老人住在芬兰的耳朵山，在罗瓦涅米镇还有一个供游客参观的圣诞老人村。

当然这里还能滑雪，在萨里泽尔卡和列维有许多带有坡度的滑雪场，许多滑雪道都在芬兰的北部，冰上曲棍球就成了冬天最受欢迎的运动之一。除此之外还有冰上帆船和滑冰。因为在冬季大多数湖泊都上冻了，所以冰钓也很受欢迎。

相对来说赫尔辛基则小巧而稠密，但却热闹而繁华，附近的岛屿是它欢度夏日的地方。赫尔辛基位于波罗的海沿岸，有很长的海岸线，所以这个城市大部分的中心区位于海边位置。正因如此，人们都称赫尔辛基为波罗的海之女。

赫尔辛基的沿海位置使之成为一个体验夏日观光渡轮的理想胜地之一。赫尔辛基的许多主要景点也与海洋有关，包括联合国教科文组织列为世界文化遗产的芬兰海堡和伴侣岛，以及许多的公园和露天博物馆。当地人经常在希塔尼米海滩度过阳光明媚的日子，这正是赫尔辛基托罗区的主要海滩。

　　冬季，赫尔辛基的位置会给它带来极夜的一天，也会让它成为一个舒适的小镇，这里灯光显得颇有趣味，就像经典的亚历山大圣诞大街。最寒冷的几个月里，赫尔辛基人经常在冰冻的海面上散步，但总是小心翼翼地行走。也有许多地方沿着海岸线位置有冬泳活动，有些地方还配有桑拿。

11-6　派伊纳湖　　　　11-7　希塔尼米海滩

11-8　岩石教堂

11.6　名　　人

11.6.1　米凯尔·阿格里科拉

　　米凯尔·阿格里科拉（1510—1557）是一名牧师，他是芬兰书面语真正的创始人，也是瑞典和芬兰新教改革的坚定支持者，常常被称为芬兰书面语之父。

尽管未经教皇批准，阿格里科拉依然在 1554 年被封为图尔库的主教。接着，他沿着路德教派的改革路线开始了一系列的芬兰教会改革，也是瑞典教会改革的一部分。他把圣经新约、祈祷书、赞美诗和弥撒等翻译成芬兰文，并通过这项工作制定了拼写规则，从而成为现代芬兰语书写规则的基础。他仅用了三年时间就出色地完成了所有的工作，但不幸的是在一次与俄国人谈判和签订条约的旅途中，他却意外罹难。

11-9 米凯尔·阿格里科拉

11.6.2 帕沃·约翰内斯·鲁米

帕沃·约翰内斯·鲁米（1897—1973）是一名芬兰长跑运动员，被称为"芬兰飞人""长跑之神"。二十世纪二十年代，鲁米是世界上最好的中长跑运动员，在 1500 米到 10 000 米的赛事上参加过 3 届奥运会，奇迹般地刷新过 22 次世界纪录。从 1920 年到 1928 年，鲁米在奥运会的 12 个项目中总共获得了 9 枚金牌、3 枚银牌和 5 枚铜牌。1932 年鲁米退出了奥运会的比赛，1933 年这位杰出的运动员彻底挂靴离开了田坛。

与二十世纪初另一位著名的芬兰奥运长跑冠军汉内斯·科莱曼宁相比，鲁米很少在公共场合微笑，所以他被一些同时代的芬兰人称为"伟大的沉默者"。

11-10 帕沃·约翰内斯·鲁米　　11-11 林纳斯·本纳第克特·托瓦兹

11.6.3 林纳斯·本纳第克特·托瓦兹

林纳斯·本纳第克特·托瓦兹，1969年12月28日出生于芬兰赫尔辛基，是芬兰的一名软件工程师，以开发Linux内核和GIT版本控制系统而闻名。

托瓦兹于1988年至1996年就读于赫尔辛基大学，获得了"计算机节点研究小组"的计算机科学硕士学位。他的学业生涯在参军服兵役的第一年就中断了，他在之后的11个月里参加了军官培训项目来完成自己的义务兵役。在军队里，他获得少尉军衔以及弹道计算军官的职位。1990年他恢复了大学学业，首次接触到UNIX操作系统，并采用美国数字设备公司生产的MicroVAX处理器运行了ULTRIX操作系统。

他对计算机的兴趣始于一台康懋达VIC–20电脑。后来，他购买了辛克莱QL计算机，并对其进行了大量的改造，尤其是其操作系统。他为QL电脑编写了汇编语言和文本编辑器。众所周知，他还曾编写过一个名为"酷人"的吃豆人克隆游戏。1991年1月5日，他购买了一台基于英特尔80386的IBM电脑，一个月后收到了MINIX操作系统的拷贝，他开始在电脑上开发Linux的工作了。

尽管托瓦兹相信开发源系统是开发软件的唯一正确方法，而且他也说过他的方法是做这项工作的最佳途径，但他因为在Linux内核中使用并宣传用于版本控制的BitKeeper源码管理系统软件，而受到业内的批评。

11.7 传统美食

芬兰美食最著名的是其全麦食品（黑麦、大麦、燕麦）和莓果（蓝莓、越莓、野生云莓和沙棘）。牛奶及牛奶食品如脱脂乳常常用作食品、饮料或各种食谱的原材料。各种萝卜更是常见的传统烹饪食材，但之后在十八世纪渐渐被土豆所代替。

现代芬兰菜肴结合了传统乡村菜和现代欧洲大陆的烹饪风格。鱼和肉在芬兰西部的传统菜肴中扮演着重要的角色，而来自东部的菜肴传统上则包括各种蔬菜和蘑菇。这些传统菜，尤其是东部菜系，直到二战期间才由来自卡雷利亚的难民带到芬兰的餐桌上。

在现代社会的芬兰厨房里，菜肴更清淡、更简单，通常就包含几种不同的蔬菜而已，这种烹饪方式正是深受欧美烹饪的影响。各种传统菜包括：

- 白菜卷；
- 猎物食品（驼鹿、鹿、松鸡、鸭子、野兔等在芬兰餐馆里很难看到，但在狩猎爱好者中较常见）；
- 冷熏鱼；
- 冷熏鲑鱼；
- 烟熏三文鱼；
- 冷熏鲈鱼；
- 豌豆汤；
- 新鲜牛奶奶酪；
- Viili 酸奶（一种发酵乳制品）；
- 土豆泥；
- 芬兰肉丸；
- 腌鲱鱼（通常配以小土豆食用）；
- 熏鱼（很多种类的鱼，如鲑鱼、梭鱼、鲈鱼和波罗的海鲱鱼）；
- 烟熏火腿或牛肉。

11-12　不同风味的两种品牌 Viili 酸奶

11-13　鲜奶酪配云莓酱

11-14　烟熏驯鹿肉

芬兰文化讨论专题：

1. 芬兰的教育制度是如何构成的？
2. 芬兰文化的显著特征是什么？
3. 如何解决芬兰人口老龄化带来的问题？
4. 如何解读芬兰地理特征的优劣？
5. 芬兰菜肴文化是如何体现的？

第12章 西 班 牙

西班牙是欧洲的文化中心之一，这个国家的不同区域在地理、气候甚至国民个性方面都互不相同，最著名的文化是弗拉门戈音乐、舞蹈和西班牙斗牛。

12.1 地　　理

12.1.1　西班牙的面积

西班牙占伊比利亚半岛约85%的面积，是欧洲第三大国家，面积505 925平方千米（195 338平方英里），包括位于地中海长约1 660千米（1 030英里）的巴利阿里群岛，以及大西洋上摩洛哥以西长710千米（441英里）的加那利群岛。西班牙边境的88%被水域所包围，而这两个岛群的所有小岛和海域都被视为西班牙的组成部分。西班牙本岛大陆从东向西延伸1 085千米（674英里），从北向南宽950千米（590英里）。地中海沿岸的巴利阿里群岛和非洲沿岸大西洋上的加那利群岛都属西班牙的行政省。此外，摩洛哥陆地境内的休达和梅利利亚也是西班牙领地。西班牙的陆地总边界长度为1 918千米（1 192英里），海岸线则长4 964千米（3 084英里）。

12.1.2　位置和气候

在地理上，西班牙北邻比斯开湾、法国和安道尔，东边是地中海，南边紧邻地中海和大西洋，西边是葡萄牙和大西洋。在西南方，长13千米直布罗陀海峡，将西班牙与非洲分隔开来。除北部地区外，西班牙的气温极高，降雨量普遍较低；而沿着北大西洋海岸的地域，气候却十分潮湿和凉爽；中部高原的夏天炎热干燥,干旱经常发生。在首都马德里,冬天寒冷、夏天炎热。记录显示,在2003年夏天,西班牙的塞维利亚、科尔多瓦和格拉纳达等地温度高达50℃(超过120°F)。但在地中海南部海岸却盛行亚热带气候,如在马拉加,冬季平均气温可以达到14℃(57°F)。

12.1.3 地形

比利牛斯山脉将西班牙与法国分开,从比斯开湾开始延伸435千米(271英里),直到地中海,成为西班牙最主要的山脉,其最高峰是阿内托峰(3 404米或11 168英尺)。

西班牙的主要河流向西和向南流向大西洋,其中杜罗河、塔霍河和瓜迪亚纳河发源于西班牙,流经葡萄牙后汇入大西洋;瓜达尔基维河是西班牙最深的河流,非常适合通航;穿过萨拉戈萨的埃布罗河则是流入地中海的,也只有部分航道可通航。在西班牙,河流提供了非常好的发电方式。

12-1 西班牙国旗　　　　　12-2 西班牙国徽

12.1.4 主要信息和数据

国王:费利佩·胡安·巴布罗·阿方索六世(2014)。

首相:佩德罗·桑切斯(2018)。

国土面积:505 925平方千米(195 338平方英里)。

陆地边界:总计1 903.2千米,与安道尔共享边境65千米,与法国相邻623千米,与直布罗陀相邻1.2千米,与葡萄牙的边境线长1 214千米。

海岸线:4 964千米。

人口,4 672万(2018);人口增长率,0.09%;出生率,9.7/1 000;人口密度,每平方千米240人。

首都和最大城市：马德里。
其他大城市：巴塞罗那、巴伦西亚、塞维利亚。
货币单位：欧元（之前是比塞塔）。
国歌：《皇家进行曲》。
官方语言：西班牙语（卡斯蒂利亚语）。

12.2 简　　史

12.2.1　早期的定居者

最早居住在西班牙的是凯尔特人、伊比利亚人和巴斯克人。西班牙在公元前206年被"非洲征服者西庇阿"征服后，成为罗马帝国的一部分。412年，西哥特人越过比利牛斯山脉，并以罗马皇帝的名义开始独立统治西班牙。711年，摩尔人从非洲北部进入西班牙并征服了该国。1492年，卡斯蒂利亚王国和阿拉贡王国统一成立了西班牙王国，也就是从这里，克里斯托弗·哥伦布首次航行到新世界的美洲大陆，开始了西班牙帝国的扩张。

12.2.2　殖民地和王朝

在探索、发现和殖民时代，西班牙人柯提斯（1519—1521）征服了墨西哥，皮萨罗（1532—1533）征服了秘鲁，他们为西班牙积累了巨额的财富，开创了一个庞大的殖民帝国，西班牙的哈布斯堡王朝也成为当时世界上最强大的国家。1588年，菲利普二世派出了无敌舰队入侵英格兰，但舰队的毁灭使西班牙丧失了其在海上的优势地位，并为英国对美国的殖民铺平了道路。之后，西班牙在哈布斯堡国王的脆弱统治下迅速沦为世界二流大国，从此在欧洲政治中再也没有扮演过重要角色。西班牙王位继承战（1701—1714）导致西班牙失去了比利时、卢森堡、米兰、撒丁岛和那不勒斯等地。在十七世纪后半叶，哈布斯堡王朝政权日渐衰弱，最后的权力者也逐渐走向没落。

十八世纪西班牙迎来了一个新王朝——波旁王朝，波旁王朝在国家机构的改革上做出了巨大努力并取得了一些成功，并参加美国独立战争对抗英国。在十九世纪初期，法国革命战争和拿破仑战争爆发，西班牙在美洲大陆上的殖民地也开始争取独立的机会。

在第一次世界大战中，西班牙保持了中立的立场；1923年，米格尔·普里莫·德里维拉将军成为独裁者。1930年阿方索十三世国王撤销独裁统治，但强大的反独裁者和共和党运动导致他于1931年离开西班牙。运动产生的新宪法宣布西班牙为工人阶级的共和国，大片庄园被瓦解，教堂和行政州被分开，教会学校开始世俗化。

12.2.3 内战

1936年7月18日，西班牙内战爆发，持续了三年的战争夺去了近100万人的生命。当政者佛朗哥得到了意大利法西斯和德国纳粹的帮助，而苏联则站在保皇党一方；同时，数百名左派美国人来到共和国阵营的亚伯拉罕·林肯旅中服役，直到1939年3月28日，佛朗哥占领马德里，战争宣告结束。佛朗哥当选为国家元首和执政党长枪党的领导人、西班牙总理，成为西班牙独裁者。

1947年，佛朗哥起草的继任法宣布西班牙为君主制，佛朗哥继续担任国家元首。在战后几十年内，西班牙社会相对来说比较稳定，并在1960年代和1970年代初经历了快速的经济增长。1969年，佛朗哥和议会任命胡安·卡洛斯·阿方索亲王（1962年与希腊公主索菲亚结婚）为西班牙国王，然后由佛朗哥领导的临时政府也相继宣告结束。佛朗哥于1975年11月20日去世，之后以胡安·卡洛斯亲王为首的波旁君主制回归，胡安·卡洛斯一世于1975年11月22日登上王位成为西班牙国王。

12.2.4 现代西班牙

在1996年3月西班牙大选中保守的人民党取得了胜利，其领导人何塞·玛丽亚·阿兹纳尔成为首相，他和他的政党在2000年继续连任。但是，阿兹纳尔对美国在伊拉克战争中的支持遭到90%的西班牙人的反对；尽管如此，阿兹纳尔的人民党在2003年5月的市政选举中表现依然出色，国内经济的相对繁荣以及执政内阁对激进的巴斯克分离主义组织埃塔的强硬立场，都是得到公众认可的主要原因。西班牙政府在2008年1月解散了议会，并举行新的选举。在2008年3月的选举中，社会党首相萨帕特罗再次当选，获得43.7%的选票，而人民党领导人马里亚诺·拉霍伊只获得40.1%的选票。2011年11月21日西班牙人民党赢得大选，拉霍伊当选首相。2018年6月西班牙首相拉霍伊在议会不信任投票中被罢免，反对党工人社会党（工社党）主席佩德罗·桑切斯接替拉霍伊成为西班牙新任首相。

12.3 宗教、文化和教育

12.3.1 宗教

阿拉贡和卡斯蒂利亚州是十二至十五世纪西班牙最重要的州，并在1469年费迪南德二世和伊莎贝拉一世的联姻下得到巩固。1478年，这里建立了宗教裁判所，用以铲除异端并监督犹太人和穆斯林是否皈依了基督教。最著名的审判官托马斯·德·托克马达是位有犹太血统的宗教法庭大检察官，他曾任西班牙天主教女王伊莎贝尔的私人忏悔师，推动建立并主持臭名昭著的宗教法庭。1492年基督教国王收复摩尔人在西班牙的最后一个据点格拉纳达，罗马天主教最终被确立为国家官方宗教，大多数犹太人（1492）和穆斯林（1502）被驱逐出境。

现在，罗马天主教依然是迄今为止该国最大的基督教宗派。根据西班牙社会学研究中心2009年7月的一项研究，大约73%的西班牙人认为自己属于天主教徒，2%信仰其他宗教，而22%的人则认为自己没有宗教信仰。但是，大多数西班牙人会不定期参加宗教仪式。在自称是天主教的西班牙人中，却有58%的教徒很少去或是从不去教堂，17%的人不定期去教堂，9%的人每月会去教堂，而只有15%的人每周日或是每周多次去教堂。教区牧师的总数从1975年的24 300名减少到2005年的19 307名，在2000至2005年期间，修女的人数也下降了6.9%，降至54 160名。

12.3.2 文化

（1）文学

589年，西班牙在共同的宗教信仰中实现统一，在托莱多和萨拉戈萨出现了所谓的诗歌。早在中世纪，西班牙就出现了早期的史诗，其中最著名的是写于1140年左右的匿名诗《熙德之歌》，全诗共有3 700行。到十三世纪中期，在卡斯蒂利亚智慧的国王阿方索十世的支持和认可下，西班牙的散文流行开来。他和宫廷的智者们一起指导了许多散文作品的创作，以及第一本用民族语言写成的现代法律书籍。

十六世纪和十七世纪初是西班牙文学中最伟大的"黄金时代"。受文艺复兴和宗教改革的影响，西班牙出现了大量的散文、诗歌和戏剧，其中较为重要的主题是关于文艺复兴时期的诗歌、宗教题材的文学和文艺复兴时期的散文。

在十七世纪的巴洛克风格中，一种新的元素融入西班牙文学，它极大地影响了流浪汉小说形式的发展，道德化变为小说创作的重点。最杰出的成就是塞万提斯的小说《伽拉泰亚》和《堂吉诃德》。在这个封建统治的黑暗历史时期突然出现的《堂吉诃德》可以说是西班牙最伟大的作品，尽管是用西班牙语创作的，但却是西班牙文化遗留下来的西方形象的象征。小说中充斥的巴洛克风格，体现在夸张的动作描写和清晰易懂的细节上，普及了雕塑、绘画、文学、舞蹈和音乐等领域的知识，使这些艺术形式具有戏剧性、富有张力、感情洋溢和宏大叙事的特点。

在十八世纪的启蒙运动中，随着"启蒙思想"的到来，西班牙的创意火花似乎已消退。在十八世纪整个上半叶，法国的新思想特别是政治自由主义反而成了社会的新焦点，而这恰恰与西班牙的传统文化相抵触。这个时期的散文是学术性的，启蒙思想家试图将系统性的思维方式应用于所有的人类活动形式，并将其带入对伦理和政府功能的讨论，以探索个人、社会和国家之间的关系。

盛行于十九世纪的浪漫主义迎来了自由主义者。西班牙浪漫主义的代表人物是安赫尔·德·萨维德拉，他最著名的诗歌可以说是一部关于历史主题的浪漫史。十九世纪的西班牙还有两位值得关注的诗人：罗萨莉亚·卡斯特罗和古斯塔沃·阿道夫·贝克，其中卡斯特罗的许多诗歌是用她的家乡语言加利西亚语创作的。两位诗人都受到当时一种流行诗歌叫作"悼亡父诗"的影响，这是一种两三行的小诗，反映的是创作这些诗歌的地域文化。还有一些反浪漫主义的诗人，他们是拉蒙·德·卡波莫和加斯帕尔·努涅斯·阿尔塞。在艺术和文学作品中，浪漫主义在某种程度上是对启蒙运动时期的贵族、社会和政治规范的反抗，以及对自然理性化的反应；它强调以强烈的情感作为审美经验的来源，将新的关注点放在了诸如颤抖、恐怖这样的情感中，以及人类在面对自然时的崇高敬畏精神上。浪漫主义的发展提升了民间艺术、自然和风俗文化的地位。

随后十九世纪末现实主义与自然主义开始融合在一起。现实主义"照原样"描绘了那个时代的生活和社会。本着"一般现实主义"的精神，现实主义作家经常会选择描绘日常和平淡的生活和经历，而不是浪漫化或类似风格的呈现。

在现代主义中，出现了以下几种潮流：帕纳斯主义、象征主义、未来主义和神创论。这个阶段的主要文学和知识现象是出现被广受赞誉的"98代"，他们中有诗人、散文家、音乐家、艺术家等。可以说，西班牙的现代主义文学受到"98代"很大的影响。

现代主义植根于这样的一种观念，认为艺术、文学、宗教信仰、社会组织和日常生活的"传统"形式已经过时，因此应将其抛弃；西班牙社会出现了被称为"再生主义"的知识运动，它客观而科学地思考了十九世纪至二十世纪的西班牙文学衰退的原因，事实上它更多地表达了对西班牙文学发展的一种悲观的判断。

（2）体育

二十世纪下半叶，西班牙的体育运动是以足球为主导的，其他流行的体育活动包括篮球、网球、自行车骑行、手球、摩托车、一级方程式赛车、水上运动高尔夫和滑雪。西班牙还举办了许多国际赛事，例如西班牙在1982年承办了FIFA世界杯和1992年的巴塞罗那夏季奥运会。随着拉斐尔·纳达尔在温布尔登锦标赛等大满贯赛事的夺冠，西班牙队六次获得戴维斯杯网球赛冠军；西班牙篮球队在2006年世界篮球锦标赛、2009年篮球欧洲杯、2019年篮球世界杯相继夺冠；西班牙足球队在2008年、2012年欧洲杯和2010年世界杯上连续将冠军奖杯揽入怀中，一些报纸开始声称西班牙正在享受体育的"黄金时代"——类似于西班牙十七世纪在绘画和文学上的地位。尽管斗牛在西班牙也被看作是一项运动，但人们更喜欢将其视为一门艺术。

斗牛与西班牙文化息息相关，这项活动可以追溯到711年为庆祝阿方索八世国王加冕而进行的第一次斗牛活动。斗牛在西班牙非常受欢迎，每周有数千名西班牙人涌向当地的斗牛场。据说，每年在西班牙观看斗牛的总人数能达到一百万人以上。

（3）建筑

西班牙最古老的建筑风格可以追溯到公元前4000年。自从伊比利亚半岛最早的居住者出现以来，伊比利亚建筑与地中海周围以及北欧的其他建筑风格并行发展起来。这里还保留了公元前3000年许多罗马建筑的古迹，其中最重要的是梅里达罗马剧院。

八世纪，摩尔人将伊斯兰建筑风格留在了这个国家，科尔多瓦大清真寺就是其中之一。另一个是格拉纳达的阿尔罕布拉宫，它完好地保存了当初的建筑风格和样式。摩尔人在西班牙创造了自己的建筑风格，该风格与非洲的传统建筑在很多方面有所不同，有一些新颖之处被引入西班牙，这种风格被称为哈里发宫殿风格。而居住在摩尔人统治地区的基督徒被称为莫扎勒布，他们也形成了自己独特的建筑风格。最初，这种风格主要是为了与欧洲建筑风格区分开来，后经过罗马式和哥特式风格的融合，形成了西哥特风格建筑和阿拉伯建筑风格的结合。随着摩尔人在西班牙统治的覆灭，留在西班牙的摩尔建筑师开发了另一种新颖的建筑风格，将传统建筑与罗马式和哥特式元素相结合，即"穆德哈尔"式建筑风格。尽管西班牙大部分地区曾被摩尔人占领，但该国北部仍然是西哥特王国的领地，所以这里也有不少西哥特和罗马风格的建筑群。

十二世纪哥特式风格传入西班牙，十三世纪建造的布尔戈斯大教堂、托莱多大教堂和莱昂大教堂就是其典型代表。西班牙的哥特式建筑经常与穆德哈尔元素融为一体，出现的银器装饰风格则是文艺复兴风格的西班牙变体。"银器装饰风格"这个词来自银，表明其建筑装饰比意大利文艺复兴时期的建筑样式更加丰富多彩。

西班牙的巴洛克风格盛行的时期正是其最辉煌的时代，其特色在于其多样化的西班牙巴洛克建筑风格，与其后出现的欧洲巴洛克风格有所区别。在加利西亚，还存在着另一种巴洛克风格的变化，即所谓的巴洛克·孔波斯泰拉建筑风格。

现代主义对学术领域的影响是塑造了诸如巴塞罗那的安东尼·高迪和二十世纪其他杰出的建筑师。高迪最杰出的作品是他设计的百年大教堂"圣家教堂"。直到今天，"圣家教堂"依然是巴塞罗那现代甚至未来派建筑的典范，西班牙也是全球拥有世界建筑遗产第二多的国家。

12.3.3 教育

西班牙目前的教育制度是按照国家基本教育法制定的，国家教育是免费的，义务教育的年龄为 6 至 16 岁。

学前教育阶段并不是强制性的，但却是免费的，适用于 3 至 5 岁的儿童。6 至 15 岁的西班牙孩童接受免费的小学和中学教育，完成学业的学生将获得中学教育证书，这是进入大学或职业学习所必需的。在义务教育后还有两年的高中教育，学生完成后即可参加大学入学考试。大学课程的正常学习期限为 4 年，但医学和一些学科为 6 年。研究生课程包括硕士学位和博士学位，入学由大学自主招生，但要在博士学位委员会的管理下进行。

在二十世纪七十年代，西班牙学校和雇用教师的增长速度却无法满足教育的需求。到二十世纪八十年代初，所有学校中约 40% 是私立的，一半以上是罗马天主教会学校，其余的则是出于盈利目的的私营企业经营的民办学校。宗教学校往往更加受到高度重视，而许多其他私立学校却严重缺乏资金，教职人员配置也很差，因此民办教育没有像其他一些西欧国家那样让人不自觉地与精英教育联系在一起。

　　进入二十一世纪，西班牙教育进行了深化改革，改革的结果使西班牙在这方面取得了很大的进步，基本上使整个入学年龄段的人口都登记在册。真正让人感触深刻的改变出现在中学年级和高等教育中，特别是女性的教育权力上。在二十世纪八十年代曾任教育科学部部长的何塞·玛丽亚·马拉瓦尔·埃雷罗曾写道，该国的教育体系必须履行四个重要职能：促进民族凝聚力、为社会融合做出贡献、促进机会均等、使公民拥有社交能力并保持民主价值观。西班牙政治精英们认识到，尽管本国经历了重大的政治和经济转型，但他们仍然领导着一个由传统文化、社会、经济和政治差异所分离的社会。如果不能再次恢复教育民主制度，该国的教育体系在克服这些分歧方面将无所作为。从那时起，教育就成为促使西班牙国家融合的主要手段之一。

12.4　重要节日

表 12-1　西班牙的公共假日

时　间	名　称	西班牙名称
1月1日	元旦（国家假日）	Año Nuevo
1月6日	三王节	Día de Reyes/Epifanía del Señor
3月19日	圣约瑟日	San José
3月或4月	濯足节	Jueves Santo
	耶稣受难节（国家假日）	Viernes Santo
	复活节星期一	Lunes de Pascua
5月1日	劳动节（国家假日）	Día del Trabajador
10月11日	国庆日（国家假日）	Día de la Hispanidad/Fiesta Nacional
11月1日	万圣节（国家假日）	Día de todos los Santos
12月6日	宪法日（国家假日）	Día de la Constitución
12月8日	圣灵感孕节（国家假日）	Inmaculada Concepción
12月25日	圣诞节（国家假日）	Navidad

12.4.1 哥伦布日

自1987年起，西班牙就将哥伦布到达美洲的周年纪念日定为国庆日。以前，西班牙庆祝这一天是为了强调西班牙与西班牙语地区或国际西班牙裔社区的联系；1987年更名为国庆日，10月12日是两次庆祝国庆的活动时间之一，而另一次在12月6日的宪法日。当二十世纪各种政权更迭时，西班牙的"国庆日"前后也改动了好几次；而决定将国际哥伦布庆典日这一天作为国庆这一制度，是保守派与共和党之间达成妥协的一部分。保守派希望强调君主制和西班牙的地位，而共和党则希望通过正式的假日来纪念西班牙蓬勃发展的民主制度。自2000年以来，10月12日也是西班牙的武装部队日，每年都会在马德里举行阅兵式庆祝。但是，在西班牙这个节日的庆祝氛围并不广泛或隆重，通常被"圣母支柱节"的盛宴气氛所替代。

12.4.2 宪法日

西班牙的宪法历史可以追溯到1812年的宪法改革。1975年独裁者弗朗西斯科·佛朗哥去世后，全国在1977年举行大选并召集制宪会议，以起草和批准宪法。西班牙的每个政党都为选民推荐了候选人，在当选议员中有一个七人组成的小组被选出，负责研究拟提交该机构的宪法草案。西班牙宪法被视为西班牙向民主过渡时的象征，该法案在1978年12月6日经过88%的选民批准后，经全民公决后最后制定。

每年12月6日庆祝宪法日，就是为了纪念西班牙宪法并纪念该宪法的签署、颁布和通过。

12.4.3 圣母支柱节

圣母支柱节是在每年10月12日庆祝的节日，圣母是西班牙、西班牙裔人以及西班牙化城市的守护神和城市的保卫者，这些地方还包括菲律宾的城市，如三宝颜市以及菲律宾的其他城市。

圣母支柱是圣母玛利亚在西班牙的名字，她的神殿就在萨拉戈萨的埃布罗河边的圣母大教堂中。

据传说，在教会成立之初，信徒詹姆斯在格鲁斯塔传福音，但他的传教进展甚微，直到他奇迹般地看到玛利亚显灵并进入了耶路撒冷。在他的视野中，圣母高高地攀附在一个由天使围绕的圆柱上。现在人们依然认为这个支柱就是今天在萨拉戈萨（圣地）受人尊敬的那个柱子，在这个神奇支柱的地方也出现过许多疾病被治愈的传闻。

12.4.4 潘普洛纳奔牛节

潘普洛纳公牛节，或叫作圣费尔明节（在西班牙之外的名称）在7月6日正午正式开始。这时成千上万的人聚集在广场上，由市长宣布节日庆典开始，市政厅广场会发射火箭炮揭开狂欢序幕。

潘普洛纳奔牛的历史记载尚不清楚，但有证据表明该节日最早可以追溯到十三世纪，渐渐演变为现今的庆祝活动形式，其中还融入一些个人的商业行为和流行于十四世纪斗牛节的内容。

潘普洛纳的公牛奔跑于7月7日至14日每天早上8点举行。奔跑者必须在早上七点半之前进入跑步区域，奔牛是在市府大楼附近一条狭长的小胡同举行，而实际上公牛从畜栏经小胡同跑至市中心的斗牛场，一直到当天下午参与斗牛后完成。行程长度为825米，每一次奔跑从开始到结束的平均时间约为3分钟，这时公牛奔跑的老城区的街道会被围起来，因而公牛也无法逃脱这些区域；每天参与奔跑的有六只斗牛和两头小公牛。

12.5　风景名胜与历史古迹

12.5.1 古根海姆博物馆

由美国建筑师弗兰克·盖里设计的毕尔巴鄂古根海姆博物馆于1997年开放，是古根海姆基金会和巴斯克地区政府的联合项目，24 000平方米（257 000平方英尺）的金属和石头结构的创新设计赢得了全世界的关注。古根海姆博物馆的设计很难用不同的语言来描述，它被成百上千的银色钛金属板覆盖着，随着白天的变化，其色调会发生变化，随着毕尔巴鄂天气的不断变换，博物馆的色调从早到晚都可以自动进行调整。古根海姆的室内设计更是令人着迷：悬挂在天花板上的壮观连接廊将19个画廊分隔在三层楼之间。选择从53米的最高点开始往下穿行是很有必要的，参观者边走边惊叹着内部层层螺旋型的游廊、创新的设计和光线的使用，或是转头去欣赏窗外美丽的河景。

12.5.2 埃斯克利亚尔皇宫

这是一个宫殿和修道院结合的建筑群，位于埃斯克里亚尔镇，距离马德里市中心西北约41千米处。1557年8月10日（圣劳伦斯纪念日），在赢得圣昆丁战役后，为了感谢上帝的胜利，费利佩二世开始在圣洛伦索·德·埃斯克里亚尔建造这所宫殿。宫殿设有大教堂、皇家住所、国王墓穴、埃斯克里亚尔小镇以及一所修道院，国王的棺椁位于万神殿的德洛斯雷耶斯。自从卡洛斯五世以来，几乎所有西班牙君主的大理石棺椁都可以在这里找到，还包括许多皇亲国戚。

12.5.3 阵亡谷

阵亡谷位于埃斯克里亚尔以北约12.8千米处的瓜达拉玛山脉。该建筑群建于1940年至1958年之间，类似于一座纪念碑，旨在纪念西班牙内战（1936—1939）期间牺牲的人们。阵亡谷还与佛朗哥政权有点关系，因为这位已故的将军被埋葬在谷中的大教堂里，也是他下令修建了这所大教堂。阵亡谷的圣十字架建在海拔1400米的岩石峭壁上，被称为纳瓦岩，是世界上最大的十字架。这个巨大的花岗岩十字架从底座算起，高150米（492英尺），南北朝向，宽度为47米（154英尺）。从下面的大广场到十字架的顶部，有300米（984英尺）之高。十字架的底部有四个巨大的雕塑（高18米），描绘了代表四位福音书作者的图腾：翼天使圣马修、翼狮子圣马克、公牛圣卢克、老鹰圣约翰。

12.5.4 阿尔罕布拉宫

阿尔罕布拉宫的全称是卡拉塔·阿尔罕布拉宫（红色城堡），是十四世纪中叶由摩尔人统治者在西班牙建立的格拉纳达埃米尔国宫殿和要塞建筑群，占据格拉纳达市的东南边阿萨比卡山的整个山顶，现归属于西班牙安达卢西亚自治区。

阿尔罕布拉宫的摩尔人宫殿是为纳斯里德王朝在西班牙及其宫廷中的最后一个穆斯林埃米尔（国王）建造的。神圣罗马皇帝查理五世统治期间，于1527年建造的宫殿被嵌入纳赛德要塞内的阿罕布拉宫内。经历了数个世纪的失修，阿尔罕布拉宫于十九世纪被欧洲学者和旅行者"重新发现"，并开始修复。现在，它成了展示西班牙最重要、最著名的伊斯兰建筑的地方，这里还有十六世纪以后的基督教建筑和花园建筑。阿罕布拉宫也是联合国教科文组织世界遗产。

12-3 毕尔巴鄂古根海姆博物馆

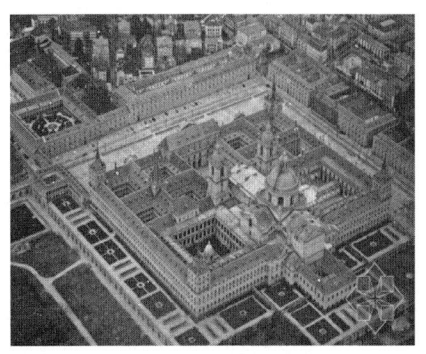

12-4 埃斯克里亚尔宫

12-5 阵亡谷

12-6 阿尔罕布拉宫

12.6 名　　人

12.6.1 塞万提斯

米格尔·德·塞万提斯·萨维德拉是西班牙小说家、诗人和剧作家,于1547年9月29日出生于阿尔卡拉·德·埃纳雷斯,于1616年4月23日去世。

塞万提斯早年的经历鲜为人知,但在1571年,他在勒潘托参加战斗,其间

185

英勇作战，并被枪弹打伤左手。在他乘船返回西班牙的途中，不幸又落入阿尔及利亚海盗的手中。他在阿尔及尔为奴五年，四次逃脱未果，他被圣三位一体教派的人救赎出来，得以回到马德里的家中。1585年，塞万提斯与小他二十二岁的卡塔琳娜·德·萨拉萨结婚，不久他就发表了一部田园小说《伽拉泰亚》，与此同时，他的一些戏剧也在马德里的舞台上演。两年后，他离开马德里来到安达卢西亚，在这里一待就是十年。最初他给西班牙无敌舰队做供应商，后来成为一名税收征管员。1605年，他来到巴拉多利德，在政府机构谋得一个席位，就在这个时候，他的小说《堂吉柯德》的第一部分在马德里出版后立即获得成功，这也标志着他重返了文学界。1607年，他在君主菲利普三世重新执政不久后回到马德里定居。在他生命的最后九年中，塞万提斯受到家中亲人去世和个人挫折的影响，同时有位神秘的自称是阿维拉内达的人发表了《堂吉诃德》的伪续集，使得塞万提斯本人不得不写了小说的第二部，一年之后《堂吉柯德》的第二部分得以出版，巩固了他的声誉。

《堂吉柯德》经常被认为是第一部现代小说，是西方文学的经典之作，也被看作是有史以来最好的小说之一。塞万提斯的小说被认为是西班牙所有文学中最重要的作品，对西班牙语的影响力是如此之大，以至于西班牙语经常被称为塞万提斯语言，他也被称为智者王子。

12.6.2 帕勃罗·鲁伊斯·毕加索

帕勃罗·鲁伊斯·毕加索生于1881年10月25日，卒于1973年4月8日，被公认为是二十世纪最有影响力的艺术家。这位长寿且多产的艺术家，在整个职业生涯中尝试了多种风格和主题的绘画。在他的幼年时期，他以童年和青春期的写实方式绘画，到了二十世纪的前十年，随着他对不同的理论、技艺和思想的尝试，他的风格也发生了变化。毕加索革命性的艺术成就为他带来了享有一生盛誉的艺术财富，也使他成为二十世纪艺术界最著名的人物。

在毕加索对艺术史的众多贡献中，他最重要的贡献是开拓了立体主义的现代艺术运动，把拼贴技术创造性地发展为一种艺术技巧，并在雕塑中运用了组合的风格（各种材料的组合结构）。

毕加索其他著名的作品有以棱柱方式呈现的画作《亚威农少女》和《格尔尼卡》(1937)，后者描绘了西班牙内战期间德国对格尔尼卡轰炸的场景。

12.6.3 佛朗哥

佛朗哥的全名为弗朗西斯科·保利诺·埃尔梅尼吉尔多·特奥杜洛·佛朗哥-巴哈蒙德·萨尔加多·帕尔多（1892—1975），通常被称为弗朗西斯科·佛朗哥，是西班牙军事独裁将军，西班牙内战右翼叛军的领导人（1936—1939）。他从1936年10月开始担任西班牙国家元首，并从1947年起恢复名义上的西班牙王国，直至1975年11月去世。作为西班牙国家的元首，佛朗哥以上帝恩典的名义赋予自己国家元首的头衔。在将近四十年的统治期间，佛朗哥的执政经历了多个不同的社会时代，他的政策及价值观代表了一个时代。

12.6.4 胡安·卡洛斯一世国王

胡安·卡洛斯国王全名为胡安·卡洛斯·阿方索·维克托·玛利亚·德波旁-波旁-两西西里，出生于1938年1月5日的罗马，1975年11月27日即位，成为西班牙国王。

1975年11月22日，独裁者弗朗西斯科·佛朗哥逝世两天后，卡洛斯根据佛朗哥颁布的继承法被任命为国王。事实上，西班牙的王位已经空缺了22年（1947年名义上恢复），直到1969年佛朗哥任命卡洛斯为西班牙的下一位统治者。1978年颁布的《西班牙宪法》强调了西班牙君主作为西班牙民族的形象化身，象征着西班牙持久的统一和历史，因此君主在西班牙既是国家元首，又是国家武装部队的总司令，该体系在西班牙语中被称为"议会君主制"。胡安·卡洛斯国王成功地带领西班牙完成从专制到议会民主的社会过渡。

胡安·卡洛斯于1962年与希腊公主索菲娅结婚，两人共育有3个孩子和8个孙子。

12-7 米格尔·德·塞万提斯·萨维德拉　　12-8 帕勃罗·鲁伊斯·毕加索

12-9　弗朗西斯科·佛朗哥　　　　12-10　胡安·卡洛斯一世

12.7　传统美食

　　西班牙美食有许多不同的菜肴，因其所在的区域、文化和气候的差异而不同，它尤其受西班牙周围水域捕捞的海鲜的影响，这也反映了该国深厚的海洋文化渊源。西班牙悠久的历史和文化影响力造就了数以千计的食谱和独特风味的美食，它也因其健康的理念和新鲜食材而闻名世界。

12.7.1　地理影响

　　因为西班牙位于伊比利亚半岛上，因此几乎完全被水域所包围。由于其地理位置优越，海鲜则成为西班牙美食的支柱之一。西班牙菜也被归类为地中海菜肴系列。西班牙是一个由山脉、茂密的牧场、肥沃的农田以及广阔的海岸线等组成的多元地形，所以这里也有各种各样的新鲜农产品。

12.7.2　传统

　　典型的西班牙美食受到其悠久的历史影响，它们几乎就是西班牙历史的见证者。腓尼基人留下了酱料的配方，希腊人将橄榄油引入西班牙；罗马人、迦太基人和犹太人则将自己的烹饪元素融入西班牙。摩尔人在西班牙的统治时期，西班牙美食发生了较大的变化：他们在伊比利亚饮食中加入了水果和淡淡的调味料，以及水果、坚果与肉和鱼的混合物，也将米饭引入西班牙的各种菜肴中。

如果你在炎热的夏天喝到一份西班牙凉菜汤，这正是从摩尔人文化中发展而来的菜肴。

12.7.3 美洲大陆的影响

哥伦布1492年著名的航行之旅发现了美洲大陆，不仅对世界历史影响深远，更为西班牙美食的历史发展添加了更多重要的文化元素。在1520年，来自新大陆的食物抵达西班牙，立即开始融入西班牙饮食中。有许多农产品跨越大西洋到达西班牙，如西红柿、香草、巧克力、各种豆类和土豆，在它们到达爱尔兰之前出人意料地先出现在西班牙的土地上，如今它们也已成为现代西班牙家庭厨房的主要烹饪用料。

西班牙文化讨论专题：
1. 斗牛是一项运动还是一种文化？为什么？
2. 十五世纪西班牙的黄金时代是如何发展起来的？
3. 西班牙的建筑风格是如何发展演变的？
4. 西班牙文学与其他欧洲国家有什么不同？
5. 西班牙饮食习俗有什么特点？

第13章 意　大　利

意大利的全称是意大利共和国，是一个民主共和国，位于世界最发达国家之列，其生活质量指数也位居世界前十名。该国不仅人民生活水平较高，人均GDP也很靠前。意大利是现在的欧洲联盟和北大西洋公约组织的创始成员，还是八国集团和二十国集团的成员，全球GDP排名第八（2019），国内生产总值（购买力平价）GDP（PPP）排名第十二（2017）。它还是经济合作与发展组织、世界贸易组织、欧洲委员会和西欧联盟的成员国，是全球第十大国防预算开支国家，同时也是北约重要的成员国家。

13.1　地　　理

13.1.1　意大利的面积

意大利的总面积为301 230平方千米，其中土地面积为294 020平方千米，水域面积是7 210平方千米，还包括在亚得里亚海和爱奥尼亚海上的岛屿以及与第勒尼安海相邻的海岸线和边界，共长7 600千米。意大利还与法国、奥地利、斯洛文尼亚和瑞士相连；剩下的是其飞地，分别包括圣马力诺和梵蒂冈。

意大利主要由靴子型的亚平宁半岛和两个位于地中海中的大岛西西里岛和撒丁岛组成。亚平宁山构成意大利半岛的主要地形结构，阿尔卑斯山在其北部边界。波河是意大利最长的河流，从与法国西部接壤的阿尔卑斯山流出，穿过巴丹平原，最后到达亚得里亚海。五个最大的湖泊按大小递减的顺序排列如下：

加尔达湖：367.94平方千米（142平方英里）。

马焦雷湖：212.51平方千米（82平方英里）。

科摩湖：145.9平方千米（56平方英里）。

特拉西梅诺湖：124.29平方千米（48平方英里）。

博尔塞纳湖：113.55平方千米（44平方英里）。

意大利拥有59 290 969人口，是欧洲第六大人口国家，也是世界第二十三大人口国家。

13.1.2 位置和气候

意大利位于欧洲南部，由靴形的意大利半岛和许多岛屿组成，其中包括两个最大的岛屿——西西里岛和撒丁岛。尽管该国占据了意大利半岛和南部阿尔卑斯盆地的大部分地区，但意大利的部分领土已经超出了阿尔卑斯盆地，另有一些岛屿则位于欧亚大陆架之外。

意大利的气候高度多样，根据地理位置的不同，可能与典型的地中海气候有较大差异。意大利的大部分内陆北部地区，如皮德蒙特、伦巴第和艾米利亚-罗马涅，均属大陆性气候，通常被列为亚热带湿润地区；利古里亚的沿海地区和佛罗伦萨以南的大多数半岛的气候大体上符合地中海带给大家的印象；半岛沿海地区的条件可能与内陆较高的地面和山谷有很大不同，特别是在冬季，海拔较高的地区往往寒冷潮湿且经常下雪，而沿海地区的特点却是冬季温和、夏季温暖，尽管夏季的低谷可能很热，但总体来说气候较为干燥。

13-1　意大利国旗　　　　13-2　意大利国徽

13.1.3 主要信息和数据

总统：塞尔吉奥·马塔雷拉（2015）。

总理：朱塞佩·孔特（2018）。

国土总面积：30.1338万平方千米（11.6346万平方英里）。

人口，59 290 969人（2019）；增长率，0.17%；出生率，8.16/1 000；婴

191

儿死亡率，10.595/1 000；平均寿命，83.26；人口密度，每平方千米196.76人。

首都和最大城市：罗马，3 550 900（市区），2 455 600（城区）。

其他大城市：米兰、那不勒斯、都灵、巴勒莫、热那亚、博洛尼亚、佛罗伦萨、巴里、卡塔尼亚、威尼斯。

货币单位：欧元（原货币为里拉）。

国歌：《马利梅之歌》。

官方语言：意大利语。

第一次世界大战爆发伊始，意大利宣布中立，理由是德国发动的是进攻性战争。但到了1915年，意大利加入协约国一方参加一战，但战后获取的土地却比战前预期的要少。贝尼托·墨索里尼是个前社会主义者，他在1919年组织对社会不满的意大利人加入法西斯党，号称要"从布尔什维克主义手中拯救意大利"。他组织"黑衫军"进军罗马，于1922年10月28日当选为总理。他将意大利转变成独裁政权后，在1935年入侵和吞并埃塞俄比亚，开始实行扩张主义外交政策，并在1936年与罗马—柏林轴心国的阿道夫·希特勒结盟。1943年当盟军攻入意大利时，墨索里尼的独裁统治宣告瓦解，他本人于1945年4月28日在科莫湖的东戈被游击队处决。在向盟军投降一个月之后（1943年10月13日），意大利作为共同参战国加入了对曾经的轴心国合作伙伴纳粹德国的战争。1946年6月意大利举行了全民投票，否决了君主制，并宣布共和国成立。

13.2 简　　史

13.2.1 古代

最初，古罗马只是在大约公元前八世纪左右建立的一个小型农业社区，在整个八世纪的发展过程中，它渐渐成长为一个横跨整个地中海的庞大帝国，古希腊和罗马文化在此融合为一个文明。这种文明的影响力如此之大，以至于它的某些部分在现代法律、行政、哲学和艺术中得以延续，从而形成了西方文明赖以生存的基础。

在长达十二个世纪的时间长河里，罗马从君主制转变为共和国，直至最后成为一个专制的国家。自二世纪以来，罗马帝国不断衰落，最终在285年分裂为两个部分：西罗马帝国和东方的拜占庭帝国。在哥特人的压力下，西部地区最终瓦解，在接下来的十四个世纪中，意大利半岛分为几个独立的小王国和封建城市国家，剩下东罗马地区依然保留着罗马的文化遗产。

意大利的历史在很大程度上是罗马的历史。从九世纪开始，神圣罗马帝国皇帝、罗马天主教教皇、诺曼人和撒拉逊人都争相控制意大利半岛的各个地区。许多城邦国家，例如威尼斯和热那亚，其政治和商业竞争非常激烈；到中世纪后期，许多小公国开始蓬勃发展。尽管意大利在政治上分散了数百年，但从十三世纪到十六世纪，它依然成为西方世界的文化中心。

13.2.2 中世纪

在中世纪，意大利以其商人共和国而闻名。这些城邦国家实际上是寡头政治，占统治地位的是商人阶层，在相对自由的情况下，这种体制也促进了学术和艺术的进步。那时意大利的四个著名海上共和国是威尼斯、热那亚、比萨和阿马尔菲。威尼斯和热那亚是欧洲与东方进行贸易的门户，曾是闻名的威尼斯玻璃的生产地区。海上共和国积极参与了十字军东征，它们较好地利用新政治体制和贸易的机会来发展自己，最典型的是十字军在威尼斯的资助下征服了扎拉城和君士坦丁堡。

在中世纪后期，意大利被划分为较小的城邦国家和地区：那不勒斯王国控制南部，佛罗伦萨共和国和教皇国占据中心地带，热那亚人和米兰人控制着北部和西部，威尼斯人控制东部。

13.2.3 文艺复兴

十五世纪的意大利是欧洲城市化程度最高的地区之一。大多数历史学家认为，文艺复兴时期的思想及其最早对运动的支持者都来源于十三世纪后期的佛罗伦萨，或者是在佛罗伦萨周围其他的城市和其对手城邦国。文艺复兴时期典型代表成就有但丁和弗朗切斯科·彼得拉克、博卡西奥等人的著作，以及始于乔托·迪邦多的大师级绘画艺术。文艺复兴时期是意大利和欧洲历史上极为重要的时期，造就了政治、哲学、文学、文化、社会和宗教改革等方面无数的成就。

之所以有"文艺复兴"的名称，就是因为这是许多经典思想"重生"的运动，而这些思想早已隐藏在古代古典主义的章节中。佛罗伦萨成为意大利文艺复兴的主要中心，米开朗琪罗、达·芬奇和波提切利等众多艺术家都在这座城市进行创作，促进了佛罗伦萨经济的蓬勃发展。根据大不列颠百科全书记载，从十四世纪到十六世纪佛罗伦萨可以说是欧洲最伟大的城市之一。

罗马也是受文艺复兴影响巨大的城市，革新极大地改变了这座城市的面貌，在教皇朱利叶斯二世（1503—1513）及其继任者里奥十世和克莱门特七世的统治下，罗马达到了社会发展的最高成就，也成为世界上最伟大的艺术中心之一。例如由君士坦丁大帝建造的古老的圣彼得大教堂，由意大利最著名的画家之一米开朗琪罗主持重建。当时的罗马已经部分地丧失了其宗教性，逐渐成为一个真正的文艺复兴时期的代表城市，这里的盛宴、赛马、聚会，甚至放荡的书信文札随处可见，罗马兴盛的经济还孕育出一些托斯卡纳银行家。

13.2.4　十六至十九世纪的外国统治和启蒙运动

在那个时期，意大利的主要城市，如米兰、罗马、都灵、威尼斯、佛罗伦萨和那不勒斯，都是进行新思想讨论和孕育新意识的沃土。在托斯卡纳大公国，死刑和酷刑被取消，这是意大利法律改革的一个飞跃。

那个时期还发生了许多重大的社会事件，法国大革命和拿破仑战争（1796—1815）激起了平等、民主、法律和民族等许多思想，许多意大利人非常认可甚至支持这种思想，因为他们认为以此为基础，意大利最终可以实现民族团结。这种统一或重建现代意大利的思想一直延续到十九世纪下半叶。除了革命，在整个十四至十七世纪，瘟疫也多次侵袭着意大利，意大利的最后一次重大流行病发生在1656年的那不勒斯。

13.2.5　意大利统一（1816—1861）和意大利王国（1861—1946）

意大利王国的建立是意大利民族主义者和忠于萨沃伊众议院的君主主义者努力的结果，他们建立了一个覆盖整个意大利半岛的联合王国。在1848年席卷欧洲的自由主义革命的背景下，意大利开始对奥地利宣战。

在第二次意大利独立战争中，联合王国在拿破仑三世的帮助下，挑战奥地利帝国发动战争，并解放了伦巴第大区，建立了以都灵作为首都的新国家。1865年，国家首都迁至佛罗伦萨。

1870年法普战争期间，法国放弃了对罗马的控制，意大利则急于通过从法国手中接管教皇国来填补权力差距，意大利终于实现了统一。不久之后，意大利的首都从佛罗伦萨迁到罗马，在保持君主制的同时，意大利政府开始实施自由主义者控制的议会制。

随着意大利的发展，其北部逐渐实现了工业化和现代化，但意大利南部和北部的农业地区仍然不发达，经济的停滞迫使数百万人迁移到新兴的工业三角区或海外。1848年的撒丁岛宪法被推行到整个意大利王国，宪法规定了人民基本的自由权力，但选举法未将无产阶级和没有接受教育的阶层包括在内。

1935年墨索里尼经过漫长的征战，侵占了埃塞俄比亚，这直接导致了国际社会对意大利的疏离，也使意大利国被国际联盟取消了成员资格。1943年6月，盟军进入意大利，法西斯政权瓦解，墨索里尼被逮捕。1943年9月意大利向盟国投降，脱离了法西斯和纳粹的统治，其余的意大利法西斯部队被解散，意大利最终获得解放。

13.2.6 意大利共和国（1946—）

从1960年代后期到1980年代后期，意大利经历了严峻的经济危机，这一时期的特点是更为广泛的社会冲突和议会外政党实施的恐怖行动。多年的左右党派暴力最终导致了基督教民主党领袖莫罗于1978年被暗杀，结束了意大利天主教民主党与共产党之间的"历史性妥协"。在二十世纪八十年代，意大利的两届政府出现了自1945年以来第一次由非天主教民主党组阁，即共和派和社会主义党派相继组阁，但天主教民主党仍然是支持政府的主要力量。

从1992年到2009年，由于选民对过去的政府不作为、沉重的政府债务和腐败的泛滥感到失望，意大利的政治面临着严峻的挑战，人民要求进行政治、经济和道德等方面的改革。许多社会丑闻几乎涉及所有主要政党，尤其是与政府有联系的那些政党：在1992年至1994年期间，天主教民主党经历了严重的危机并被解散为几个不同的部分，而社会党和其他执政的政党也有着同样的命运。

1994年的选举使媒体大亨西尔维奥·贝卢斯科尼当选为总理。但是，由于同年12月北方联盟撤销了对他的支持，贝卢斯科尼被迫辞职。1996年4月，全国大选让罗马诺·普罗迪领导的中左翼联盟获胜，普罗迪政府成为执政第三长时间的政府。此后在1998年10月，他以二票之差失去信任票，马西莫·达莱玛成立了新政府。但很快，在2000年4月达莱玛辞职下台。

在2001年的全国大选中，西尔维奥·贝卢斯科尼领导的中央右翼联盟获胜，贝卢斯科尼再次担任总理。他连续执政五年，建立过两个不同的政府。这一届政府（2001—2005）成为战后意大利执政时间最长的政府，在其领导下意大利加入了由美国领导的伊拉克军事联盟。2006年，中左翼赢得了当年的选举，普罗迪得以组建他的第二任政府；但在2008年初，他在议会中得到一次不信任投票后辞职。贝卢斯科尼先生在随后的 2008 年 4 月大选中获胜,得以第三次组成政府。2018 年 6 月意大利五星运动党和联盟党共同推举的总理候选人朱塞佩·孔特宣誓就职新一届政府总理,联合组阁的意大利政府终于正式诞生。

13.3 宗教、文化和教育

13.3.1 宗教

尽管罗马天主教不再拥有国教的地位,但它迄今为止依然是意大利最大的宗教。有 87.8% 的意大利人认为自己是罗马天主教徒,这其中只有约三分之一的人称自己是积极参与宗教活动的教徒(36.8%)。

意大利天主教会是世界罗马天主教会的一部分,由教皇、位于罗马的罗马教廷和意大利主教会议领导。意大利天主教堂有 225 个教区,尽管梵蒂冈不属于意大利的一部分,但它却位于罗马;就像拉丁文一样,意大利语也是使用最多的语言,并且是罗马教廷的第二语言。

对意大利其他的宗教信仰来说,历史最悠久的宗教信仰是犹太教,当然犹太人是在基督诞生之前就出现在古罗马的,由于来自世界各地的移民,非基督教信仰的教徒有所增加。至今意大利有 100 万穆斯林,占人口的 1.7% 左右,这其中只有 5 万人是意大利国籍。

13.3.2 文化

直到 1861 年意大利统一,意大利才作为一个国家而存在。由于统一的时间比较晚,以及构成意大利半岛各地区自治的历史,许多被公认的意大利传统和文化都因发源地的区域不同而不同。尽管这些地区在政治和社会上存在差异,意大利对欧洲乃至世界文化和历史遗产的贡献仍然十分巨大。意大利是联合国教科文组织世界遗产数量最多的地方,并集结了许多不同时期丰富的世界艺术、文化和文学作品。意大利在世界范围内之所以具有广泛的文化影响力,一部分原因也是由于众多意大利裔移民的结果。

(1)建筑

意大利拥有不同的建筑风格,从古罗马式建筑到希腊风格,从哥特式到文艺复兴建筑,从巴洛克式到新古典主义,从新艺术风格到现代风格,可以说历史悠久。承载着意大利文明的建筑古迹各式各样，例如万神殿、罗马竞技场、比萨斜塔、坎波广场、米兰大教堂以及佛罗伦萨大教堂等。意大利也是众多著名建筑师的故乡，其中一些人甚至改写了建筑历史。

（2）视觉艺术

几个世纪以来，意大利艺术经历了许多风格上的变化。传统上，意大利绘画以暖色调的色彩和光线为特征，其代表人物包括著名画家米开朗琪罗、达·芬奇、多纳泰洛、波提切利、安杰利科、丁托列托、卡拉瓦乔、贝尼尼、提香和拉斐尔。

此后，意大利经历了其他强国的统治，人们开始对政治事务更加关注，导致其在欧洲的艺术权威地位下降。直到二十世纪，主要通过翁贝托·波丘尼和贾科莫·巴拉等人的作品，未来主义才为意大利重新作为艺术发祥地建立起影响力。

（3）文学

现代意大利语言的基础是佛罗伦萨诗人但丁·阿利吉耶里所建立的，他的最伟大作品《神曲》被认为是欧洲中世纪产生的最重要文学作品之一。除此之外，在意大利也不乏其他著名的文学人物，其中最有名的文学表达形式——十四行诗就是在意大利首先出现的。

著名的哲学家还有乔尔达诺·布鲁诺和马西里奥·菲奇诺等；现代文学人物和诺贝尔奖获得者有民族主义诗人乔苏埃·卡尔杜奇（1906 年诺贝尔文学奖获得者）、写实作家格拉齐娅·黛莱达（1926 年诺贝尔文学奖获得者）、现代戏剧作家路伊吉·皮兰德罗（1934 年诺贝尔文学奖获得者）、诗人萨尔瓦托·夸西莫多（1959 年诺贝尔文学奖获得者）、埃乌杰尼奥·蒙塔莱（1975 年诺贝尔文学奖获得者）以及讽刺作家和戏剧作家达里奥·福（1997 年诺贝尔文学奖获得者）。

（4）剧院

意大利剧院的历史可以追溯到希腊文化影响下的古罗马传统剧院，与许多其他文学体裁一样，罗马戏剧家倾向于改编和翻译希腊文。在十六世纪及十八世纪之前，即兴喜剧作为一种即兴表演的形式风靡意大利，至今仍在表演。巡回演出的表演者首先搭建一个户外舞台，以杂耍、杂技和更典型的幽默表演为娱乐形式，但这些表演并不是随意的，都是基于一些既定角色或故事情节而定的。

（5）音乐

不论是民间音乐还是古典音乐，音乐一直在意大利文化中发挥着重要作用。

与古典音乐相关的乐器（包括钢琴和小提琴）都是意大利发明的，许多流行的古典音乐形式（如交响乐、协奏曲和奏鸣曲）可以追溯到十六世纪和十七世纪的意大利音乐创新。

虽然古典音乐传统在意大利仍然很流行，但无数歌剧院（如米兰的斯卡拉和那不勒斯的圣卡洛剧院）以及以钢琴家毛里齐奥·波利尼和男高音卢西亚诺·帕瓦罗蒂为代表的当代音乐，依然受到意大利人的赞赏。

意大利以歌剧的发源地而闻名。据说意大利歌剧形成于十七世纪初期，在曼图亚和威尼斯等意大利城市中首先出现。之后的歌剧主要是由十九世纪和二十世纪初期的意大利本土作曲家创作的，例如罗西尼、贝里尼、多尼采蒂、威尔第和普契尼，他们创造了有史以来最著名的歌剧，如今依然在世界各地的歌剧院演出。意大利著名歌剧歌唱家包括恩里科·卡鲁索、亚力山德罗·邦奇，还有已故的卢西亚诺·帕瓦罗蒂等。

（6）电影

卢米·埃尔兄弟开始他们的电影放映后的几个月，意大利电影史就开始了。当时的第一部电影只有几秒钟的时间，展示的是教皇利奥十三世在镜头前对世人的祝福。1903年至1908年之间，意大利电影业诞生了三家公司：意大利电影联合公司、安布罗休电影公司和伊塔拉电影公司。很快，其他许多小的电影公司在米兰和那不勒斯随即兴起。就在很短的时间内，这些电影业的首创者们就达到相当高的拍摄能力，随后电影胶片就卖到了意大利以外的地方。

战后，在二十世纪八十年代前后，意大利电影受到艺术界的广泛认可，出口大幅度增加。但近年来，意大利拍摄的影片只是偶尔受到国际上的关注。

（7）科学技术

几个世纪以来，意大利孕育了一些著名的科学思想，其中有历史上最著名的博学专家——列奥纳多·达·芬奇，他对艺术、生物学和科技等各个领域都做出了若干贡献。伽利略·伽利雷不仅是物理学家，还是数学家和天文学家，在科学革命中发挥了重要作用，他的成就包括对望远镜的改进和随之而来的天文观测以及对哥白尼理论的支持。诺贝尔物理学奖获得者物理学家恩里科·费米是原子能时代的创建者之一，并因其对物理学的许多其他贡献而闻名，这其中就包括与其他科学家共同研究的量子理论。

（8）体育运动

意大利受欢迎的运动包括足球、篮球、排球、水球、击剑、橄榄球联盟比赛、橄榄球联盟比赛、自行车骑行、冰球、旱冰、曲棍球、赛车和板球等。冬季运动在北部地区更受欢迎，意大利人也多次参加国际比赛和奥林匹克运动会。2006年都灵主办了冬季奥运会。

在意大利，最受欢迎的运动是足球，意甲也是世界上最著名的比赛之一。国家足球队是享誉世界足坛的球队，获得过四次世界杯冠军，其中第一次获得世界杯冠军是1934年。橄榄球在意大利也很普及，意大利橄榄球联盟国家队是橄榄球六国锦标赛的参赛队。

（9）时装

意大利时装有着悠久的传统，与法国时装、美国时装、英国时装和日本时装一起被认为是世界上最重要的时装之一。米兰、佛罗伦萨和罗马是意大利的主要时尚之都，但是那不勒斯、都灵、威尼斯、博洛尼亚、热那亚和维琴察则在其他领域占据中心地位。根据2009年全球语言监测机构的数据，米兰被提名为全球真正的时尚之都，声誉甚至超过了纽约、巴黎、伦敦和东京等其他国际城市，罗马则排在第四位。意大利的主要时装品牌包括古奇、普拉达、范思哲、华伦天奴、阿玛尼等，这些被认为是世界上最好的时装品牌之一。此外，时尚杂志《意大利时尚》（*Vogue Italia*）被认为是世界上最重要、最负盛名的时尚杂志。

（10）意大利菜肴

现代意大利美食经过意大利社会和政治数百年的变革而形成今天的风味，但其起源却可以追溯到公元前四世纪。随着新大陆的发现，意大利菜谱也发生了重大变化，土豆、西红柿、甜椒和玉米等蔬菜开始出现在意大利菜中，这些现代意大利美食的主要成分直到十八世纪才大规模进入意大利美食和烹饪中。

意大利菜的配料和菜肴因地区而异，许多曾经的地方菜肴在全国各地以不同的形式流行开来。奶酪和葡萄酒是美食的主要组成部分，它们种类繁多，每个地区对其称谓都有着特别的规定，无论在地区范围还是全国范围，它们都发挥着不同的作用。咖啡尤其是浓咖啡，对意大利的文化美食已变得至关重要，而其他耳熟能详的一些著名菜肴包括意大利面、比萨、烤宽面条、意式薄饼和意式冰淇淋。

13.3.3 教育

意大利的公共教育从6—14岁开始，实行的是免费的义务教育制，包括五年制小学阶段和八年制中学阶段的教育，中学则分为一级中学（初中）和二级中学（高中）。意大利的公共教育水平很高，超过了其他同级别的发达国家，例如英国和德国，同时还拥有私立教育制度。

意大利有各种大学和学院教育体系。米兰的博科尼大学是《华尔街日报》国际排名中世界前 20 名最佳商学院之一，这主要归功于其设立的 MBA 学位，在 2007 年大型跨国公司毕业生招聘最受欢迎的学校中该校排名全球第 17 名。其他顶尖大学和理工学院有都灵理工大学和米兰理工大学、萨皮恩扎大学和米兰大学。意大利有着西方世界上最古老的大学——博洛尼亚大学，据 QS 世界大学排名组织公布的 2019—2020 世界大学排名中，博洛尼亚大学世界排名第 177 名，其艺术与人文学科排名世界第 54 名。除此之外，帕多瓦大学也是欧洲最古老的大学之一。总体来看，意大利优秀大学数量全球排名第七，欧洲排名第四。

13.4 重要节日

表 13-1　意大利的公共假日

日　期	中文名	本地名称	备　注
1 月 1 日	元旦	Capodanno	
1 月 6 日	主显节	Epifania	
时间有变动	复活节星期天	Pasqua	
复活节后的星期一	复活节星期一	Lunedì dell'Angelo	
4 月 25 日	解放纪念日	Festa della Liberazione	1945 年意大利获得解放第二次世界大战结束
5 月 1 日	劳动节	Festa dei Lavoratori	
6 月 2 日	共和国日	Festa della Repubblica	1946 年意大利共和国诞生
8 月 15 日	圣母升天日/八月节	Ferragosto 或 Assunzione	
11 月 1 日	万圣节	Ognissanti 或 Tutti i santi	
12 月 8 日	圣灵感孕节	Immacolata Concezione（或仅 Immacolata）	
12 月 25 日	圣诞节	Natale	
12 月 26 日	圣史蒂芬日	Santo Stefano	

13.5 风景名胜与历史古迹

旅游业是意大利国民经济中增长最快、利润最高的行业之一，意大利也是全球旅游收入最高的国家之一，每年入境游客数量达到1.17亿人次，世界旅游人数排名第五，国际旅游收入位列世界第六。意大利最受欢迎的旅游景点是罗马斗兽场和庞培古城。意大利最著名的景点如下。

13.5.1 威尼斯大运河

威尼斯是人类发明创造和独创性结合的最好证明，如果想了解威尼斯的历史，最好的出发点就是了解威尼斯运河。威尼斯有150多条运河，400多座桥梁跨越其上。市内最大的运河——大运河长约2英里（3.2千米），沿着巨大的"S"形曲线蜿蜒穿过城市，从火车站到圣马可广场，再到令人惊叹的圣玛丽亚教堂，其宽度绵延超过350英尺（105米）。

13-3 威尼斯运河

13.5.2 庞贝古城

庞贝古城将会带你回到意大利的辉煌历史中，这是一座被大自然和历史所磨蚀的城市，尽管如此，庞贝古城仍然散发着其特有的奇观和雅致。实际上，它是意大利最受欢迎的旅游景点之一，曾几何时这座被联合国教科文组织宣布为世界遗产的城市几乎被人类遗忘，直到1748年庞贝古城才被人类重新发现。当时的发掘表明，这座伟大的城市正处于罗马文明的宏伟鼎盛时期，通过对庞贝古城的游览我们将会对罗马帝国鼎盛时期罗马人的生活有新的认识。

13-4 庞贝古城　　　　　　　　　　13-5 罗马竞技场

13.5.3 罗马斗兽场

罗马斗兽场可能是罗马最古老和最著名的世界古迹，它是最早建造的罗马圆形剧场之一。它位于沼泽地带上的西里欧山和埃斯奎利诺山之间，历史记录显示罗马斗兽场修建了许多年，始建时间大约是公元 80 年左右。

初建成的罗马斗兽场可容纳 50 000 名观众，这在当时实在是不朽的壮举，因为就算是从现代建筑学标准来看，这个建筑的规模依然是巨大的。当时的竞技场地板全部由木头制成，下面有无数的隧道和通道，可以让观众进出场地，或是让竞技的野兽出入。该建筑由精心选择的混凝土和石灰华混合制成，用于修建地基部分、柱子和美丽的拱廊。

13.6　名　　人

13.6.1　朱利叶斯·恺撒（公元前 101—前 44）

朱利叶斯·恺撒是古罗马的象征，曾是罗马最具影响力的军事和政治领袖。他生于一个古老的贵族家庭，在社会战争和政治分裂的艰难时期成长，不得不在国外生活了三年；但在公元前 78 年回到罗马后，他开始了自己的政治生涯，担任元老院中民主党的领导人。他以出色的演说能力和对城邦运动和节日活动的组织能力而广受人民的欢迎。恺撒还是一位著名的军事领导人，他征服了意大利北部和西部的土地，并在法国高卢获得了新的领土；他控制了罗马并击败了对手庞培的军队。恺撒大帝在埃及获胜后，被召回罗马，成为独裁者，并被冠以"祖国之父"的头衔，也成为第一个出现在罗马共和国硬币上的人物形象。

在罗马历3月15日的三月节，他被卡西斯和布鲁图斯领导的元老院暗杀。

13.6.2 圣格雷戈里大帝（540—604）

格雷戈里是罗马天主教会历史上的杰出人物，从590年到他去世一直担任教皇。格雷戈里生于一个富裕的家庭，他接受过良好的教育，并在宗教的氛围中长大。多年以来，他一直担任城邦的行政官；在35岁时，他决定在圣安德鲁的赞助下成为一名传教士，578年他被教皇任命为罗马的七个执事之一。此后不久，就被派往拜占庭宫廷担任大使，586年格雷戈里当选教皇。他发动了几项宗教礼仪改革，并撰写了布道、对话、书信和条约等宗教著作。另外，格雷戈里也因其所做的慈善工作而闻名，例如他在住所附近修建医院来救助灾民。根据传说，他还发明了一种神圣的音乐形式——格里高利圣咏。格雷戈里大帝死后被宣布为"圣徒"。

13-6 格雷戈里大帝

13.6.3 但丁·阿利吉耶里（1265—1321）

但丁·阿利吉耶里是一位来自佛罗伦萨的意大利诗人，其最伟大的作品《神曲》已成为世界文学的经典著作，几乎被翻译成各种语言。他在著名的政治家阿利吉耶里家庭中长大。众所周知，他学习过托斯卡纳诗歌和古代拉丁诗歌，尤其是维吉尔的作品；同时，他还花大量的时间用于哲学研究，甚至获得了医生和药剂师的资格，这些职业使他得以进入城邦的政治领域。他所在的政党于1302年下台，但丁被迫离开佛罗伦萨，此后再也没有回来过。在1303年左右，他开始创作《神曲》。在这首诗中，他描述了在地狱、炼狱和天堂中穿越的经历，以及在此过程中结识的名人和他的密友，这是以托斯卡纳方言创作的第一部重要著作。但丁在拉韦纳度过了最后的时光，在这里完成了不朽杰作《神曲》，度过了生命中最后的时光并长眠于此，这儿也是他被埋葬的地方。

13-7 但丁·阿利吉耶里

13.6.4 达·芬奇（1452—1519）

达·芬奇是意大利著名的画家、雕塑家、建筑师、发明家和工程师，是文艺复兴时期男性的化身，也是十五世纪意大利艺术界最著名的代表之一。莱昂纳多·达·芬奇于1452年出生在距佛罗伦萨市不远的芬奇市，从小就开始学绘画。他的父亲很快就认可了他的才华，并将这个14岁的男孩送到佛罗伦萨成为画家安德里亚·德尔·韦罗基奥的徒弟。当韦罗基奥于1477年要求达·芬奇在名为《基督的洗礼》一画中画一位天使时，这位小学徒的表现远超自己的老师，以至于韦罗基奥发誓再也不会碰他的画笔了。1482年，达·芬奇移居到米兰，在米兰公爵的赞助下，创作了他最有名的一些作品，例如《最后的晚餐》（1498）

13-8 莱昂纳多·达·芬奇

和《圣母子与圣安妮》（1499）。尽管达·芬奇在米兰呆了17年，但在那段时期他只创作了六幅画。从1499年到1516年去世，莱昂纳多一直在意大利和法国生活，创作了诸如《蒙娜·丽莎》（1503—1507）、《施洗约翰》（1514）和《巴克斯》（1515）等名画。在他的整个生涯中，达·芬奇还涉猎许多发明和工程设计等领域——坦克、直升机和计算器设计都是其中的一部分，其成就远远超过了他那个时代的技术。此外，这位艺术家还对冶金、土木工程和光学感兴趣，他还通过对人体"维特鲁威人"对称性的研究，在解剖学领域做出了巨大贡献。

13.6.5 米开朗琪罗（1475—1564）

米开朗琪罗不仅是一位才华横溢的画家和雕塑家，而且还是一位建筑师和诗人，被认为是世界上最优秀的艺术家之一，一位真正的文艺复兴代表人物。他出生于托斯卡纳阿雷佐附近的卡普雷塞，一生都与罗马和佛罗伦萨保持着联系。他早期的雕塑作品有《阶梯圣母》和《半人马之战》。1492年，米开朗琪罗移居到威尼斯、博洛尼亚，最后定居于罗马，在那里他为圣彼得雕刻了著名的《皮埃塔》，接着又在佛罗伦萨创造了《大卫》。1505年，教皇朱利叶斯二世邀请这位艺术家到梵蒂冈为他建造设计陵墓，历时40年。在此期间，他一直在为西斯廷教堂的天花板画壁画，直到 1512 年结束；1536 年，他完成了壁画《最后的审判》。作为圣彼得大教堂的首席建筑师，米开朗琪罗还设计了该教堂令人印象深刻的圆顶；而作为诗人，他流传下来一百多首十四行诗。去世之后的米开朗琪罗被埋葬在佛罗伦萨。

13.6.6 马可·波罗（1254—1324）

出生于威尼斯共和国一个富裕商人家庭的马可·波罗是意大利最著名的探险家。1271 年，马可的父亲和叔叔带着年轻的马可第二次前往中国，目的是传达教皇对蒙古军事领导人忽必烈汗的回信。在中国的十七年中，马可·波罗被派往整个元朝的领土进行外交使团的任务。除此之外，他还被忽必烈汗要求担任当时的商业城市——扬州的官员，任期为三年。当他最终回到威尼斯的家中时，他的旅行足迹已超越了那个时代的人们。据传他到过巴勒斯坦海岸的阿克尔，经过了波斯和突厥斯坦，穿越了广阔的戈壁沙漠。马可·波罗的名字一直被传颂到今天，他的名字还被用作威尼斯机场的名字，马可·波罗去世后他的遗体被神秘地运送回来并葬在威尼斯圣劳伦佐教堂。

13-9　米开朗琪罗

13-10　马可·波罗

13.6.7 约翰·保罗二世（1920—2005）

约翰·保罗二世被认为是二十世纪最伟大的教皇，也是十六世纪以来第一位成为罗马天主教会负责人的非意大利人。1978 年，他以约翰·保罗二世的名字当选教皇，因坚定地捍卫传统道德教义而广受褒贬；同时他还是一位具有超凡魅力的人，他改变了教会以往的形象，曾前往非洲、美洲、韩国和以色列在内的世界所有地区，与这些地区教堂领导人进行对话。他于 2005 年 4 月 2 日去世，他的离世

13-11　约翰·保罗二世

引起了全世界的关注。

意大利文化讨论专题：

1. 意大利绘画的传统特征是什么？
2. 如何认识佛罗伦萨诗人但丁·阿利吉耶里？
3. 意大利歌剧何时何地开始出现和流行？
4. 意大利博科尼大学跻身全球二十所最佳商学院的原因何在？
5. 拜占庭、罗马和威尼斯文化的遗产是什么？

第14章 希　腊

现代希腊的起源可以追溯到古希腊的文明，古希腊也常常被认为是西方文明的发源地，在这里诞生了民主、西方哲学、奥运会、西方文学和历史学、政治学，主要的科学和数学原理，以及西方戏剧（包括悲剧和喜剧）。荣登联合国教科文组织世界遗产名录的希腊遗址多达17处，这些文化遗产令人惊叹不已。

14.1　地　理

14.1.1　希腊的面积

希腊是巴尔干半岛最南端的国家，总面积13 1957万平方千米，约有五分之一的面积是由爱琴海中的1400多个岛屿组成，与中国安徽省面积相当。希腊大陆的南北长940千米，东至西宽772千米。它的北面是马其顿和保加利亚，东北面是土耳其，东边紧邻爱琴海，南面被地中海包围，西南至整个西面是爱奥尼亚海，西北边是阿尔巴尼亚。其陆地边界总长1 228千米，海岸线长13 676千米；首都雅典位于该国的南部海岸。

14.1.2　位置和气候

希腊位于欧洲的东南端，是巴尔干半岛最南端的国家，也被称为南欧国家。希腊位于几个国家和海洋之间：北部与阿尔巴尼亚、前南斯拉夫马其顿共和国和保加利亚接壤；东部与土耳其（和爱琴海）接壤；希腊的南部和西部被地中海所环绕。

希腊的气候可分为三类，即地中海气候、阿尔卑斯山气候和温带气候，其领土气候分区比较明确。班都斯山脉使希腊的西侧比其东侧平均湿度更高，该山脉也是影响该国气候的主要因素。地中海类型气候的特征是温和潮湿的冬天和炎热干燥的夏天。尽管希腊多山，但其沿海地区的温度很少出现极冷或极热的程度，冬季经常降雪。

14.1.3 地形

希腊是典型的多山半岛型陆地，在巴尔干半岛的南端伸入大海，还包括伯罗奔尼撒半岛和众多岛屿、爱琴海的基克拉迪群岛以及爱奥尼亚海群岛。希腊拥有14880千米的海岸线，其长度全世界排名第十；它的陆地边界长度是1 160千米，80%的国土是山脉或丘陵，这也使希腊成为欧洲山脉最多的国家之一。奥林匹斯山是整个希腊文化历史上备受关注的地方，其最高点是米提卡斯山峰，高2 917米（9 570英尺），这也是整个国家的最高点。

希腊西部有许多湖泊和湿地，品都斯山脉横跨这个区域，最高海拔为2 637米。斯莫里卡斯山实质上是狄那里克阿尔卑斯山脉的延伸。希腊东北部还有另一个高海拔山脉，即罗多彼山脉，该山脉一直分布到东马其顿和色雷斯的边缘，被广阔而茂密的古老森林覆盖着。在希腊北部色萨利、马其顿和色雷斯是广阔的平原，让这一地区成为该国为数不多的可耕地之一，因此也构成了希腊重要的经济区。

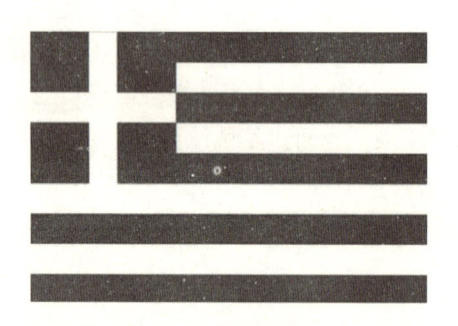

14-1　希腊国旗　　　　　14-2　希腊国徽

14.1.4 主要信息和数据

总统：普罗科比斯·帕夫洛普洛斯（2015）。

总理：基里亚科斯·米佐塔基斯（2019）。

面积：131 957 平方千米，土地：130 800 平方千米，水域：1 140 平方千米。

人口：1 073万（2019）。

首都：雅典。

其他大城市：塞萨洛尼基、帕特雷、伊拉克利翁、拉里萨、沃洛斯、罗得岛、约阿尼纳、干尼亚、阿格里尼翁。

货币单位：欧元。

国歌：《自由颂》。

语言：希腊语99%（官方语言），其他1%（包括英语和法语）。

希腊于1981年1月1日成为欧洲共同体的第十个成员国（其后并入欧盟），接着就迎来了持续的经济增长期。对工业企业和重型基础设施的广泛投资和来自欧盟的资金以及旅游业、航运业和快速增长的服务业使其经济不断增长，希腊的生活水平达到了前所未有的水平。该国于2001年开始使用欧元，并成功举办了2004年雅典奥运会。

14.2 简　　史

14.2.1 希腊文明

希腊是欧洲最早出现文明的地区，首先是爱琴海的基克拉迪文明、克里特的米诺斯文明，然后是希腊本岛的迈锡尼文明。之后，城邦国家开始发展，在遍及整个希腊半岛后蔓延到黑海、南意大利和小亚细亚的海岸，达到了城邦国家的鼎盛时期，产生了前所未有的文化繁荣。古典希腊的文化繁荣体现在许多方面，如建筑、戏剧、科学和哲学。

在城邦时期，雅典和斯巴达在一系列战斗中击退了波斯帝国，但这两个城市后来都被底比斯和马其顿所消灭；尤其是古希腊城邦马其顿在其国王亚历山大大帝的领导下，于公元前三世纪征服了大流士三世统治的波斯帝国。

公元前146年罗马人开始了对希腊的统治，意味着希腊化时期的到来，但希腊化时代仅仅持续了两个世纪就结束了。在此期间，许多希腊人移居到亚历山大、安提阿以及在亚洲和非洲建立的许多希腊化城市。

随后，罗马文化和希腊文化的融合形成了330年君士坦丁堡附近的拜占庭帝国。在1123年以后的一段时期内，拜占庭都是当时主要的文化和军事力量，直到1453年拜占庭帝国首都君士坦丁堡沦陷于奥斯曼帝国之手。在奥斯曼帝国征服前夕，大量的希腊人因不愿受土耳其人的统治而移居到意大利和欧洲其他地区，他们在将古希腊作品传播到西欧的过程中发挥了重要的作用，这在文艺复兴时期体现得淋漓尽致。

在希腊发展脉络中曾出现过一次领土赠予事件。1862年希腊需要遴选新任国王，因英、俄已达成协议不能由本国王族出任，故丹麦威廉王子获得了希腊新任国王头衔，称乔治一世。随着新主登基，英国将爱奥尼亚群岛作为贺礼赠予希腊。近代希腊是在1827年5月1日成立的，但欧洲各国直到1830年2月3日才承认希腊的独立主权国家地位，之后希腊向西方各国进行了贷款，均因无法偿还利息而宣布破产，1893年的时任总理卡里拉奥斯·特里库皮斯随后又宣布了希腊的第二次破产。

14.2.2 现代希腊

由于巴尔干战争，希腊扩大了其领土的面积和人口的数量。战争之后几年，在第一次世界大战前夕，国王康斯坦丁一世与极具号召力的总理埃莱夫塞里奥斯·韦尼泽洛斯就外交政策展开了明争暗斗，成为当时政治舞台上的主角，也让希腊出现两个对立的政体。

第一次世界大战之后，希腊政府开始了与穆斯塔法·凯末尔领导的土耳其民族主义反对派军的战争。根据《洛桑条约》，这场战争也直接导致两个国家之间大规模的人口迁徙，正是因为政变的动荡和接连不断的战争，如何吸纳涌入希腊社会的150万的土耳其难民，成为这一时期希腊最棘手的事务。

二战期间，在1940年10月28日意大利法西斯要求希腊投降，但希腊独裁者扬尼斯·梅塔克萨斯毅然拒绝接受。在随后的希腊—意大利战争中，希腊将意大利部队驱逐到阿尔巴尼亚，让同盟国首次在欧洲大陆击败轴心国。希腊战役之后，希腊最终被紧急进入战斗的德军占领。

希腊国王康斯坦丁二世于1965年7月解散了乔治·帕潘德里欧的中间派政府，这也导致希腊国内长期的政治动荡，最终由美国支持的上校团政权于1967年4月21日发动政变，并建立军人独裁政权。1973年11月17日，雅典工艺学校的学生发起了反对军事独裁者的起义，独裁政权受到了冲击。1974年7月20日土耳其入侵塞浦路斯，独裁政权最终瓦解。

1975年6月11日，在全民公决废除了君主制之后，希腊颁布了民主共和制宪法。与此同时，安德烈亚斯·帕潘德里欧成立了泛希腊社会主义运动，以此来回应卡拉曼利斯保守的新民主主义政党。此后两个政党开始了交替执政的时代，1980年希腊重新加入北约。

2009年末，希腊爆发主权债务危机。在2010年、2012年和2015年，欧洲联盟、欧洲中央银行和国际货币基金组织共向希腊提供了三轮救援贷款，总计约2890亿欧元。然而在两轮救助过后，希腊的经济增长迟迟未见明显起色，为争取援助所采取的紧缩政策却已让希腊人民崩溃。2015年1月的议会选举中，希腊公民把票投给了承诺抵制紧缩政策的激进左翼联盟，时年40岁的亚历克西斯·齐普拉斯也借此击败了新民主党领导人萨马拉斯，成为希腊150年来最年轻的总理。这位年轻总理在随后的几个月代表希腊与国际债权人谈判，但并没有取得主动权，反倒使希腊差点退出欧元区。原本，希腊大选将于2020年举行，但是鉴于齐普拉斯所在的执政党在欧洲议会选举和国内地方选举中接连受挫，被新民主党超越，齐普拉斯便提请希腊总统提前举行大选。2019年7月希腊新民主党领袖基里亚科斯·米佐塔基斯在雅典宣誓就职，预示着希腊在经历了全球经济史上最动荡时期后又回到了正常状态。

14.3 宗教、文化和教育

14.3.1 宗教

希腊人口由97%的基督教东正教徒组成，其余人口是穆斯林、罗马天主教徒和犹太人。希腊和俄罗斯是唯一拥有如此多的东正教徒的国家，东正教也是仅次于罗马天主教徒和新教徒的第三大基督教分支。根据东正教的历史记载，公元49年圣保罗是第一个出现在希腊宣扬基督教的人。但是，东正教的真正创始人却是君士坦丁大帝。君士坦丁大帝在第一次看见十字架后就决定皈依基督教，这大约是四世纪左右的时期。到了八世纪，罗马教皇和君士坦丁堡的主教开始在许多问题上发生争论，出现了许多不同的观点，比如神职人员的独身生活（罗马的教士必须独身，而东正教的牧师可以在被任命前结婚）。在禁食方式或信条的措辞上也有差异，对于东正教来说圣灵是"从天父那里来的"，而罗马教则加上了"圣子那里"。此后，东正教和天主教精神之间的许多争执和对立变得越来越激烈，以至于在1054年东正教主教和罗马教皇相互开除了对方的教籍。东正教教堂（东欧/希腊/俄罗斯）和罗马天主教堂各有千秋。如今，东正教已成为希腊的国教,其教徒占人口的97%。从词源上讲,东正教的意思是"正确的信念"。

像其他欧洲国家一样,希腊政体与东正教教会名义上是分开的,但实际并非如此。希腊宪法明确规定了希腊并不是一个实行政教分离的世俗国家,东正教在希腊社会中依然具有强大的力量。

宗教存在于希腊社会的许多不同领域。例如,东正教在教育领域中的影响随处可见,孩子们会被要求参加宗教课程,无论是公立学校还是私立学校,学生都会在早晨一起祈祷,然后再上课。东正教教会经常融入希腊的政治事务,每当有新的政策有悖于东正教教义时,就会遭到教会代表的强烈反对。

14.3.2 文化

希腊的文化已经发展了数千年,最早始于米诺斯文明和迈锡尼文明,这两个文明在罗马帝国和希腊文化东方的传承者们的影响下一直延续到古典希腊时期。希腊文化在东部得到很好的继承,这就是拜占庭帝国;随后的奥斯曼帝国也对希腊文化产生了重大影响,但希腊独立战争在振兴希腊各个时期的文化中起到重要的作用,将其文化的多样性统一成一个整体。

(1) 哲学

大多数西方哲学传统始于公元前六世纪的古希腊。最早的哲学家被称为"前苏格拉底学派",表示他们的认知早于苏格拉底。而苏格拉底则开始了新的哲学时期,像古希腊的智者一样,他完全拒绝了先前学者们对世界的客观推测,其思想是建立在人们已有认知观点的基础上。

柏拉图与他最著名的学生亚里士多德都被冠以最伟大的古代哲学家的头衔,但是当柏拉图试图从形式的超感性角度阐明和解释事物时,亚里士多德更喜欢从经验得出的事实来阐释。除了这三位最重要的希腊哲学家以外,以古代哲学理论为基础的已知希腊哲学流派有斯多葛主义学派、享乐主义学派、怀疑论学派和新柏拉图学派。

(2) 文学

希腊文学的时间表可以分为三个主要时期:古希腊、拜占庭和现代希腊文学。

在希腊文学开始时,代表作是荷马的两篇巨著《伊利亚特》和《奥德赛》。尽管学者们认为它们的创作时间有待考证,但许多学者大致认定是公元前800年前后。在西方文学许多流派并存的古典时期,西方文学流派的影响力是非常突出的。这里要提及的两位主要的抒情诗人是萨福和品达。另外，古典文学的时代也见证了戏剧的萌芽阶段。

在希腊古典文学时代创作和表演的数百场希腊悲剧中，只有一些数量有限的戏剧是由三位著名的戏剧家创作的，他们是埃斯库罗斯、索福克勒斯和欧里庇得斯。阿里斯托芬斯创作的戏剧则为喜剧宝库留下珍贵的财富，而希罗多德和修昔底德是该时期最有影响力的两个历史学家。四世纪最大的散文成就是我们提及的三位伟大哲学家在哲学上的著作。

拜占庭文学是指拜占庭帝国在世俗文学时期、中世纪文学时期人们用早期希腊语撰写的文学作品，表达了中世纪基督教时代拜占庭帝国统治下的希腊知识分子对生活的认知。

现代希腊文学是指用现代希腊语写成的文学，起源于十一世纪的拜占庭晚期。文艺复兴时期克里特岛的诗歌《埃洛托克利托斯》无疑是这一时期希腊文学的杰作，这是一部由温琴佐·科尔纳罗斯（1553—1613）在1650年左右撰写的诗歌浪漫史。后来在希腊的启蒙主义时期，希腊作家诸如阿达曼提奥斯·科拉伊斯和里加斯·费拉奥斯的作品为希腊革命（1821—1830）奠定了一定的基础。

现代希腊文学有许多代表作家、诗人和小说家，其中乔治·塞菲里斯和奥德修斯·埃里蒂斯曾获得过诺贝尔文学奖。

（3）科学技术

希腊国家科技发展的研究与技术政策的设计、实施和监督是由国家发展部的研究与技术总秘书处来负责进行的。

希腊拥有孵化器设施的技术园区包括克里特岛科技园区、塞萨洛尼基技术园区、拉夫里奥技术园区和帕特雷科学园区。自2005年以来希腊一直是欧洲航天局的成员，欧洲航天局与希腊国家航天委员会之间的合作始于二十世纪九十年代初。1994年，希腊与欧空局签署了第一份合作协议，并于2003年正式申请成为欧洲航天局成员，于2005年3月16日成为航天局的第16个成员。作为欧洲航天局的成员国，希腊还参加了该机构的电信和技术活动以及全球环境与安全监控计划。

（4）音乐

希腊音乐可以追溯到古希腊时代，那时音乐在古代的教育体系中起着重要的作用。之后的罗马帝国、东欧和拜占庭帝国给希腊音乐带来很大的影响。拜占庭音乐让希腊音乐远离复调音乐，经过数百年文化的发展，使单曲调音乐发展到了完美的最高境界，拜占庭音乐也因其节奏的变化和表现力而成为不可估量的音乐宝藏。

除拜占庭圣歌外，希腊人民还挖掘了希腊民歌，分为吟诵和民谣两个体系。吟诵起源于九至十世纪之间，表达了拜占庭帝国时期战士的生活和斗争；民谣的形成是在拜占庭帝国后期到1821年希腊独立战争之间，它和历史歌曲、叙事歌曲或民歌、情歌、婚礼歌曲、流放和吟唱的歌曲一起用来表达希腊人的生活、希腊人民争取自由的斗争以及他们的喜怒哀乐和对爱情和死亡的态度等主题。

（5）体育

作为第一届现代奥林匹克运动会的举办地，希腊在体育运动方面拥有悠久的传统。希腊国家足球队曾赢得2004年欧洲足球锦标赛的冠军，这也是该国运动队在体育领域中取得过的最大成就。希腊足球超级联赛是该国级别最高的职业足球联赛，共有16支球队，其中最有名的是奥林匹亚克斯队、帕纳辛纳科斯队和雅典AEK队。

希腊国家篮球队在篮球这项运动上拥有数十年的卓越传统。希腊国家篮球队在男篮世锦赛和欧锦赛上成绩突出，1994年和1998年获得世锦赛第四名，2006年获世锦赛亚军。希腊男篮分别在1987年和2005年两次赢得了欧洲冠军。国内最高水平的希腊篮球甲级联赛由14支球队组成，水平最高的队伍有帕纳辛纳克斯队、奥林匹亚科斯队、阿里斯队、雅典AEK队和PAOK沙朗厉基队。在希腊，水球和排球运动也很普遍，而板球、手球分别在科孚岛和韦里亚比较流行。作为奥林匹克运动的发源地，希腊是1896年第一届现代奥运会和2004年夏季奥运会的主办国。

14－3 雅典斯皮里宗·路易斯奥林匹克体育场

（6）希腊时尚

从古希腊开始，希腊就因其在时尚领域的发展和进步而闻名于世。古希腊时尚是当今许多时装设计师研究的主题，它也成为创新和革新的思想基础。许多研究服装设计和从事该领域工作的人们会将研究重点放在古希腊服装的风格和发展趋势上，因为古希腊人非常喜欢新样式的服饰，这导致了希腊时尚不断的变化和发展，也帮助设计师来思考和创造时尚的新潮流，并引导古代时尚文化走向现代化的发展。

希腊时尚服装以其卓越的品质和优良的质地而享誉全球。古希腊时期希腊的服饰就属于希腊的出口产品，希腊也一直通过出口服装面料来赚取大量外汇。现代希腊服装有许多不同的类型，除了亚麻、羊毛和垂褶布以外，还出现了许多其他服装材料，例如棉、雪纺、丝绸、牛仔布料、黄麻和皮革等。经历了这么多时代的变迁，希腊服饰的样式也发生了巨大变化。现代希腊人喜欢形式各异的长裤、不同类型的裙子，甚至配饰腰带和穿着礼服。

希腊配饰一直是希腊时尚的重要组成部分，希腊也一直是时尚界榜上有名的国家，被称为时尚风格的发源地。

14.3.3 教育

在希腊，义务教育包括小学教育和初中教育，托儿所虽然受欢迎但并不是强制性的。现在，希腊4岁以上的儿童都要求进入幼儿园学习，儿童从6岁开始上小学，并完成6年的小学教育。初中教育的年龄为12岁，为期三年。

希腊的非义务中学教育包括两种学校类型：统一的高中教育和技术职业教育学校。这一时期的教育还包括一些正规但未分类的职业培训机构提供的教育。希腊教育系统还为有特殊需要或学习困难的人提供特殊的教育培训机构，如特殊幼儿园和中小学。

公立高等教育分为大学教育和高等职业教育。根据高中三年级完成后进行的国家水平考试的成绩，学生可以被这些学院分别录取。另外，学生还可以进入希腊开放性大学学习，该教育机构主要提供本科、硕士和博士学位的远程教育。在希腊，雅典大学是地中海东部最古老的大学之一。

希腊其他的一些主要大学有雅典国家技术大学、亚里士多德大学、约阿尼纳大学、比雷埃夫斯大学、雅典农业大学、马其顿大学、克里特大学和克里特理工大学等。

14.4 重要节日

主显节意指耶稣曾三次向世人显示其神性。据《新约圣经》载，第一次为耶稣诞生时大星引领东方三博士前来朝拜，显示出他是基督；第二次为耶稣开始传道受洗时，圣灵如鸽子降在他头上，显示出他是上帝的儿子；第三次是在参加迦拿城的婚筵时，耶稣将水变为酒，显示出他的荣耀。主显节期间，水是用来祈福的，邪灵就可以被驱逐。在湖边、海边或河边，牧师将十字架扔入水中，接着当地的年轻人会潜入水中找到十字架，意味着接受神权和祝福。

表 14-1　希腊公共节日

时　间	节日名称	本地名称	备　注
1月1日	元旦	Protochronia	
1月6日	主显节	Ton Foton	
3月25日	国庆独立日	Tou Evangelismou	
4月28日	复活节	Πάσχα	
4月23日	圣乔治盛宴节	Agios Georgios	
5月1日	劳动节	Protomayia	
8月15日	圣母安息节	Kimisi ths Theotokou	
10月28日	第二国庆日	Epetios tou Ohi	
12月25日	圣诞节	Hristougenna	
12月26日	节礼日	Ημέρα πυγμαχίας	

复活节是希腊东正教最重要的节日。它从复活节周日的七周前就开始庆祝了，并在复活节周日达到顶峰。在此期间，每天晚上在教堂都有礼拜活动；在耶稣受难日，会有一个特别的庆祝活动，许多造型各异的花车会聚集在广场上，并进行城镇巡游。

复活节的高峰是耶稣受难日的午夜，朝圣者为获得圣光前往教堂，而就在午夜牧师手持点燃的火炬出现，开始点燃附近敬拜者的蜡烛以分享圣火。

午夜后，家人和朋友团聚在一起共享羊杂汤，这是用羊肚、米饭、莳萝和柠檬制成的汤。羔羊肉的其余部分则在周日早晨被烤制供午餐享用，届时还有葡萄酒和舞蹈。

圣乔治盛宴节是为了庆祝一名骑士成功地杀死一条恶龙。圣乔治在希腊文化中是牧羊人的守护神，因而临到该节日全国各地都举行庆祝活动。在阿拉霍瓦、斯基亚索斯、斯凯罗斯和其他希腊城镇也会举行盛大的庆祝活动，因为圣乔治被认为是他们的守护神。

14.5　风景名胜与历史古迹

希腊以其悠久的文化遗产而闻名，实际上，希腊是公认的欧洲文明的发源地。曾经有一段时间，斯巴达、科林斯、雅典等历史名城一直在为争夺霸权而战；但现代希腊与当时古希腊诸城邦时代完全不同，它可以为来自世界各地的客人提供现代社会的各种情趣。

14.5.1　克里特岛

希腊最大的岛屿是位于爱琴海南部的克里特岛，它是希腊最著名的岛屿之一，与圣托里尼岛一起受到游客的欢迎。岛上有4个行政管辖区，几乎拥有所有游客们想要参观的景致：山脉地貌、湛蓝海滩、岩石港湾、美丽的小镇、迷人的村庄和港口、美味的食品以及米诺斯文明的废墟（如克诺索斯），这可是有史以来人类伟大文明的发源地，有着游客憧憬的夜生活和浪漫之旅。

14－4　克里特岛的风景

14.5.2 奥林匹亚

奥林匹亚位于西伯罗奔尼撒半岛，是第一届奥运会的举办地，古希腊时期这里每四年就会举办一次奥林匹克体育比赛，以纪念众神之王宙斯。这个赛事始于公元前776年，一直持续到公元前五世纪。在奥林匹亚还有很多值得一看的景点，包括宙斯神庙、赫拉神庙、古希腊奥林匹克体育场、古希腊集会所（运动员宣誓的地方）、帕特农神庙（永恒之火的所在地）和奥林匹亚莱尼达奥旅馆（可追溯到公元前330年的旅馆），另外在奥林匹亚考古博物馆还会找到一些有趣的藏品。

14-5 奥林匹亚博物馆

14.5.3 雅典

雅典不仅是国家的首都，而且是希腊最大的城市，在这里游客可以探索周围的壮美景色，包括雅典卫城内所有平顶山丘。拥有2400年历史的帕特农神庙纪念碑成为该地区最吸引游客的景色，这座纪念碑被认为是世界上的古典纪念碑之一。

14-6 雅典帕特农神庙

14.5.4 苏尼奥角

苏尼奥角位于希腊的东部,是一个以公元前四世纪的波塞冬神庙的废墟而闻名的景点。这是希腊最著名的旅游景点之一,主要是因为这里居高临下,可以欣赏到岛上和大海广阔的全景和无比绝伦的景色。

14-7 波塞冬神庙遗迹

14.5.5 德尔菲

德尔菲是希腊著名的旅游景点之一,古代希腊的女祭司和皇帝曾经在这里进行道德和政治上的指示。在这里,游客能够探索古老的阿波罗神庙,参观德尔菲博物馆的收藏品。如果您在德尔菲游玩,最好在阿拉霍瓦的丘陵地区过夜,这样可以体验奶酪的制作。

14-8 阿波罗圣所

14.6 名　　人

希腊人为古希腊丰富的遗产而感到自豪，正是这样的文化产生了许多重要的人物和闻名世界的作品。古希腊著名的人物因其各自领域中的重要发现和成就而闻名，他们不仅为该领域做出了杰出的贡献，还扩展了人类的知识领域，对世界文明发展起到了重要的影响作用。

14.6.1　阿基米德

锡拉丘兹的阿基米德出生于公元前287年，是希腊数学家、物理学家和工程师，他还是发明家和天文学家。他最重要的发现之一是确定不规则形状物体的体积方法。他使用穷举法，通过无穷级数的总和来计算抛物线弧下的面积，并得出准确的π值。根据最近的研究，阿基米德还在设计机器方面发挥了作用，他的装置可以将船只从水中提起来，并设计出一种通过镜子使船只着火的方法。阿基米德于公元前212年去世，他被认为是有史以来最伟大的数学家，而他的成就也继续激励着世界各地的数学家们。

14-9　阿基米德

14.6.2　荷马

荷马是古希腊史诗诗人，他以诗歌《伊利亚特》和《奥德赛》而闻名。尽管这些史诗的原始创作者存在争议，但大部分学者认为这是荷马本人所著。一些理论家认为荷马生活在公元前850年，而另一些则认为他生活在特洛伊战争期间。除了不同古代作家的文学作品所揭示的内容外，希腊人关于荷马的了解并不多。尽管有《伊利亚特》《奥德赛》《库普里亚》这样享誉世界的名著，而大家认为荷马作品的最大影响是其带动了古希腊文化的发展。

14-10　荷马

14.6.3 亚历山大大帝

亚历山大大帝生于公元前356年,是马其顿有史以来最伟大的军事天才之一。他的父亲腓力二世是一位出色的军事家,其母亲奥林匹亚丝是伊庇鲁斯的公主。父亲去世后,他开始统治马其顿,不仅推翻了阿契美尼德波斯帝国,并成功地扩大了自己的统治范围。由于他的征服,世界许多地方都可以感受到希腊在移民以及文化传播方面产生的影响。公元前323年6月10日亚历山大大帝去世,享年33岁。

14-11 亚历山大大帝

14.6.4 苏格拉底

苏格拉底出生于公元前496年,是古典希腊哲学家,被认为是西方哲学的奠基人之一。著名的"苏格拉底讽刺"和"苏格拉底法则"的概念都以他来命名,苏格拉底法则是一种哲学探究形式,用于分析他人观点的内涵,以促进理性思考和启发思想。苏格拉底不仅以其在伦理学领域的贡献而闻名,而且在认识论和逻辑学上也做出了宝贵的贡献。

14-12 苏格拉底

14.6.5 柏拉图

柏拉图(公元前428—前358)是三位最著名的雅典哲学家之一。作为苏格拉底的学生和亚里士多德的老师,柏拉图可能是受古典思想家启发最多的人。他的理论在他的时代具有很大的创新性,并影响了许多现代哲学家。柏拉图引入了一个新的政治体系,在这个体系中,哲学家作为真理和知识的持有者占有统治地位。他根据精神的划分,将社会划分为生产阶级、护卫者阶级和统治阶级。作为民主的反对者,柏拉图认为统治一个国家绝不能基于说服力,而应该基于智慧。儿童必须在哲学家管理的公共机构中成长和接受教育,以使他们记住真理,因为柏拉图认为

14-13 柏拉图

知识不是学习的问题，而是记忆的问题。柏拉图在理论上提出形而上学的观点，认为有两个平行的世界存在，即真实世界和我们生活的世界，而后者恰恰是前者的反映。为了解释他的理论，柏拉图以对话的形式给这个世界留下了大量的文学作品。

14.6.6 亚里士多德

苏格拉底和柏拉图的学生亚里士多德是古希腊第三位最著名的哲学家。亚里士多德曾在柏拉图学院学习，那时的柏拉图学院实际上是世界上第一所大学。亚里士多德在那里度过了大约20年的时间，并受到柏拉图哲学观念的影响。柏拉图去世后，亚里士多德被马其顿国王腓力二世聘为儿子亚历山大的家庭教师，也就是之后的亚历山大大帝；返回雅典后，他创立了哲学和其他科学学院。尽管今天亚里士多德的作品已散失，只幸存了三分之一作品，但仍可以看出他研究了古代几乎所有已知的科学。他的哲学观念留存了几个世纪，并在很大程度上影响了西方科学的发展。

14-14 亚里士多德

14.6.7 亚里士多德·奥纳西斯

亚里士多德·奥纳西斯（1906—1975）是世界上最著名的希腊商人，他在世时也被认为是世界上最富有的人之一。他出生于士麦那（现为土耳其伊兹密尔），1922年他带着口袋里仅有的63美元就去了阿根廷的布宜诺斯艾利斯，并在烟草贸易和后来的海运中赚了大钱。尽管他的方法充满了冒险和博弈，但他总能凭借自己坚韧不拔的毅力、临危不乱的自信和好运给自己带来财富。

14-15 亚里士多德·奥纳西斯

14.7 传统美食

14.7.1 希腊菜肴

人们经常将希腊美食作为地中海健康饮食的一个范例。希腊的菜肴可以追溯到古希腊时期，例如沙拉泥、小扁豆汤、松香味希腊葡萄酒和皮塔饼。希腊菜肴的特点是几乎每道菜都添加橄榄油，在大陆的不同地区以及岛屿之间差异很大，并且相比其他地中海国家的美食更常使用某些调味料。许多希腊食谱，特别是在该国北部，都使用甜香料和肉类混合。

14.7.2 希腊食品的区域影响

希腊美食最具特色和最古老的元素是橄榄油，大多数菜肴中都会有它的存在。橄榄油是由整个希腊地区著名的橄榄树出产的，它增添了希腊美食的独特风味。尽管也种植大麦，但希腊的基本谷物是小麦；其他重要的蔬菜包括番茄、茄子、土豆、青豆、秋葵、青椒和洋葱。希腊的蜂蜜也是其特产，主要采集于果树，尤其是柑桔树。

希腊具有悠久的烹饪传统，其历史可以追溯到几千年前，几个世纪以来，希腊美食已经发展并吸收了许多其他因素，这反过来也影响了许多菜肴本身。某些菜肴还可以追溯到古希腊，如小扁豆汤、白素豆汤、松香味希腊葡萄酒和皮塔饼。一些希腊和罗马时期的菜肴包括猪肉香肠、拜占庭风味的羊乳酪、鱼卵腌制品和用玉米、大麦和黑麦烤制的传统面包。

14.7.3 烹饪方式

希腊的烹饪以使用新鲜食材而闻名。像许多其他地中海风格的烹饪一样，希腊美食所采用的主要原料都来自本地，像柠檬、橄榄和橄榄油、杏仁、葡萄和葡萄叶、西红柿、无花果、枣和橙子在希腊烹饪中都很重要。希腊本土的草药和香料也很出名，例如牛至、莳萝、薄荷等。几个世纪以来，希腊山区一直是山羊和牧民的生活区，而羊肉自然是希腊烹饪中最常用的肉类。

希腊食物很容易准备和烹饪，几块奶酪、橄榄、红枣和新鲜的皮塔饼面包，或是烤架上的鸡肉或鱼块就可以做成一顿美味佳肴。烤肉和烤鱼很常见，但希腊烹饪中却很少用酱料。鸡蛋、山羊和绵羊奶奶酪也很丰富，可以做成简单而优雅的晚餐。希腊饮食中经常准备一些糕点和糖果，并富含蜂蜜和坚果；面包做法较简单，通常是硬皮面包或乡村皮塔饼。

希腊文化讨论专题：

1. 古希腊为何能战胜强大的波斯帝国？
2. 大多数西方哲学传统是什么时候开始的？
3. 古希腊文学的两本巨著是什么？
4. 2010年的希腊债务危机是如何产生的？它对欧元区有何影响？

第15章 俄 罗 斯

俄罗斯，也被称为俄罗斯联邦，是欧亚大陆北部的一个国家。它是一个联邦半总统制共和国，共有83个联邦主体。俄罗斯与以下欧亚国家或地区接壤（从西北到东南）：挪威、芬兰、爱沙尼亚、拉脱维亚、立陶宛和波兰（两者均需通过加里宁格勒州）、白俄罗斯、乌克兰、格鲁吉亚、阿塞拜疆、哈萨克斯坦、中国、蒙古和朝鲜，它还与日本（鄂霍次克海）和美国（白令海峡）共享海上边境线。

15.1 地 理

15.1.1 俄罗斯的面积

俄罗斯面积为1709.82万平方千米，是迄今为止世界上面积最大的国家，大约占地球陆地面积的九分之一。俄罗斯还是世界上第九大人口大国，拥有1.44亿人口。它的国土遍及整个北亚和40%的欧洲地区，横跨9个时区，并融合了多种地理环境和地貌。俄罗斯还拥有全球最大的矿产和能源储量，被认为是超级能源大国；同时它还有世界上最大的森林保护区，其湖泊的淡水资源约占世界的四分之一。

15.1.2 位置

俄罗斯比世界第二大国加拿大面积大60%；但是，像加拿大一样，俄罗斯的大部分领土位于北纬50度线以上，那里盛行的是北极气候和亚北极气候。

俄罗斯的地理面积从波兰华沙以北的加里宁格勒市的最西端，一直延伸到白令海峡的大代奥米德岛的最东端。从俄罗斯这边看白令海峡，能看见美属小代奥米德岛，它就位于阿拉斯加的苏厄德半岛沿岸。俄罗斯幅员辽阔，这里有许多不同的地理地貌，如西伯利亚和远北地区的多年冻土地区（永恒的冰区），以及针叶林和草原。在一年中的大部分时间里，俄罗斯北部和东部的大部分海岸线都被冰所包围，这也使得在这个区域的航行更加复杂。

15.1.3 气候

俄罗斯的气候受几个决定性因素的影响而形成。因其幅员辽阔，许多地区远离大海，俄罗斯位于欧洲和亚洲大陆地区以及最东南地区，盛行大陆性气候和亚北极气候，这是南部的山脉阻碍了来自印度洋热气团的流动，而西部和北部的平原使该国更容易受到北极和大西洋的影响。

在俄罗斯的大部分地区，只有两个季节——冬季和夏季；而春季和秋季通常是指极低温和极高温之间气温非常短暂的变化时期。最冷的月份是1月（在海边最冷的时间是2月），最温暖的通常是7月，温差很大是件常见的事。在冬季，无论南北还是东西，气温都很低。但即使是在西伯利亚，夏天也可能会炎热而潮湿。索契周围黑海沿岸的一小部分地区则属亚热带气候，相对来说，大陆内部是最干燥的地区。

15.1.4 国旗和国徽

15-1 俄罗斯国旗　　　　15-2 俄罗斯国徽

15.1.5 主要信息

总统：弗拉基米尔·弗拉基米罗维奇·普京（2018）。

总理：米哈伊尔·米舒斯京（2020）。

首都：莫斯科。

政府：半总统制联邦共和国。

国庆日：6 月 12 日。

货币：卢布（RUB）。

总面积：1709.82 万平方千米。

人口：1.44 亿。

宗教：俄罗斯东正教、伊斯兰教和其他宗教。

国家代码：+7。

互联网域名：.RU。

主要城市：圣彼得堡、伏尔加格勒、叶卡捷琳堡、喀山、新西伯利亚、下诺夫哥罗德、索契等。

国歌：《俄罗斯，我们神圣的祖国》。

官方语言：俄语。

15.2 简　　史

几个世纪以来，无数民族曾入侵俄罗斯，包括日耳曼哥特人、亚洲匈奴人和突厥阿瓦尔人，到九世纪时东斯拉夫人在俄罗斯的许多地区定居下来。俄罗斯国家的起源时间与斯堪的纳维亚商人和维京勇士出现的时间相吻合，在他们的统治下，东斯拉夫人被统一了起来。弗拉基米尔一世（980—1515 年在位）将基督教定为国家宗教，他采用了希腊东正教的仪式，因此可见拜占庭文化的影响力在这里占据了主导地位。在 1237 年至 1240 年，拔都汗统治的蒙古人（或称为鞑靼人）入侵俄罗斯并摧毁了俄罗斯主要的大城市。他们的金帐汗帝国一直延续下去，直到 1380 年德米特里·顿斯科伊团击败了库利科沃的鞑靼人。

十七世纪的俄罗斯在文化和观念上仍然处于中世纪的状态，贵族获得了土地赠予权并且对农民拥有了更多的权利，这样在 1649 年，农奴制就成了俄罗斯的合法制度，俄罗斯出现了越来越多的农奴和日益严重的压迫。奴役的过程在十八世纪达到顶峰，导致了几次农民暴动，特别是由斯捷潘·拉辛（1667—1671）和普加乔夫（1773—1775）领导的俄国城乡被压迫阶级和阶层反抗封建主阶级和封建农奴制的战争。

十九世纪末，俄罗斯在太平洋地区的影响力日益变强，但是日本也开始逐渐崛起，成为该地区的大国。1898 年，俄罗斯在满洲里以租用的方式建立基地，并无视其他大国让其离开的要求继续驻扎。1904 年 2 月 9 日，日本人进攻了位于亚瑟港的俄罗斯基地，并陆续赢得了陆地和海上的双重胜利。亚瑟港的俄罗斯人于1905年1月2日宣布投降。接着，从1905年2月至1905年3月，日本人又在中国奉天赢得了一场战斗，而且1905年5月日本海军在马岛战役中赢得了胜利。1905年在日俄战争中战败的俄国人签订了《朴次茅斯条约》。

1905年的俄国革命始于1月22日星期日的一场和平游行，工人和家属前往冬宫广场准备向沙皇呈递请愿书，游行者要求更高的工资和10小时的工作日。他们穿过圣彼得堡前往冬宫，但宫廷警卫却开枪杀死了数百人。在流血的星期日事件之后，俄罗斯受到来自农民起义和工人罢工的双重打击。

起义和罢工再加上日俄战争（1904—1905）导致了1905年的革命。尼古拉斯二世被迫批准宪法，并成立了议会（也称杜马，是俄沙皇时代的国会）。1917年，俄罗斯正式宣布为俄国苏维埃联邦社会主义共和国，并于1922年与乌克兰、白俄罗斯和外高加索共和国组成了苏维埃社会主义共和国联盟。苏联解体后，俄罗斯联邦于1991年8月24日正式成立。俄罗斯曾分别于1991年和1996年举行总统选举，鲍里斯·尼古拉耶维奇·叶利钦连续当选总统。1999年12月叶利钦总统辞去总统职务后，弗拉基米尔·弗拉基米罗维奇·普京代行总统职务，并于2000年3月26日当选为俄罗斯第三届总统，5月7日正式宣誓就职。2008年5月7日，普京卸任，德米特里·阿纳托利耶维奇·梅德韦杰夫正式就任俄联邦总统。2018年俄罗斯总统选举落幕，普京第四次当选俄联邦总统。普京在恢复社会秩序、稳定和进步方面的领导力使他在俄罗斯广受欢迎，被认为是一位"铁腕总统"。

15.3 宗教、文化和教育

15.3.1 宗教

在俄罗斯，基督教、伊斯兰教、佛教和犹太教都是传统宗教，在1997年通过的一项法律中这些宗教都被视为俄罗斯"历史遗产"的一部分。宗教信徒们的数量因其统计来源的不同而有所波动，但有报道称俄罗斯的非信徒人数为总人口的16%到48%之间。俄罗斯东正教是俄罗斯的主要宗教，注册的东正教教区的95%属于俄罗斯东正教。但是，绝大多数东正教信徒并没有定期参加教会活动，尽管如此，该教会还是受到信徒和非信徒的广泛尊重，并将其视为俄罗斯遗产和文化的象征。除此之外，俄罗斯还存在较小的基督教派别，例如罗马天主教、亚美尼亚东正教、格林高教以及各种新教。

现在大部分俄罗斯人继承的是先辈们在十世纪就开始信奉的东正教。大约有一亿公民自称是俄罗斯东正教徒，俄罗斯东正教进入了它自传入俄罗斯以来最鼎盛和蓬勃的发展时期。根据俄罗斯民意研究中心的一项民意调查，有63%的受访者认为自己是俄罗斯东正教徒，有6%的受访者认为自己是穆斯林，而只有不到1%的受访者认为自己是佛教徒、天主教徒、新教徒或犹太教徒。另有12%的人说他们信仰上帝，但不皈依任何宗教，还有16%的人说他们没有宗教信仰。

据估计，俄罗斯的穆斯林人口数量已经超过了16%，达到2500万。另外，俄罗斯估计还有300万至400万来自前苏联国家的穆斯林移民，大多数人生活在伏尔加河地区，或者北高加索地区、莫斯科、圣彼得堡和西伯利亚西部，但俄罗斯最有名的伊斯兰研究学者罗曼·西兰捷夫则认为，这些统计数据有些偏高。

佛教在俄罗斯的布里亚特、图瓦和卡尔梅克共和国是传统的宗教。西伯利亚和远东地区的一些居民，如雅库特人和楚科奇人等，其主要宗教信仰是萨满教、泛神论和其他异教。宗教信仰主要是与种族问题联系在一起的，如斯拉夫人绝大多数是东正教徒，而土耳其人则主要是穆斯林信徒。

15.3.2 文化

（1）民俗文化

俄罗斯有160多个不同的族裔和土著民族。这里有斯拉夫东正教文化的俄罗斯族裔，具有穆斯林文化的突厥族和巴什基尔族，有游牧传统的布里亚特人和卡尔梅克人，在最北地区和西伯利亚有萨满教徒，还有北高加索地区的高地居民、俄罗斯西北部和伏尔加河地区的芬诺-乌戈尔人，他们都为俄罗斯多元丰富的文化做出了贡献。民族文化在俄罗斯各种博物馆和民族公园中得到保存，在建筑、电影和艺术中得到再现，并由民间乐队、舞蹈团和合唱团发扬光大。

俄罗斯传统木质建筑与民族文化息息相关，其典型代表是木质结构的教堂。俄国传统的木制房屋被称为"木刻楞"，最早的要塞式的居住建筑则称为城堡。手工艺品，例如格热利俄罗斯陶瓷、霍赫洛马装饰画、复活节彩蛋和漆器艺术，也与民间文化有关。俄罗斯的民族服装有男式的土耳其式长衫、偏领长衫和防风棉帽，女式的无袖短上衣和俄罗斯民族冕冠头饰，而俄罗斯草鞋和俄罗斯棉靴都是其文化的典型代表。俄罗斯南部的哥萨克人在俄罗斯民族中有一个独立的文化形象，他们的服装与北高加索地区人一样，是一种罩住全身、仅留双眼的女式长袍。

俄国人有许多传统，最著名的是俄罗斯蒸气浴，这是一种类似于桑拿的热蒸汽浴。古老的俄罗斯民俗起源于古代斯拉夫人的异教信仰，如今在俄罗斯童话中依然能看到端倪，如史诗类的俄罗斯英雄神话，它是斯拉夫神话的另一个重要组成部分。实际上，最古老的被记录下来的英雄神话大多出现在俄罗斯北部，尤其是在卡累利阿共和国，那里还传有芬兰民族史诗的很多记载。

俄罗斯的许多民族都有独特的民间音乐传统。俄罗斯典型的民族乐器是传统音乐竖琴古斯利、俄式三弦琴、俄罗斯单簧和俄式手风琴。民间音乐对俄罗斯古典作曲家有很大的影响，在现代它也是许多流行民谣乐队（最著名的是磨坊组合）的灵感来源。另外，俄罗斯民间歌曲以及苏维埃时代的爱国歌曲一起，成为举世闻名的红军合唱团和其他俄罗斯流行合唱团的曲目。

许多俄罗斯童话故事和英雄神话还被改编成动画电影，它们曾被著名导演亚历山大·普图什科和亚历山大·柔改编成电影长片。还有像彼得·叶尔绍夫和里奥尼德·菲拉托夫在内的一些俄罗斯诗人，对俄罗斯古典童话以诗歌的形式重新做出诠释。诗歌数量最大、影响也最大的诗人当属亚历山大·普希金，他对最受欢迎的原始童话诗重新进行了完整的创作。

（2）建筑

俄罗斯建筑始于古代斯拉夫人的木质建筑，但从基辅的基督教化推行几个世纪以来，俄罗斯建筑主要受到拜占庭式建筑风格的影响，这一传统一直延续到君士坦丁堡陷落为止。除了防御工事外，古代俄罗斯的主要石制建筑多为东正教教堂，其特征多为圆顶，常常被镀金或涂上鲜艳的油漆，显得非常醒目；之后，亚里士多德·菲奥拉万蒂和其他意大利建筑师将文艺复兴的潮流带入了俄罗斯。

十六世纪见证了独特的帐篷式教堂的发展，并最终在圣巴西尔大教堂中得到验证。到那时，洋葱状圆顶的设计也得到了充分发展；到了十七世纪，新古典主义装饰风格在莫斯科和雅罗斯拉夫尔盛行，为十七世纪九十年代逐渐形成的纳里什金巴洛克式建筑打下了基础；之后的彼得大帝改革使俄罗斯更加接近西方文化，俄罗斯的建筑风格总体上也开始跟随西欧的变化而变化。

十八世纪对洛可可式建筑品位的追捧造就了建筑大师巴托洛梅奥·拉斯特雷利及其追随者的辉煌作品。在凯瑟琳大帝和她的孙子亚历山大一世统治期间，圣彼得堡市变成了一座新古典主义建筑的户外博物馆。

十九世纪下半叶,拜占庭派风格和俄罗斯复兴时期的风格(与西欧的哥特式复兴相对应的风格)则占据了主导地位。二十世纪的流行风格是新艺术派风格,代表人物为费奥多尔·舍赫捷利;其次是建构主义风格,代表人物为阿列克谢·休谢夫和康斯坦丁·梅尔尼科夫;还有斯大林时期的建筑风格,代表人物为鲍里斯·伊尔凡。

(3) 古典音乐和芭蕾舞

十九世纪的俄罗斯音乐代表人物分为两派:一派是古典作曲家米哈伊尔·格林卡及其追随者们,他们积极表达自己的俄罗斯民族身份,并在其作品中加入了宗教和民间元素;另一派是作曲家安东·鲁宾斯坦和尼古拉·鲁宾斯坦领导的俄罗斯音乐协会,他们的音乐风格则比较保守。后来柴可夫斯基带动了浪漫主义传统的发展并成为俄罗斯浪漫主义时期最伟大的作曲家之一,他的音乐也因其独特的俄罗斯特色以及丰富的和声和动听的旋律而闻名遐迩。进入二十世纪后,谢尔盖·拉赫玛尼诺夫成为最有代表性的俄罗斯音乐家,他也是欧洲古典音乐和浪漫主义风格的最后一位拥护者。

二十世纪举世闻名的作曲家包括斯克里亚宾、斯特拉文斯基、拉赫玛尼诺夫、普罗科菲耶夫、肖斯塔科维奇和斯维里多夫。在前苏联时代的大部分岁月,音乐风格受到严格审查,更多体现的是社会主义和现实主义风格,在当时较为保守但易于接受。

苏联和俄罗斯音乐学院已为俄罗斯社会培养了好几代著名的音乐独奏者,其中最著名的是小提琴演奏家大卫·奥伊斯特拉赫和吉顿·克莱默,大提琴演奏家穆斯提斯拉夫·罗斯特罗伯维奇,钢琴家弗拉基米尔·霍洛维茨、斯维亚托斯拉夫·里希特和埃米尔·吉列尔斯,声乐家费奥多尔·夏里亚宾、加琳娜·维什涅夫斯卡娅、安娜·奈瑞贝科和德米特里·霍洛斯托夫斯基。

在二十世纪初期,俄罗斯芭蕾舞蹈家安娜·帕夫洛娃和瓦斯拉夫·尼金斯基声名鹊起,而谢尔盖·佳吉列夫和他的芭蕾舞团进行的国际巡演对世界舞蹈的发展产生了深远的影响。前苏联时期的芭蕾舞团较完整地保留了十九世纪传统,苏联的舞蹈学校也接连培养了一系列国际明星,其中包括玛雅·普丽赛茨卡娅、鲁道夫·努里耶夫和米哈伊尔·巴里什尼科夫。位于莫斯科的莫斯科大剧院和圣彼得堡的马林斯基剧院在其领域也一直享誉全球。

(4) 文学与哲学

俄国文学被认为是世界上最具影响力的文学之一,诞生了许多享誉世界的文学作品。俄罗斯的文学史可以追溯到十世纪，到了十八世纪米哈伊尔·罗蒙诺索夫和丹尼斯·冯维辛的作品推动了这一时期俄罗斯文学较快的发展；十九世纪初，现代文学逐渐兴起，产生了许多有史以来最伟大的作家，如亚历山大·普希金，开创了这一时期俄罗斯诗歌的黄金时代，普希金也被认为是现代俄罗斯文学的奠基人，被称之为"俄罗斯的莎士比亚"。

进入十九世纪，米哈伊尔·莱蒙托夫和尼古拉·涅克拉索夫的诗歌，亚历山大·奥斯特洛夫斯基和安东·契诃夫的戏剧，以及尼古拉·果戈理和屠格涅夫的散文构成其文学的主要成就。托尔斯泰和陀思妥耶夫斯基、米哈伊尔·萨尔特科夫－谢德林、伊凡·冈察洛夫、亚历克西·皮塞姆斯基和尼古拉·列斯科夫都是耳熟能详的文学家。托尔斯泰和陀思妥耶夫斯基是这一时期重量级的人物，以至于许多文学评论家都将两人描述为有史以来最伟大的小说家。

十九世纪八十年代，俄罗斯文学发生了很大的变化，伟大的小说家时代已经结束，短篇小说和诗歌成为主流，在接下来的几十年里被称为俄国诗歌的白银时代。在1893年至1914年间，以现实主义为主导的俄国文学受到象征主义的强烈影响。

一些俄国作家，例如托尔斯泰和陀思妥耶夫斯基，也被称为哲学家，因为他们更多的是因为自己的哲学著作而闻名。俄国哲学自十九世纪就开始兴起，最初是由西化派所定义的，斯拉夫主义者则坚持将俄国发展为独特的文明，而不是遵循西方的政治和经济模式。著名的斯拉夫主义者尼古拉·丹尼列夫斯基和康斯坦丁·列昂捷夫，他们均为欧亚主义的早期创始人。在其进一步发展中，俄罗斯哲学家们始终与文学有着紧密的联系，并对创造力、社会、政治和民族主义等领域产生极厚的兴趣，还包括宇宙和宗教等其他主题。十九世纪末和二十世纪初的著名哲学家有弗拉基米尔·索洛维耶夫、谢尔盖·布尔加科夫、帕维尔·弗洛伦斯基和弗拉基米尔·韦尔纳茨基等，进入二十世纪后俄国的哲学主流思想是马克思主义哲学。

15.3.3 教育

俄罗斯宪法保障了所有公民的免费教育体系，俄罗斯国民的文化普及率达到99.4%。但高等教育的竞争却非常激烈。正是由于非常重视科学技术教育，因此俄罗斯的医学、数学、科学以及太空宇航研究一直处于较高水平。

在1990年之前，苏联的学校教育时间为十年；在1990年底，正式开始了十一年教育课程体系。公立中学的教育是免费的，国立大学教育也是免费的。最近几年在付费入学的学生中，许多州立大学在最后一年为很多学生提供了商业兼职职位。以2004年为例，许多州用于教育的支出占各州GDP的3.6%，达到州综合预算的13%。

政府的教育资金拨款以额度内的支付学费或以每个州院校的学生人数为标准。这个政策的实施至关重要，因为它保证了所有有能力接受高等教育的学生拥有上学的机会，而不仅仅是那些有一定经济能力的学生。此外，国家还向学生发放少量生活津贴，并提供免费住房。除了州立高等教育院校外，还出现了许多私立学校，它们很好地解决了高科技、新兴产业和经济部门对熟练劳动力的需求。

15.4 重要节日

俄罗斯共有七个公共假期，元旦是新年中的第一个节日，在俄罗斯最受重视。俄罗斯的新年传统与西方圣诞节颇为相似，有新年树和礼物，而"老人弗罗斯特"则扮演着与圣诞老人相同的角色。东正教圣诞节是在1月7日，因为俄罗斯东正教仍然遵循朱利安历法，因而所有东正教假期都比天主教假期晚13天。另外两个主要的基督教节日是复活节和复活主日，但由于它们总是在星期天庆祝，因此我们无须将其视为公共假日。俄罗斯穆斯林通常会庆祝古尔邦节和开斋节。

俄罗斯其他的公共假期还包括"祖国捍卫者日"（2月23日），以纪念俄罗斯士兵，特别是正在服役的士兵；国际妇女节（3月8日）与母亲节和情人节的庆祝传统较接近；国际工人节（5月1日）现更名为春季劳动节；胜利纪念日（5月9日）也是伟大卫国战争胜利纪念日；俄罗斯国庆日（6月12日）在2002年后又称作俄罗斯日；俄罗斯统一日（11月4日）自2005年起成为俄罗斯联邦节日，以纪念1612年将波兰—立陶宛占领军从莫斯科驱逐出去的民众起义。统一日的前身是前苏联为了庆祝1917年十月革命的节日（由于日历的差异，时间依然在11月）。烟花和户外音乐会是俄罗斯所有公共假日庆典的共同特征。

胜利纪念日是俄罗斯第二个受欢迎的假日，为了纪念第二次世界大战苏联战胜纳粹德国，全国各地都会开展广泛的庆祝活动，由俄罗斯联邦总统主持的大规模军事游行每年会在莫斯科红场举行。在俄罗斯所有主要城市以及设有"英雄雕像"的城市或"军事荣耀之城"的地区都会组织类似的游行。

其他受欢迎的公共假日还有旧历新年（根据朱利安历法1月14日为俄历新年）、塔季扬娜日（1月25日为俄罗斯学生日）、谢肉节（又称送冬节，东正教复活节前的第8周）、宇航日（1961年4月12日尤里·加加林首次人类太空之旅）、伊凡·库帕拉日（7月7日为异教徒宗教仪式，纪念夏至到来）和彼得与费夫罗尼娅日（7月8日是俄罗斯的"情人节"，强调的是家庭、爱情与忠贞）。

15.5　风景名胜与历史古迹

15-3　克里姆林宫

15-4　莫斯科圣罗勒大教堂

15-5　圣彼得堡冬宫

15-6　圣彼得堡艾尔米塔什博物馆

15-7 科里亚克火山　　　　　15-8 伊尔库茨克贝加尔湖

以下是俄罗斯九个代表性城市介绍：

• 莫斯科：世界上最伟大的城市之一，俄罗斯的首都，在俄罗斯历史上发挥了重要作用，并随着俄罗斯人进入二十一世纪而继续发挥着引导作用。在莫斯科我们可以回顾俄罗斯的过去，克里姆林宫和圣巴西尔大教堂就在这里。这是一个探索俄罗斯历史的城市，徒步即可轻松实现探索之旅，豪华的宫殿和世界一流的博物馆会让游人流连忘返。

• 圣彼得堡：俄罗斯第二大城市，文化和前政治首都，是世界上最有影响力的博物馆之一冬宫的所在地；而市中心本身就是一座活生生的露天博物馆，使这座城市成为世界上最有价值的旅游目的地之一。

• 伊尔库茨克：世界上最受欢迎的西伯利亚城市，距离跨越西伯利亚铁路的贝加尔湖不到一小时的路程。

• 喀山：塔塔尔文化的首府，是伏尔加河中心地区的一座迷人城市，这里有著名的城堡，令人印象深刻。

• 下诺夫哥罗德：俄罗斯最大的城市之一，但经常被游人忽视。下诺夫哥罗德的城堡、萨哈罗夫博物馆和附近的马卡里耶夫修道院都非常值得一游。

• 索契：俄罗斯人最喜欢的黑海度假胜地，虽然对外国人来说基本上是陌生的，但在举办2014年冬季奥运会后，索契成为世界旅游胜地。

• 海参崴：通常被称为"俄罗斯的旧金山"（颇具反讽意味），这里到处都是丘陵街道和战舰，是俄罗斯主要太平洋城市和西伯利亚大铁路的终点。

• 伏尔加格勒：前斯大林格勒，这里会让人想起第二次世界大战决战的场面，现在是一座大型战争纪念馆的所在地。

• 叶卡捷琳堡：乌拉尔地区的中心，俄罗斯主要文化中心之一，是横跨西伯利亚铁路的理想始发站，也是俄罗斯第二大金融中心。

15.6 名　　人

表 15-1　俄罗斯著名人物

德米特里·顿斯科伊	  彼得大帝	 米哈伊尔·罗蒙诺索夫	 亚历山大·普希金
 费多尔·陀思妥耶夫斯基	 托尔斯泰	 德米特里·门捷列夫	 彼得·柴可夫斯基
 安东·契诃夫	 安娜·帕夫洛娃	 谢尔盖·科罗廖夫	 尤里·加加林

- 德米特里·伊万诺维奇·顿斯科伊（1350—1389）：伊凡二世的儿子，从1359年起开始担任莫斯科大公，从1363年起担任弗拉基米尔大公。他是第一个公开反抗侵占俄罗斯的蒙古统治者的莫斯科大公。

- 彼得大帝（1672—1725）：自 1682 年 5 月 7 日开始统治俄罗斯，建立了俄罗斯帝国直至去世。他于 1696 年之前与病弱的同父异母兄弟伊凡五世共同执政。他在俄罗斯推行现代化政策，扩张并建立帝国使其成为欧洲强国，称自己为"沙皇"。

- 米哈伊尔·瓦西里耶维奇·罗蒙诺索夫（1711—1765）：俄罗斯博学大师、科学家和作家，他为文学、教育和科学做出了重要贡献，还发现了金星的大气。同时他还是一位诗人，创造了现代俄语语言文学的基础。

- 亚历山大·谢尔盖耶维奇·普希金（1799—1837）：浪漫主义时期的俄罗斯作家，被许多人认为是俄罗斯最伟大的诗人和现代俄罗斯文学的奠基人。他还写过历史小说《玛丽，俄罗斯爱情故事》，让人们对凯瑟琳大帝统治时期的俄罗斯社会窥见一斑。

- 陀思妥耶夫斯基（1821—1881）：俄罗斯作家和散文作家，以小说《罪与罚》和《卡拉马佐夫兄弟》而著称。陀思妥耶夫斯基的文学作品探讨了十九世纪俄罗斯社会动荡时期的政治，以及在社会和精神环境中人类的心理状态。他以匿名主人公"地下室人"的内心思想活动写就了《地下室手记》（1864），被瓦尔特·考夫曼称为"有史以来最好的存在主义序曲"。

- 托尔斯泰（1828—1910）：俄国作家，被认为是世界最伟大的小说家之一，他的代表作《战争与和平》和《安娜·卡列尼娜》从广度和深度上生动描绘了十九世纪俄国人的生活和态度，从而创造了写实小说的巅峰。他对耶稣教义的字面解释以其在山上宝训《圣经·马太福音》的解释为主，这使他在后来的生活中成为一名狂热的基督教无政府主义者和和平主义者。他的非暴力抵抗思想表现在其《神的国度在你里面》等作品中，对圣雄甘地和马丁·路德·金等二十世纪的重要人物产生了深远的影响。

- 德米特里·伊万诺维奇·门捷列夫（1834—1907）：俄罗斯化学家和发明家，他被认为是元素周期表第一个版本的创建者，并使用该表预测了尚未发现的元素的属性。

- 彼得·伊里奇·柴可夫斯基（1840—1893）：浪漫主义时期的俄罗斯作曲家，他撰写了多种流派的音乐，包括交响乐、歌剧、芭蕾舞、器乐、室内乐和歌曲。他撰写了当前古典曲目中最受欢迎的音乐会和戏剧音乐，包括芭蕾舞剧《天鹅湖》《睡美人》《胡桃夹子》《1812 年序曲》以及《第一钢琴协奏曲》和歌剧《尤金·奥涅金》。

- 安东·帕夫洛维奇·契诃夫（1860—1904）：俄罗斯短篇小说家、剧作家和医生，被认为是世界文学史上最伟大的短篇小说家之一。作为戏剧家，他在职业生涯中共创作了四部经典作品，其创作的短篇小说受到作家和评论家的高度评价。契诃夫在其生涯中还曾当过医生，他曾自嘲说："医学是我的合法妻子，而文学却是我的情妇。"

- 安娜·帕夫洛娃（1881—1933）：十九世纪后期和二十世纪初期俄罗斯著名芭蕾舞演员，被公认为是历史上最出色的古典芭蕾舞演员之一，曾作为俄罗斯帝国芭蕾舞团和谢尔盖·帕夫洛维奇·佳吉列夫俄罗斯芭蕾舞团的首席艺术家而闻名。帕夫洛娃最著名的角色是《垂死的天鹅》，她成为俄罗斯芭蕾舞团首位进行世界巡演的芭蕾舞女演员。
- 谢尔盖·帕夫洛维奇·科罗廖夫（1907—1966）：二十世纪五十和六十年代美国与苏联进行大规模太空竞赛期间的首席火箭工程师和设计师，他也被许多人视为实用航天学之父。
- 苏联英雄尤里·阿列克谢耶维奇·加加林（1934—1968）：苏联宇航员，1961年4月12日他成为人类第一位进入太空的宇航员，也是第一位环绕地球飞行的人，他的太空探索之旅为他赢得了来自世界各地的赞誉。

15.7 传统美食

15.7.1 俄罗斯美食

俄罗斯美食源于俄罗斯广阔而多元的文化背景，因而具有丰富多样的特色。俄罗斯美食发展的原因是为了抵御其严酷的气候乡村居民制作了不同的食品类型，有丰富的鱼类、家禽、野味、蘑菇、浆果和蜂蜜，还有黑麦、小麦、荞麦、大麦和小米等谷类制作的各种面包、煎饼、谷物食品和格瓦斯。调味汤和炖菜以季节性或可储存的农产品、鱼类或肉类为主。直到二十世纪，这些纯天然食品一直是大多数俄罗斯人的主食。俄罗斯身处古老的丝绸之路的北部，并与高加索、波斯和奥斯曼帝国相毗邻，这也为俄罗斯的烹饪方式融合了一种东方特色（位于欧洲的俄罗斯地区不那么明显，但在北高加索地区则较为明显），俄罗斯还有其著名的鱼子酱。俄罗斯特色菜包括：

- 俄罗斯饺子，在乌拉尔和西伯利亚地区尤其受欢迎。

15-9　俄罗斯饺子　　　　　　15-10　三文鱼薄饼

- 黑面包（黑麦面包），与北美熟食店使用的相类似，但不像德国的黑面包那么硬。
- 带馅小卷饼，带有甜味或咸味馅料的小馅饼或小圆面包。
- 维妮格莱特沙拉，由甜菜、土豆、胡萝卜和其他用醋腌制的蔬菜拌成的沙拉。
- 烤肉串，是指来自苏联高加索共和国的各种烤肉串或烤羊肉串。

受欢迎的沙拉还有俄罗斯色拉、香料拌腌鲱鱼沙拉。风味浓汤和炖肉包括圆白菜汤、俄罗斯甜菜浓汤、乌鱼汤、蔬菜肉汤和俄罗斯冷汤，斯美塔那（一种浓酸奶油）通常会添加到汤和沙拉中。带馅卷饼、俄罗斯传统煎饼和酸奶酪煎饼都是当地不同类型的薄煎饼，而炸肉排（如鸡肉）和烤肉串则是受欢迎的肉类菜肴。

在圣彼得堡和莫斯科遍布着各种时尚的咖啡馆，供应卡布奇诺咖啡、浓缩咖啡、烤三明治等丰富的蛋糕和糕点，颇为吸引游客。

15.7.2　俄罗斯饮酒

俄罗斯有伏特加、本地软饮料、蒸馏水、格瓦斯（淡啤酒）和传统的野生浆果饮料。

俄罗斯的啤酒既便宜又种类繁多，通常最贵的酒都在莫斯科（尤其是在酒吧和餐馆），如果你想找便宜又好喝的啤酒，就来以此而闻名的圣彼得堡吧。

乔治亚和摩尔多瓦的葡萄酒非常受欢迎，随处都可以找到价廉物美的苏联香槟（更准确地说是起泡酒）。最早的生产商以及香槟商标的所有者是拉脱维亚的黑药酒公司，但在俄罗斯所有的品牌中，最好的却来自广泛种植葡萄的南部地区。俄罗斯最好的葡萄酒品牌是"阿伯劳-杜尔索"酒庄生产的优质葡萄酒，超市中一瓶售价为 200—700 卢布不等，但这也取决于葡萄的品种。

俄罗斯文化讨论专题：

1. 如何看待俄罗斯的失业问题？

2. 俄罗斯的教育体制如何？所有具备学习能力的学生都能接受高等教育吗？

3. 是什么推动了俄罗斯文学的发展，使其拥有世界上许多著名的文学作品并被认为是世界上文学艺术最有影响力的国家之一？

第16章 波　　兰

波兰的正式称谓是波兰共和国，是与德国接壤的一个中欧国家。它的南边是捷克共和国和斯洛伐克共和国，东邻乌克兰、白俄罗斯和立陶宛，北部则是波罗的海和俄罗斯的加里宁格勒州。波兰的总面积为312 685平方千米，是世界第69大国家，欧洲第9大国家；人口3 798万人，也是世界人口排名第34大国、欧盟人口较多的国家之一。

16.1　地　　理

16.1.1　波兰的面积

波兰的面积等同于美国新墨西哥州大小，除了南部的喀尔巴阡山脉和西部的奥得河和尼斯河外，该国大部分地区无明显地理分界线。波兰还有其他的一些河流，主要在商运方面发挥着作用，这些河有维斯瓦河、瓦尔塔河和布格河。

16.1.2　位置

波兰的领土跨越了多个地形区域：西北是波罗的海海岸，这里从波美拉尼亚湾一直延伸到格但斯克湾，其间点缀着几处海岬、湖泊（大海被阻断而形成的海湾）和沙丘。笔直的海岸线上散布着什切青潟湖、帕克湾和维斯杜拉潟湖，其中心地带和北面部分地区则属于北欧平原。

这些低地海拔地区高度缓慢上升，到了另一个地理区域，这里有新世纪冰期和之后形成的四个山区、冰碛石和冰碛石堆积形成的堰塞湖。这些湖区分别是波美拉尼亚湖区、大波兰湖区、卡舒比安湖区和马祖里湖区。马祖里湖区是这四个湖区中最大的,它覆盖了波兰东北部的大部分地区。这些湖区构成了波罗的海海脊的一部分,也是波罗的海南岸冰碛带的一部分。

16.1.3 气候

波兰的大部分气候为温带气候,北部和西部为海洋性气候,向南和向东逐渐变暖渐渐形成大陆性气候。波兰的夏季通常比较温暖,平均气温在20℃至27℃之间;但冬天寒冷,西北部平均气温约为3℃,东北平均气温为-8℃。波兰降水比较丰沛,尤其是在东部,全年都有降雨,相对来说冬天比夏天降水量略低。

波兰最温暖的地区是南部的小波兰省,这里夏季的平均温度在23℃至30℃之间,但在7月最热的一段时间可能会高达32℃至38℃。波兰最温暖的城市是小波兰的塔尔诺夫,夏季平均温度为30℃,冬季的平均温度为4℃。从5月中旬到9月中旬,塔尔诺夫有着波兰最长的夏季,同时它还拥有波兰最短的冬季,通常是在1到3月之间,连三个月都不到。波兰最冷的地区是位于白俄罗斯边界附近的波德拉斯基省的东北部。这里的气候受斯堪的纳维亚半岛和西伯利亚半岛的冷风影响,冬季的平均温度可以低至-15℃至-4℃。

16.1.4 波兰国旗和国徽

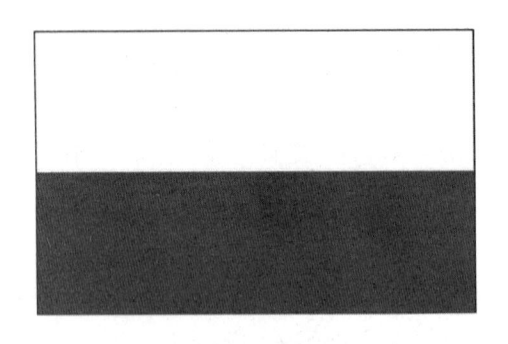

16-1 波兰国旗    16-2 波兰国徽

16.1.5 主要信息和数据

总统:安杰伊·杜达(2015)。

总理:马泰乌什·莫拉维茨基(2017)。

首都：华沙。
政府：议会共和制。
货币：兹罗提（PLN）。
总面积：312 685 平方千米。
人口：3 798 万。
电话区号：+48。
互联网域名：.pl。
主要城市：克拉科夫、罗兹、格但斯克、波兹南、什切青、弗罗茨瓦夫。
国歌：《波兰没有灭亡》。
官方语言：波兰语。

16.2 简　　史

16.2.1　史前历史

历史学家推测，在整个上古晚期，现今波兰的各个地区都已经出现了许多不同的种族群体。这些群体的族裔和语言的隶属关系备受争议，特别是这些地区的斯拉夫民族最初定居的时间和路线，一直是许多专家争议的焦点。

关于波兰史前和最早的历史记录，最著名的考古发现是比斯库平遗址（现已改建为博物馆），其历史可追溯到公元前 550 年铁器时代的卢萨斯文化。

16.2.2　皮亚斯特王朝

波兰大概在十世纪中叶左右的皮亚斯特王朝时期开始统一，并形成早期的领土边界。其历史上第一个有记载的统治者是梅什科一世，他于 966 年受洗礼，并将基督教天主教作为该国的新官方宗教。在接下来的几个世纪中，波兰的大部分人口皈依了天主教。在十二世纪，波兰分裂成几个较小的邦国；1320 年，瓦迪斯瓦夫一世成为统一波兰的国王，他的儿子卡西米尔三世被公认为是波兰最伟大的国王之一。

波兰同时也是一个移民国家，犹太人社区开始在波兰定居并迅速发展起来。幸运的是，从 1346 年到 1352 年蔓延欧洲大部分地区的黑死病并未影响到波兰。

16.2.3　亚盖洛王朝

在亚盖洛王朝统治下，波兰与其邻国立陶宛大公国建立了联盟。1410年，波兰—立陶宛军队在格伦瓦尔德战役中，对两国的主要对手条顿骑士团给予了致命性打击，大败条顿骑士团并一跃成为中欧地区的霸主；在十三年战争之后，条顿骑士团成为波兰的附庸国。从某种程度来说，亚盖洛人还建立了对波希米亚（1471年起）和匈牙利（1490年起）王国的控制。

在亚盖洛王朝的统治下，波兰的文化和经济蓬勃发展，涌现出天文学家哥白尼和诗人科哈诺夫斯基这样的人物。与其他欧洲国家相比，波兰在包容宗教异教方面表现出众，使该国避免了当时席卷西欧的宗教动荡。在1474年至1569年之间，波兰和立陶宛发生了75次塔塔尔人的侵袭行动，据一些历史学家估计，从1494年到1694年，克里米亚塔塔尔人的侵略对波兰造成了100万人口的损失。

16.2.4　波兰—立陶宛联邦

卢布林联合的诞生使波兰—立陶宛联邦的发展达到了黄金时代。波兰的贵族比其他西欧国家要多得多，他们为波兰的自由精神和议会制度而感到自豪。在黄金时代，波兰扩大了国土面积，成为欧洲最大的国家，覆盖今波兰、乌克兰、白俄罗斯、立陶宛、拉脱维亚、爱沙尼亚，以及现代俄罗斯的某些地区。

在十七世纪中叶，瑞典的入侵（又称"大洪水时代"）和哥萨克人的赫梅利尼茨基大起义席卷了整个国家，也标志着黄金时代的终结。饥荒和流行病伴随敌国的侵略而来，波兰人口从1100万减少到700万人左右。

随后波兰发生了多次针对俄罗斯的战争，波兰联邦体制中的自由否决权带来了政府的低效能力，标志着联邦制开始走向下坡路，波兰联邦国从一个欧洲大国变成了一个由邻国控制的、近乎无政府状态的国家。自由否决权是指议会中的任何成员都可以解散议会，投票否决已通过的任何法律。尽管波兰的联邦权力受到极大的削弱，波兰—立陶宛联邦还是在1683年的维也纳战役中击败了奥斯曼帝国。

十八世纪的波兰推行了一系列改革，尤其是大众议员的改革，通过了1791年5月3日的宪法（世界第二部现代宪法，欧洲第一部现代宪法）；但改革最后由于波兰的三次分裂（1772年、1793年和1795年）而流产，这些分裂活动也导致之后波兰从欧洲版图上消失，其领土被俄国、普鲁士和奥地利所瓜分。

16.2.5 波兰的分裂

面对波兰的分裂活动，波兰人多次起来进行反抗，尤其是在十八世纪末和十九世纪初。其中最著名和最成功的斗争之一是1794年的拉克瓦维采战役，塔德乌什·柯斯丘什科将军带领农民和一些波兰军队英勇地拿起武器反抗俄国人的侵略。1807年法国拿破仑一世重建了波兰国，也就是华沙公国；但拿破仑战争后，波兰于1815年在维也纳会议上再次被战争中的胜利国所瓜分，其东部作为一个拥有自由宪法的国会王国由俄国沙皇来统治。

然而，沙皇很快就开始限制波兰人的自由，事实上俄国的目的是要最终吞并波兰。十九世纪后期，即奥地利统治波兰时期，奥地利保留了加利西亚和捷尔诺波尔地区，克拉科夫成为自由城和波兰的文化中心。

16.2.6 波兰的重建

第一次世界大战期间，美国总统伍德罗·威尔逊在《十四点计划》中的第13点中提出对波兰的重建，赢得了所有盟国的支持。1918年11月德国宣布战败之后不久，波兰成立了第二共和国，虽然它还面临一系列的军事冲突，但波兰重新宣布了国家的独立。这些军事冲突中最著名的是波兰与苏俄之间的战争（1919—1921），俄波战争期间波兰利用苏俄内战的时机企图夺取白俄罗斯、乌克兰和立陶宛以恢复古代波兰的疆界，并得到了反苏俄协约国支持。在双方消耗巨大的情况下，苏俄政府和波兰政府签署停战协定和初步和约，俄波战争结束。

1926年，波兰将军约瑟夫·毕苏斯基发动五月政变，将波兰第二共和国推翻，建立独裁政权。

16.2.7 第二次世界大战

在所有参与二战的国家中，波兰是人口损失比例最大的国家，超过600万人丧生，其中一半是波兰犹太人。波兰是盟军中部队人数排名第四的国家，仅次于苏联、英国和美国，同时波兰远征军也在对意大利的战役中发挥了重要作用，尤其是在蒙特卡西诺战役中。

战争结束时，波兰的边界向西扩展了一些，移至奥得河—尼斯河线，东部边界则推至寇松线。新的波兰面积缩小了77 500平方千米，大约占总面积的20%左右，这一变化迫使数百万波兰人不得不迁移，其中大多数是波兰人、德国人、乌克兰人和犹太人。

16.2.8 今日波兰

二十世纪九十年代初，时任波兰副总理和经济部部长的莱谢克·巴尔采罗维奇提出了一种令世人震惊的新经济政策，使该国的经济体制转变为市场经济。尽管波兰的社会和经济水平出现过暂时性下滑，但由于其经济实力的迅速崛起，波兰成为东欧国家第一个达到1989年前GDP水平的国家。

1991年波兰成为维谢格拉德集团的成员国，并于1999年与捷克共和国和匈牙利一起加入了北大西洋公约组织。随后波兰人于2003年6月通过全民公投同意加入欧盟，波兰于2004年5月1日成为欧盟正式成员国。

2010年4月10日，波兰共和国总统莱赫·卡钦斯基和许多其他波兰高级官员在飞赴俄罗斯参加"卡廷事件"受害者纪念活动时，专机在降落时失事，导致波兰总统卡钦斯基和其他95人遇难。现任总统为法律与公正党人安杰伊·杜达，2015年当选波兰总统。

16.3 宗教、文化和教育

16.3.1 宗教

由于大屠杀和第二次世界大战后德国和乌克兰人口的逃亡和被驱逐，波兰几乎成为统一的罗马天主教徒的国度。从2019年统计的数据来看，尽管比例略有下降，大多数波兰人仍为罗马天主教会的成员，约占全国人口的88%。虽然目前去教堂做礼拜的人数低于过去（每周出席率为52%至60%），但波兰仍然是欧洲最虔诚的天主教国家之一。

波兰其他的宗教少数群体有波兰东正教徒（约506 800人）、各种新教徒（约15万人）、耶和华见证人教徒（126 827人）、天主教东方礼教会教徒、马利亚派基督教徒、波兰天主教徒、犹太教和伊斯兰教教徒（包括比亚韦斯托克市的鞑靼人）。新教教会的成员包括最大的福音派—奥格斯堡教徒，约77 500人，还有较小的福音派五旬节教会的教徒。

1989年的《波兰宪法》保障了宗教自由，这也使得其他教派的出现成为可能。但是，由于来自波兰主教区的压力，波兰主流宗教的教义进入了公共教育体系。根据近几年来的一项连续调查，有72%的受访者认可在国家公立学校进行的宗教教育；在整个公共教育系统中，只有1%的人倾向以道德教育课程替代宗教教育。

16.3.2　文化

（1）音乐

波兰有许多艺术家，包括肖邦或潘德列茨基等著名作曲家，以及传统的不同风格的民间音乐家，他们创造了一种活泼多样的音乐场景，形成被公认的有自我特色的音乐流派，例如诗歌咏唱和迪斯科波罗的音乐风格。直到现在，波兰仍然是欧洲为数不多的摇滚和嘻哈音乐主导流行音乐的国家之一，在这里各种音乐类型都能被接纳。

（2）建筑

波兰城镇可以反映整个欧洲建筑的风格。罗马式建筑以克拉科夫的圣安德鲁教堂为代表，格但斯克的圣玛丽教堂以波兰砖制的哥特式为特征；装饰精美的阁楼和拱形凉廊是波兰文艺复兴时期建筑的共同特点，例如大波兰省著名的波兹南市政厅。文艺复兴后期，所谓的风格主义在波兰建筑中盛行，在凯尔采的东正教主教宫中尤为突出，与早期的巴洛克建筑风格并存，如克拉科夫的圣彼得和圣保罗教堂。

十七世纪下半叶波兰的建筑以巴洛克风格为标志。在比亚伊斯托克的布拉尼基宫中可见的侧塔是波兰巴洛克风格的典型代表，而西里西亚古典巴洛克风格的代表则是弗罗茨瓦夫大学的建筑。华沙的布拉尼基宫的大量装饰则是洛可可风格的特征，那时波兰古典主义的中心是华沙，其统治者是最后一位波兰国王斯坦尼斯瓦夫·奥古斯特·波尼亚托夫斯基。水上宫殿则是波兰新古典主义建筑最著名的例子，卢布林城堡代表了哥特风格建筑的复兴，而罗兹的伊兹拉尔·波兹南斯基宫却是折中主义的一个完美例子。

（3）体育

许多体育运动在波兰都很流行。足球是该国最受欢迎的运动，拥有丰富的国际比赛历史，除此之外田径、篮球、拳击、跳台滑雪、击剑、手球、冰球、游泳、排球和举重都是受欢迎的体育运动。波兰足球的黄金时代始于二十世纪七十年代，一直持续到九十年代，当时波兰国家足球队在许多国际足联世界杯比赛中均取得过历史最好成绩，在1974年和1982年国际足联世界杯比赛获得季军。该队在1972年慕尼黑奥运会的足球比赛中还摘取了金牌，并在1976年蒙特利尔奥运会和1992年巴塞罗那奥运会获得了两枚银牌。波兰与乌克兰在2012年联合举办了欧洲足球锦标赛。

马瑞斯·普贾诺夫斯基是一位非常成功的大力士，赢得了五届"世界大力士"称号，超过了世界上任何一位竞争对手，2002—2008年五次夺得大力士赛世界冠军头衔。波兰的第一位一级方程式赛车手罗伯特·库比卡则将F1一级方程式赛车的优异成绩带给了波兰。波兰车手托马什·格罗布耀眼的成绩使波兰在摩托车赛车场上取得了举世瞩目的地位。

16.3.3 教育

早在十二世纪，波兰社会的教育就成为重要的发展目标，因而波兰很快就成为欧洲受教育程度最高的国家之一。克拉科夫大教堂的图书馆目录可追溯到1110年，该目录显示在十二世纪初期，波兰的知识分子就已经在欧洲文学史上留下了他们的作品。1364年，由卡西米尔三世国王创立的贾吉隆大学在克拉科夫成为欧洲最伟大的早期大学之一。1773年，斯坦尼斯瓦夫二世国王奥古斯特·波尼亚托夫斯基建立了国民教育委员会，这也是世界上第一个直属政府的国家教育机构。

在十九世纪和二十世纪，许多波兰科学家开始在波兰之外的国家工作，最伟大的是居住在法国的物理学家和化学家玛丽·居里夫人。二十世纪上半叶，杰出的数学家在华沙和利沃夫形成了两大波兰数学学派，波兰成为一个繁荣的欧洲数学中心。

如今，波兰约有500所大学和大学级的高等教育机构，在其主要城市都可以找到传统大学以及技术、医疗或经济领域的研究机构，波兰科研和工程师数量在欧盟成员国排名第四。同时波兰还有大约300家研发机构，约10 000名研究人员。如今，波兰不同领域的科学家数量达到91 000名左右。

16.4　重　要　节　日

波兰是一个充满欢乐和文化气息的国度，有着悠久的传统和百年的习俗。最古老的仪式可以追溯到异教时代的波兰，只是不再像早期那样充满魔幻色彩，而是成为对多彩历史的一种再现和娱乐形式。这其中最能体现传统的节日有圣诞节、复活节、基督圣体圣血节和万圣节等宗教盛宴。前往圣地进行朝圣也是一项很受欢迎的活动，这些圣地包括位于琴斯托霍瓦的光明山修道院，犹太人朝圣的莱扎伊斯克的拉比·以利米勒之墓，东正教徒朝圣的格拉巴克圣殿。

圣诞树	嘉年华
复活节彩蛋	女神节的珊瑚珠

16-3 波兰节假日

波兰有两个主要的国家法定假日，一个是11月11日的纪念日，为了庆祝1918年恢复的国家独立；另一个纪念日是为了庆祝在1791年5月3日通过的波兰第一部宪法。这两个法定假日庆祝形式包括庆典仪式、游行、音乐会和其他的庆祝活动。

还有一些其他节日的性质也互不相同，比如妇女节（3月8日）、母亲节（5月26日）、祖母节（1月21日）和儿童节（6月1日），这些节日不太会公开庆祝，都是以家庭为单位欢度的。

波兰还有一项重要的传统庆典，名为圣安德鲁节——基督降临节之前的最后一个节日。节日是要通过算命来预测新的一年会为人们带来什么，最流行的算命方式是将热蜡倒入冷水中，通过"读取"蜡块形状来占卜命运。

圣诞节在波兰是一个非常隆重的节日，许多习俗、仪式和信仰都集中在圣诞节除夕夜。这是波兰家庭最为特殊的日子，圣诞节装饰是形成这个重要氛围的最主要因素，特别是必不可少的装饰精美的圣诞树。传统圣诞节装饰的另一个习俗是将小麦和黑麦、干草和稻草捆扎在一起，这不仅意味着好的收成，还会让大家回想起耶稣出生的苦难状态。

波兰人都认为平安夜是影响整个新年的关键时刻，因此人们应该在祥和与宁静中度过这一晚，最大限度地与人为善。直到现在，准备平安夜的晚餐依然是个非常耗时的工作，所有的食品都必须在黄昏之前完成。然后，全家人围坐在一起进餐，这也成为当天庆祝新年时最重要的活动。

元旦及其除夕夜，在波兰则被称为圣西尔维斯特节，这也是狂欢节的开始，意味着舞会和派对的到来。就在狂欢节的最后一个星期四，波兰人喜好用甜甜圈和切成薄片的油炸窄条糕来犒劳自己，这就是著名的甜点"炸麻花"。狂欢节在周二的忏悔节狂欢中结束，伴随而来的是"鲱鱼盛宴"，当天的鲱鱼会被全部吃掉，以此来迎接即将到来的四旬斋节。

复活节前最丰富多彩的宗教节日是棕榈周日，全国各地的教堂都会有庆祝活动，来纪念基督成功地来到耶路撒冷。节日那天最重要的象征物是棕榈枝，但并不像其名字那样，是指在圣城中迎接耶稣时使用的棕榈树枝，通常是以一个花束来代替，花束是由一个普通的盒子、干花和柳树枝束组成。但一些地区棕榈树枝特别引人注目，树枝可高达几米，并用彩带、染草、干花或人造花来进行装饰。

在复活节前的圣星期六，人们会将一篮子的复活节礼物带到教堂，为所有的复活节食物进行特殊的祈福。最初，只有以面包为原料制成的烤羊羔才能得到降福，但如今，篮子里应该至少包含七种食物，每种食物都有自己的象征意义：面包是为了确保吉祥，在基督教中首先是耶稣基督身体的象征；鸡蛋代表重生，意味着生命战胜死亡的胜利；盐是赋予生命的矿物质，曾经被认为可以阻止所有邪恶入侵；烟熏肉可确保健康，代表肥沃和丰富；奶酪是指人与自然之间的友谊；辣根是力量和身体健康的象征；蛋糕（通常是复活节蛋糕、圆形小麦蛋糕和马祖卡甜饼）是出现在复活节篮子中的最后一种食物，它象征着技巧和完美，传统上蛋糕都是家庭自制的。如今，有些复活节篮子里的食品更为丰富，如会出现巧克力和热带水果等。

表 16-1 波兰的主要节日

日　　期	名　　称
1月1日	元旦
3月或4月的星期日	复活节
5月1日	劳动节
5月3日	国庆日

续表

日　期	名　称
5月13日	耶稣升天节
5月或6月的星期四	基督圣体节
8月15日	圣母升天节
11月1日	万圣节
11月11日	独立日
12月25日至26日	圣诞节

16.5　风景名胜与历史古迹

波兰在奥得河、维斯瓦河和波罗的海的独特位置使这里的自然风光吸引了无数游客，包括自然风景和人文风景两种风格。

毕斯兹扎迪山 　　　　　马祖尔湖 　　　　　塔特拉山

16-4　波兰风景名胜

16.5.1　风景名胜区

（1）毕斯兹扎迪山脉

毕斯兹扎迪山脉是浪漫主义者、大自然的爱好者和不甘寂寞的驴友们的天堂。这里，柔和的绿色山脉和传统的木制教堂相映成趣，成为欧洲最僻静的地区之一。不同寻常的野生动植物和如画的风景，使其成为理想的度假胜地。毕斯兹扎迪山在夏季和秋季是最美丽的，而在冬季也会吸引无数的滑雪爱好者来到这里。

（2）马祖里湖区

在波兰这块儿风景如画的土地上，据说约有3 000个湖泊。而对于水上运动爱好者、渔民、远足者、骑自行车的人和寻求安宁的人们来说，马祖里是第一大度假胜地。除了水上运动和徒步远足之外，这里还有许多历史景点可以参观，如雷谢尔、尼济察和吉日茨科的城堡，斯威塔·利普卡令人惊叹的巴洛克式教堂以及位于肯琴森林附近的希特勒战时总部等。

(3) 塔特拉山

塔特拉山是阿尔卑斯山和高加索山脉之间的最高山脉。这里可以说是波兰最壮观的地方，岩石峰顶全年覆盖积雪，还有陡峭的山脊、风景如画的池塘以及美丽瀑布和山谷，约 250 千米的步行道和宽阔的斜坡足以满足最苛刻的徒步爱好者和滑雪爱好者的需求。对于喜欢欣赏美丽的风景和原始民俗文化的人们来说，在山脚下的扎科帕内小镇居住绝对是个明智的选择。

16.5.2 历史古迹

琴斯托霍瓦　　格但斯克　　克拉科夫

马尔堡　　奥斯威辛　　华沙

16-5　波兰历史名城

(1) 琴斯托霍瓦

琴斯托霍瓦是一个中等大小的城市，坐落在克拉科夫-琴斯托霍瓦高地的中心地带，其特征是拥有风景如画的侏罗纪岩石。琴斯托霍瓦通常让人与光明山修道院联想在一起，位于这里的这所修道院是波兰最大的玛丽亚圣堂，对于大多数波兰人来说，这是前往圣母玛利亚教堂重要的朝圣目的地和主要朝拜的场所，也是著名的琴斯托霍瓦黑圣母像所在地。圣母像在天主教国家波兰的地位极为崇高，波兰国王扬·卡齐米日于 1656 年将琴斯托霍瓦圣母奉为波兰女王和保护者,被尊为波兰主保,她的许多事迹饱受人们的赞誉。

(2) 格但斯克

格但斯克是波兰北部港口城市,这座明朗的海上城市是人们旅游和度假的好地方。它坐落在海边,气候温和,拥有美丽的海滩,著名的海滨度假胜地索波特就在附近。毫无疑问,旧城区的独特建筑非常值得探索,比如这里有世界上最大的砖砌哥特式教堂。格但斯克的发展饱含了复杂的历史,这座城市是一座拥有上千年历史的饱经沧桑的城市,也是波美拉尼亚商业和文化的中心,现已发展为波兰北部沿海地区的最大城市和最重要的海港。

(3) 克拉科夫

克拉科夫历史上曾经是波兰首都,也是欧洲最著名的旅游景点之一,来到这里的大多数城市游客都被其神奇的文化氛围和辉煌的建筑所吸引。在克拉科夫,人们可以看到中世纪的大教堂、文艺复兴时期的城堡、巴洛克式的教堂、新艺术运动风格的剧院以及许多其他古迹和博物馆。

(4) 马尔堡

说到马尔堡就要提到条顿骑士团,条顿骑士团于1190年在巴勒斯坦地区成立,后来条顿骑士团由纯粹的慈善组织转变为军事组织,为的是帮助抵抗土耳其人和进行十字军东征。骑士团在马尔堡有自己的城堡,建于1274年的红砖城堡就位于河岸上,也是欧洲最大的哥特式城堡。

(5) 奥斯威辛

波兰南方的小城奥斯威辛以纳粹德国建立的"奥斯威辛集中营"而闻名,也是纳粹大屠杀罪行的见证地。第二次世界大战期间,这里是最大的纳粹集中营,约有110万人在这一集中营被杀害,其中绝大部分是犹太人。在集中营的纪念馆里,令人震惊的大屠杀展览使参观者重新思考人性和尊严。

(6) 华沙

波兰的首都华沙实际上是从一片废墟中开始重建的。华沙繁华的商业区有许多摩天大楼,当初雄心勃勃的建造计划让许多华沙人引以为傲。巨大的文化科学宫(前苏联斯大林时期建造)勾画出宏伟的天际线,大城市中充满了东欧的风情。在这里,千万不要错过美丽的老城区、皇家之路、肖邦博物馆以及宏伟的宫殿和前犹太人的居住区。

16.6 名　　人

波兰文化受到东方世界和西方世界两方面的影响。如今，这些影响在波兰的建筑、民俗、文学和艺术中显而易见，波兰也是一些世界著名人物的出生地，其代表人物如下。

- 尼古拉·哥白尼（1473—1543）：波兰天文学家，是第一个提出太阳系日心说的科学家。哥白尼经过长年的观察和计算完成了伟大著作《天体运行论》，于1543年5月24日他去世那天出版。
- 弗雷德里克·肖邦（1810—1849）：波兰著名的钢琴家和伟大的作曲家，他出生于华沙附近的热拉佐瓦沃拉，一生大部分时间在法国度过。他写了许多的钢琴曲，曲目包括音乐会音乐、奏鸣曲、练习曲、前奏曲、波兰舞曲、马祖卡舞和华尔兹舞。肖邦是二十世纪早期古典音乐的引领者之一。
- 扬·马特伊科（1838—1893）：长期在克拉科夫生活和工作的波兰画家，被称为波兰第一画家，历史主义风格的代表者。马特伊科是波兰艺术史上最著名的画家，创立了国家历史绘画学派。由于波兰国家主权曾在1772—1795年的分治条约中遭到分裂，该流派风格反映了波兰历史政权在这一阶段的变更和发展。
- 玛丽亚·斯克沃多夫斯卡·居里（1867—1934）：波兰传奇物理学家和化学家，发现了钋和镭两种新元素。在发现放射性的有害作用之前，居里夫人是最早研究放射性的科学家之一。她是巴黎索邦大学的第一位女教授，分别于1903年和1911年两次获得诺贝尔奖，因受工作中长期接触放射性物质的影响而去世。
- 斯坦尼斯瓦夫·伊格纳齐·维特凯维奇（1885—1939）：波兰剧作家、小说家、画家、摄影师和哲学家。他出生于华沙，是画家、建筑师和艺术评论家斯坦尼斯瓦夫·威基奇斯的儿子。他的教母是国际著名女演员海伦娜·莫杰耶夫斯卡夫人。在二十世纪二十年代后期，他转向小说的写作，创作了两部作品：《告别秋天》和《永不满足》。
- 约翰·保罗二世（1920—2005）：他原本是卢布林天主教大学伦理学和哲学系的教授和系主任，于1958年成为主教，1960年至1963年成为克拉科夫代理主教，并于1967年成为红衣主教，1978年10月当选并加冕为罗马教皇。

保罗二世一直以来以积极的工作精神和创新主动的福音传播形式保持着与世界的对话，他还是整个教会历史上第一位与不同宗教教派一起举行祷告会的教皇。

• 克里斯托弗·潘德列茨基（1933—）：波兰著名指挥家和作曲家，潘德列茨基是克拉科夫音乐学院的教授，同时也是埃森大学和耶鲁大学的教授。他的职业生涯始于1959年波兰青年作曲家协会主办的作曲大赛，他匿名提交的三部作品《诗节》《放射》和《大卫赞美诗》获得了大赛一等奖。

• 莱赫·瓦文萨（1943—）：波兰政治家、团结工会领导人和1983年诺贝尔和平奖获得者。1980年瓦文萨领导成立了波兰团结工会并任团结工会主席，从1990年12月至1995年12月担任波兰总统。

表16-2 波兰著名人物

 尼古拉·哥白尼	 弗雷德里克·肖邦	 扬·马特伊科	 玛丽亚·居里
 斯坦尼斯瓦夫·维特凯维奇	 约翰·保罗二世	 克里斯托弗·潘德列茨基	 莱赫·瓦文萨

16.7 传统美食

16.7.1 波兰美食

波兰美食既影响着周围国家的饮食，也受到周围国家饮食文化的影响。几个世纪以来，波兰烹饪一直是来自法国和意大利相互竞争和影响的文化领域，同时它也大量从其他异国情调的饮食中吸取不同元素，如塔塔尔、亚美尼亚、立陶宛、哥萨克、匈牙利和犹太民族。波兰美食富含肉类，尤其是鸡肉和猪肉，以及各种冬季蔬菜（如酸白菜炖肉）、香料和各种面条，其中最著名的一种食品是鲁塞尼亚饺子。波兰还有其他一些用谷物烹饪的斯拉夫美食，总体来说波兰美食还是很丰盛多样的。

波兰美食中著名的食品有波兰香肠、罗宋汤、鲁塞尼亚饺子、猪排、各种土豆菜肴、快餐三明治等。波兰传统甜点包括甜圈饼、姜饼和其他点心。

波兰的特色菜是高级熏肉类食品，尤其是香肠，它是在传统食谱的基础上制成，并在刺柏树枝或果树枝上熏制，在世界范围内都很受欢迎。

波兰香肠	罗宋汤	鲁塞尼亚饺子
熏制羊奶干酪	酸白菜炖肉	姜饼
格但斯克金箔酒	牛草伏特加	芝士蛋糕

16-6 波兰传统美食

一天中波兰菜的一个重要组成部分是汤。最流行的罗宋汤名为发酵甜菜汤，通常搭配豆类或是里面塞满肉或蘑菇馄饨类的酥皮糕点食用。另一种美味的发酵汤是一种酸面包汤，它由黑麦粉制成，加以蘑菇煮熟，并配以土豆、切丁的香肠和煮熟的鸡蛋食用。真正的美食佳肴是野蘑菇汤，上面加酸奶油调味，配以小饺子。还有一种波兰特色的鸡汤或牛肉汤，加上欧芹配以面条食用。

256

在波兰饮食中，肉类有多种烹饪方法：烤、炖、炸、烤等。食用时要么配以美味的热腾腾的肉汁，要么是冷盘，配以芥末、磨碎的辣根、腌制的蘑菇或黄瓜。

在波兰最好的牛肉菜肴之一是炖牛肉卷，里面加上腌黄瓜、香肠和蘑菇，并配以荞麦碎粒。这种荞麦碎粒还可以配着炖煮的克拉科夫风味蘑菇鸭一起食用，味道也很不错。

波兰美食中饺子的地位尤为突出，尤其是奶酪馅饺子，它是由面团、切碎的肉馅、咸白菜和蘑菇以及干酪或水果混合制成，然后煮沸食用。其中最受欢迎的一种是鲁塞尼亚饺子，馅儿里面拌有奶酪、土豆和炸洋葱等食材。

至于酸白菜炖肉，可以被称为波兰的国菜，这是一道由咸白菜和各种肉类以及烟熏肉和蘑菇制成的特色佳肴。受欢迎的开胃菜还包括以多种方式烹制的鲱鱼，例如加入洋葱、苹果或奶油等烹饪方法。

波兰还以其多种多样的美味面包而闻名，面包有白色、棕色、全麦、葡萄干、李子、芝麻等种类繁多的形式。至于糕点和蛋糕，则是波兰传统的甜点类型，通常是用酵母面团制成，也有加了罂粟籽、干果或是坚果馅料的瑞士卷甜点；其他有名的甜点还有马祖卡甜饼、奶酪蛋糕、芝士蛋糕和姜饼，以及广受欢迎的带有果酱的波兰甜圈饼。

16.7.2 酒水饮料

说到饮酒，波兰特产一定数纯伏特加酒，它有许多广受欢迎的风味品牌。这其中包括带有比亚沃维扎原始森林草叶的"牛草伏特加"，以及来自格但斯克并含有 22 克拉金箔的格但斯克金箔酒。啤酒爱好者也不会失望，因为波兰啤酒与德国或捷克啤酒一样闻名，许多啤酒厂尤其是日维茨、瓦尔卡和埃尔布隆格地区的啤酒厂已有数百年的知名度。在寒冷的天气里，喝点热啤酒或葡萄酒加蜂蜜和香料制成的提神酒很受欢迎。值得推荐的较高度数波兰酒还包括带有果味或者草药味的饮酒，它们因其医疗作用或暖身驱寒的特点被广泛接受，也因其醇香的酒味而备受推崇。

波兰文化讨论专题：

1. 波兰犹太人的历史和当前状况如何？
2. 希特勒为什么入侵波兰？波兰在第二次世界大战中的命运如何？
3. 波兰的教育系统是如何发展起来的？

4. 波兰伍德斯托音乐艺术节是欧洲最大型的露天音乐节和免费摇滚音乐节，它因何得名？

5. 2010年4月10日波兰共和国总统莱赫·卡钦斯基和许多其他波兰高级官员在俄罗斯飞机失事中遇难，波兰自那时起面临什么样的发展变化？